Die Honorierung von Pflegeleistungen durch das Erbrecht

Studien zum deutschen und internationalen Familien- und Erbrecht

Herausgegeben von Martin Lipp, Christoph Benicke, Marina Wellenhofer, Bettina Heiderhoff und Barbara Veit

33

Zur Qualitätssicherung und Peer Review der vorliegenden Publikation

Die Qualität der in dieser Reihe erscheinenden Arbeiten wird vor der Publikation durch den Herausgeber der Reihe geprüft.

Notes on the quality assurance and peer review of this publication
Prior to publication, the quality of the work published in this series is reviewed by the editor of the series.

Charlotte Baecker

Die Honorierung von Pflegeleistungen durch das Erbrecht

PETER LANG

Bibliografische Information der Deutschen Nationalbibliothek
Die Deutsche Nationalbibliothek verzeichnet diese Publikation in der Deutschen Nationalbibliografie; detaillierte bibliografische Daten sind im Internet über http://dnb.d-nb.de abrufbar.

Zugl.: Frankfurt (Main), Univ., Diss., 2021

D 30
ISSN 1864-497X
ISBN 978-3-631-87639-8 (Print)
E-ISBN 978-3-631-87887-3 (E-PDF)
E-ISBN 978-3-631-87888-0 (EPUB)
DOI 10.3726/b19705

PL Academic Research ist ein Imprint der Peter Lang GmbH.

Peter Lang – Berlin · Bern · Bruxelles · New York ·
Oxford · Warszawa · Wien

Diese Publikation wurde begutachtet.

www.peterlang.com

Vorwort

Die vorliegende Arbeit wurde im Sommersemester 2021 vom Fachbereich Rechtswissenschaft der Johann Wolfgang Goethe-Universität Frankfurt am Main als Dissertation angenommen. Rechtsprechung und Literatur wurde bis April 2021 berücksichtigt.

Mein besonderer Dank gilt meiner Doktormutter, Frau Prof. Dr. Marina Wellenhofer-Klein, für die Inspiration zu diesem Thema, die engagierte Betreuung der Arbeit sowie die wertvolle Zeit als wissenschaftliche Mitarbeiterin an ihrem Lehrstuhl. Herrn Prof. Dr. Philipp Lamprecht danke ich für die Erstellung des Zweitgutachtens, Herrn Prof. Dr. Albrecht Cordes für die Übernahme des Vorsitzes der Prüfungskommission sowie Herrn Prof. Dr. Christoph Benicke, Frau Prof. Dr. Bettina Heiderhoff, Herrn Prof. Dr. Martin Lipp, Frau Prof. Dr. Barbara Veit und meiner Doktormutter für die Aufnahme in diese Schriftenreihe.

Von ganzem Herzen danke ich meinen Eltern, meinen beiden Geschwistern und meinem Partner fürs Leben. Ohne ihre liebevolle Unterstützung, ihren Beistand und technische Hilfe wäre diese Arbeit nicht möglich gewesen.

Frankfurt am Main, im Februar 2022
Charlotte Baecker

Inhaltsverzeichnis

Einleitung

A. Einführung in die Problemstellung

Die Bewältigung der Pflegebedürftigkeit wird in § 8 I SGB XI als eine gesamtgesellschaftliche Aufgabe definiert. Tatsächlich stellt die Pflegebedürftigkeit jedoch primär ein privates Risiko dar, das häufig von Familien und Angehörigen der Pflegebedürftigen zu tragen ist[1]. Gut 80% der Pflegebedürftigen werden zu Hause betreut und nicht in einem Pflegeheim[2]. Von den zu Hause Gepflegten werden ungefähr zwei Drittel allein von ihren Angehörigen gepflegt; die übrigen werden von ihren Angehörigen zusammen mit einem professionellen Pflegedienst versorgt[3]. Diese Zahlen spiegeln jedoch nur den Anteil der Pflegebedürftigen wider, für die Leistungen aus der Pflegeversicherung gewährt werden[4]. Nicht erfasst sind dabei die hilfe- und pflegebedürftigen Menschen, deren Bedarf unterhalb der sozialrechtlichen Grenze des SGB XI liegt, die aber dennoch der Hilfe bedürfen. Die Zahl der tatsächlich zu Hause Gepflegten ist daher deutlich höher[5]. In Deutschland besteht somit überwiegend ein familienbasiertes Pflegesystem[6].

In den meisten Fällen der häuslichen Pflege gibt es eine Hauptpflegeperson[7]. Diese trägt die Verantwortung für die gesamte Pflegeversorgung, ist für die Organisation zuständig und leistet wesentliche Teile der Pflege selbst, ohne die Pflegetätigkeit professionell oder beruflich auszuüben[8]. Die Pflegeleistung umfasst nicht nur die körperliche Pflege, sondern auch Tätigkeitsbereiche wie Hauswirtschaft, Ernährung, Mobilität, Arztbesuche, Organisation und Betreuung[9]. Der größte Zeitaufwand ergibt sich dabei im Bereich der Betreuung und der Beaufsichtigung des Pflegebedürftigen[10]. Damit ist gemeint, dass die Pflegeperson in

---

1 Vgl. *Hielscher/Kirchen-Peters/Nock*, S. 98, 107.
2 Statistisches Bundesamt, Pflegestatistik 2019, S. 9.
3 Vgl. Statistisches Bundesamt, Pflegestatistik 2019, S. 9, 19 Tab. 1.1.
4 *Hielscher/Kirchen-Peters/Nock*, S. 20.
5 Vgl. *Nowossadeck/Engstler/Klaus*, Pflege und Unterstützung, S. 3; *Hielscher/Kirchen-Peters/Nock*, S. 20.
6 Statistisches Bundesamt, Pflegestatistik 2015, S. 7.
7 *Schneekloth/Wahl*, MUG III, S. 74, 76; *Hielscher/Kirchen-Peters/Nock*, S. 98.
8 *Hielscher/Kirchen-Peters/Nock*, S. 45, 98.
9 *Hielscher/Kirchen-Peters/Nock*, S. 56.
10 Vgl. *Hielscher/Kirchen-Peters/Nock*, S. 56.

der Wohnung des Pflegebedürftigen anwesend oder für diesen verfügbar ist, um jederzeit Hilfe und grundpflegerische Aufgaben leisten zu können[11].

Hauptpflegepersonen sind meistens Ehegatten, Töchter oder Schwiegertöchter des Pflegebedürftigen[12]. Die Hauptpflegeperson wendet im Durchschnitt wöchentlich mehr als 50 Stunden für die Pflege auf[13]. In vielen Fällen sind neben der Hauptpflegeperson noch weitere Angehörige an der häuslichen Pflege beteiligt, die jedoch deutlich weniger zeitlich eingebunden sind[14]. Im Übrigen leistet in 20% der Fälle die Hauptpflegeperson die Pflege alleine[15]. Da die häusliche Pflege die zeitlichen Dimensionen einer Vollzeitbeschäftigung annimmt[16], hat sie für Pflegepersonen im erwerbsfähigen Alter erhebliche Auswirkungen[17]. Häufig müssen pflegende Angehörige ihre Berufstätigkeit reduzieren oder sogar vollständig aufgeben, um die Pflege bewältigen zu können[18]. Neben beruflichen Einbußen kommen noch Beeinträchtigungen von Gesundheit und Wohlbefinden der Pflegepersonen hinzu, da die Betreuung eine erhebliche Belastung für diese darstellen kann[19].

Fälle, in denen alte Menschen von nahestehenden Personen zu Hause gepflegt werden, werden sich zukünftig immer häufiger ergeben. Das durchschnittliche Lebensalter der Menschen steigt und damit auch der Anteil der pflegebedürftigen Personen an der Gesamtbevölkerung[20]. Wegen der engen persönlichen oder familiären Verbundenheit zwischen Pflegeperson und Pflegebedürftigem werden jedoch in der Regel keine Regelungen über einen finanziellen Ausgleich der Pflegeleistungen getroffen[21].

---

11 *Hielscher/Kirchen-Peters/Nock,* S. 99.

12 Vgl. *Schneekloth/Wahl,* MUG III, S. 41, 76; *Nowossadeck/Engstler/Klaus,* Pflege und Unterstützung, S. 11.

13 *Hielscher/Kirchen-Peters/Nock,* S. 58.

14 *Hielscher/Kirchen-Peters/Nock,* S. 58.

15 *Hielscher/Kirchen-Peters/Nock,* S. 50.

16 *Schneekloth/Wahl,* MUG III, S. 78.

17 Vgl. *Nowossadeck/Engstler/Klaus,* Pflege und Unterstützung, S. 3; *Hielscher/Kirchen-Peters/Nock,* S. 23; *von Mielecki,* S. 95.

18 *Schneekloth/Wahl,* MUG III, S. 79; *Nowossadeck/Engstler/Klaus,* Pflege und Unterstützung, S. 5, 16; *Hielscher/Kirchen-Peters/Nock,* S. 23.

19 *Schneekloth/Wahl,* MUG III, S. 79.

20 BT-Drs. 16/8954 S. 8.

21 *Röthel,* A 60, 61; *Ludyga,* ZErb 2009, 289, 292; Stellungnahme des Deutschen Notarvereins, notar 2007, 151; *van de Loo,* FPR 2008, 551.

Die erheblichen Leistungen, die die Angehörigen erbringen, entsprechen nicht nur dem eigenen Interesse der Beteiligten, sondern kommen auch einem gesamtgesellschaftlichen Zweck zu Gute. Häufig kann nämlich durch die häusliche Pflege von Angehörigen die Betreuung durch einen professionellen Pflegedienst oder sogar der Umzug in ein Pflegeheim verhindert werden. Würden diese Leistungen unterbleiben, so müsste dies durch das soziale Pflegesicherungssystem aufgefangen werden.

Damit wird die Dringlichkeit deutlich, dass die häusliche Pflege als Fundament und Basis der Pflegesicherung gestärkt werden muss.

Um die erbrachten Pflegeleistungen zu honorieren, kommt eine Ausgleichung durch das Erbrecht in Betracht. Es gibt in Wissenschaft und Praxis keine Gegenstimmen grundsätzlicher Art, die sich gegen eine Honorierung von Pflegeleistungen durch das Erbrecht aussprechen[22]. Vielmehr herrscht ein allgemeiner Konsens dahingehend, dass Pflegeleistungen nach dem Tod des gepflegten Menschen honoriert werden sollten[23].

Ungeklärt ist jedoch, wie die erbrechtliche Honorierung erfolgen könnte. Nach derzeitiger Rechtslage finden unentgeltlich erbrachte Pflegeleistungen nur nach § 2057a I 2 BGB bei der Auseinandersetzung der Miterben Berücksichtigung. Demnach kann ein Abkömmling, der den Erblasser während längerer Zeit gepflegt hat, bei der Auseinandersetzung einen Ausgleich dieser Leistung von den anderen Abkömmlingen verlangen. Dass diese Norm im Hinblick auf das Ziel, die häusliche Pflege zu stärken, nicht weitreichend genug ist, ist ebenfalls allgemein anerkannt[24]. Daher waren weitergehende Regelungen bereits Thema im Rahmen der Diskussionen zur Erbrechtsreform im Jahre 2009. Trotz der Einstimmigkeit hinsichtlich des Ziels kam es jedoch zu keinen bedeutenden Neuregelungen.

Dennoch handelt es sich nach wie vor um ein aktuelles Thema: Die Rahmenbedingungen und der gesellschaftliche Wandel haben sich seit 2009 diesbezüglich nicht geändert. Die Zahl der Pflegebedürftigen, die allein zu Hause von

---

22 So *Ludyga,* ZErb 2009, 289, 290.

23 *Helms,* in: Recht der Älteren, S. 212; *Ludyga,* ZErb 2009, 289, 290; Staudinger/*Löhnig* BGB § 2057a Rn. 3; MüKoBGB/*Ann* § 2057a Rn. 1; *von Mielecki,* S. 47.

24 Gesetzentwurf der BReg, BT-Drs. 16/8954 S. 17; *Wellenhofer,* in: FS Brudermüller, S. 923, 929; *Ludyga,* ZErb 2009, 289 ff.; *Reimann,* FamRZ 2009, 1633, 1634; *Kroppenberg,* NJW 2010, 2609, 2611; *Röthel,* A 60, 61; *Doering-Striening,* FamFR 2012, 531, 534; *Köbl,* in: FS Frank, S. 159, 161; *von Mielecki,* S. 46, 47.

Angehörigen gepflegt werden, ist sogar weiter gestiegen[25]. Die Thematik dürfte auch mit Blick auf das Nachbarland Österreich wieder an Brisanz gewonnen haben. Dort fand eine mit der Erbrechtsreform 2009 vergleichbar große Reform im Jahre 2015 statt, deren Neuregelungen zum 1. Januar 2017 in Kraft traten. Zum Inhalt hatte die Reform unter anderem das Problem der (besseren) Honorierung von Pflegeleistungen. Im Ergebnis entschied sich der österreichische Gesetzgeber für eine weitreichendere Lösung, nämlich die Einführung eines gesetzlichen Pflegevermächtnisses.

B. Verdeutlichung anhand von Fallbeispielen

Fall 1
M und F sind verheiratet und haben zwei erwachsene Kinder. Sie leben im gesetzlichen Güterstand. Nach dem 50. Hochzeitstag wird M pflegebedürftig. F pflegt ihn alleine im gemeinsamen Haus, während die beiden Kinder nur selten zu Besuch kommen.

Fall 2
Das Ehepaar M und F lebt im gesetzlichen Güterstand und führt eine Hausmannehe. Während F arbeiten geht und so das Geld für die Familie verdient, führt M den Haushalt und kümmert sich um die beiden Kinder. Im gleichen Haushalt lebt auch S, die Mutter der F. Als S pflegebedürftig wird, übernimmt M zusätzlich noch die Pflege und Betreuung für sie.

Fall 3
Witwe W muss nach einem langen Leben langsam feststellen, dass sie Probleme hat, den Alltag allein zu meistern. Der befreundete Nachbar N erkennt ihre Hilfebedürftigkeit und kümmert sich um sie, und zwar auch als W schließlich schwer pflegebedürftig ist. Die beiden Kinder der W wohnen weit entfernt und sind mit der Tatsache zufrieden, dass ihre Mutter bei N in guten Händen ist.

Fall 4
M und F sind verheiratet, haben einen Sohn, leben aber seit vielen Jahren getrennt. Neue Partner haben beide nicht. Sie wollen sich aber nicht scheiden lassen. Als M pflegebedürftig wird, kümmert sich Sohn S um ihn.

---

25 Ein Anstieg von 9% in den Jahren 2013 bis 2015, vgl. Statistisches Bundesamt, Pflegestatistik 2015, S. 7. Ein weiterer Anstieg von 21% in den Jahren 2017 bis 2019, Statistisches Bundesamt, Pflegestatistik 2019, S. 9.

C. Gang der Arbeit

Durch die erbrechtliche Honorierung von Pflegeleistungen könnte die häusliche Pflege durch Angehörige gestärkt werden. Diesbezüglich besteht grundsätzlich Einstimmigkeit in der Literatur[26]. Dennoch muss zunächst genauer betrachtet werden, warum die Stärkung der häuslichen Pflege und die erbrechtliche Honorierung sinnvoll sind; die Pflegesicherung ist schließlich vorrangig Aufgabe des Sozialrechts. Pflegeleistungen werden daher hauptsächlich nach den Regeln des SGB XI abgegolten. Mit diesem Themenbereich wird sich im Folgenden das erste Kapitel beschäftigen.

Jeder Person steht es grundsätzlich frei, eigene erbrechtliche Verfügungen zu treffen, um die Person zu belohnen, die sie pflegt bzw. gepflegt hat. Daher setzen sich die Kapitel zwei und drei mit den Möglichkeiten auseinander, wie der Erblasser selbst durch Verfügung von Todes wegen an ihn erbrachte Pflegeleistungen honorieren kann. Im zweiten Kapitel wird der entgeltliche Erbvertrag thematisiert. Die Möglichkeiten, wie der Erblasser die Pflegeperson durch Testament belohnen kann, werden im dritten Kapitel behandelt.

Im vierten Kapitel soll die bestehende Gesetzeslage bezüglich des Ausgleichs von Pflegeleistungen betrachtet werden, nämlich die Ausgleichsregelung des § 2057a I 2 BGB. Gemäß § 2057a I 2 BGB kann ein Abkömmling bei der Auseinandersetzung unter den Abkömmlingen eine Ausgleichung verlangen, wenn er den Erblasser während längerer Zeit gepflegt hat. Diese Vorschrift ist in der Literatur erheblicher Kritik ausgesetzt[27], insbesondere in Bezug auf den Personenkreis der Ausgleichsbeteiligten und den engen Anwendungsbereich. Diese Kritik und die Reichweite der Norm sollen überprüft werden. Dabei ist insbesondere die Tatsache zu berücksichtigen, dass weder ein weiterer Kreis der Ausgleichsbeteiligten noch ein umfassender Anwendungsbereich bei der Gesetzesänderung im Rahmen der Erbrechtsreform von 2009 gesetzlich geregelt wurden.

Das fünfte Kapitel beinhaltet einen Rechtsvergleich mit Österreich. Um Pflegeleistungen erbrechtlich zu honorieren, wurde dort zum 1. Januar 2017 ein gesetzliches Pflegevermächtnis eingeführt. Diese weitreichende Lösung muss genauer betrachtet werden. Es ist zu prüfen, ob eine solche Regelung auf das deutsche Recht übertragbar wäre. Das letzte, sechste Kapitel beschäftigt sich

---

26 *Wellenhofer,* in: FS Frank, S. 923, 929; *Ludyga,* ZErb 2009, 289, 290; *Kroppenberg,* NJW 2010, 2609, 2611; *Otte,* ZEV 2008, 260; *Köbl,* in: FS Frank, S. 159, 176.

27 *Ludyga,* ZErb 2009, 289 ff.; *Reimann,* FamRZ 2009, 1633, 1634; *Kroppenberg,* NJW 2010, 2609, 2611; *Röthel,* A 60, 61; *Doering-Striening,* FamFR 2012, 531, 534; *Köbl,* in: FS Frank, S. 159, 161; *Trappe,* ErbR 2017, 206, 207; *Kollmeyer,* NJW 2017, 1849.

daher mit der Frage, ob ein gesetzliches Pflegevermächtnis eingeführt werden sollte und wie ein solches auszugestalten wäre.

Die geschilderten Beispielsfälle sollen in der gesamten Arbeit dazu dienen, die Lösungen und Gestaltungsmöglichkeiten zu verdeutlichen. In allen Fällen handelt es sich um solidarische informelle Pflege. Eine Neuregelung des Problemkreises im Erbrecht sollte möglichst in allen Fällen zu einer Honorierung der Leistung führen.

1. Kapitel:Erbrecht als Mittel zur Sicherstellung und Honorierung von Pflegeleistungen

Das Erbrecht erscheint grundsätzlich ein sinnvolles Instrument zu sein, Pflegeleistungen zu honorieren. Gegenstand der Betrachtung ist dabei die häusliche Pflege, auch als informelle Pflege bezeichnet, die von pflegenden Angehörigen erbracht wird.

A. Begriff der informellen Pflege

Die Arbeit beschäftigt sich ausschließlich mit der allgemeinen Pflege älterer Menschen, nicht mit der Krankenpflege. Der Begriff der Krankenpflege meint die Pflegebedarfslage bei Krankheit. Solche Leistungen gehen zwar in der Pflegepraxis häufig in die Pflege iSd SGB XI über, jedoch sind diese grundsätzlich auf Heilung ausgerichtet[28]. Ziel der allgemeinen Pflege, insbesondere der Altenpflege, ist nicht die Heilung, sondern das Erbringen von Hilfeleistungen bei Verrichtungen des täglichen Lebens[29]. Dabei stehen gesundheitliche Beeinträchtigungen der Selbstständigkeit und der Fähigkeiten im Vordergrund[30].

Mit dem Begriff „informeller Pflege" ist aber nicht bloß die iSd SGB XI anerkannte Pflege für Pflegebedürftige nach § 14 SGB XI gemeint, sondern alle Unterstützungshandlungen im Alltagsleben sowie bei Beeinträchtigungen der Selbstständigkeit. Diese tatsächlich erbrachten Pflegeleistungen sind weitergehend. Die Unterstützung durch Angehörige beginnt häufig schon viel früher, etwa wenn Menschen im Alltag und bei Besorgungen Unterstützung benötigen und Angehörige dabei Hilfe leisten[31]. Auch diese Art der Pflege soll hier neben der Pflege iSd SGB XI thematisiert werden. Die Definition der informellen Pflege ist folglich weiter als der Pflegebegriff iSd SGB XI.

Ebenso soll auch der Begriff der pflegenden Angehörigen weit verstanden werden. Dieser umfasst nicht nur Familienmitglieder, sondern auch Bekannte, Freunde, Nachbarn oder andere Personen, die unentgeltlich Hilfe- bzw.

28 *Frey*, S. 26.

29 Vgl. *Frey*, S. 26; KassKomm/*Weber* SGB XI § 14 Rn. 3, 3a.

30 KassKomm/*Weber* SGB XI § 14 Rn. 3a.

31 Vgl. *Nowossadeck/Engstler/Klaus*, Pflege und Unterstützung, S. 4.

Pflegeleistungen erbringen[32]. Dies trägt insbesondere der Tatsache Rechnung, dass der gesellschaftliche Wandel auch den Familienverband betrifft und sich das Verhältnis der Generationen zueinander auflockert[33]. Außerdem leben immer mehr Menschen ohne Kinder, sodass in diesen Fällen nur entferntere Verwandte oder Bekannte als pflegende Angehörige in Betracht kommen[34]. Entscheidend ist, dass diese Personen die Pflegeleistungen informell, also nicht professionell oder entgeltlich erbringen[35].

Es stellen sich zwei Fragen, nämlich zunächst, warum Pflegeleistungen von Angehörigen überhaupt honoriert werden sollen. Weiterhin fragt sich, warum dafür eine erbrechtliche Lösung sinnvoll erscheinen könnte.

B. Ausgangslage

Bevor auf die Optionen zur Honorierung von Pflegeleistungen eingegangen wird, sollen zunächst die Möglichkeiten betrachtet werden, die das geltende Recht hierfür bietet.

I. Honorierung im Sozialrecht

Die Pflegeversicherung ist eine Sozialversicherung und als Säule des sozialen Sicherungssystems im SGB XI geregelt. Ungefähr 90% der Bevölkerung sind in der sozialen Pflegeversicherung gegen das Risiko der Pflegebedürftigkeit versichert. Für den Rest besteht eine Versicherungspflicht in der privaten Pflegeversicherung gemäß § 23 I 1 SGB XI, deren Leistungen nach Art und Umfang mit denen der sozialen Pflegeversicherung gleichwertig sein müssen, § 23 I 2 SGB XI. Daher sollen hier nur die Leistungen der sozialen Pflegeversicherung betrachtet werden.

Thematisiert werden ausschließlich Fälle der häuslichen Pflege, sodass nur Leistungen der Pflegeversicherung nach §§ 36, 37 SGB XI dargestellt werden. Leistungen nach § 36 SGB XI, die Pflegesachleistungen, kommen für die Pflege von Angehörigen in der Regel nicht in Betracht, da diese Norm nur für professionelle berufliche Pflegekräfte gilt. Diese Pflegepersonen stehen mittelbar als Angestellte einer zugelassenen ambulanten Pflegeeinrichtung oder unmittelbar

---

32 So auch *Schneekloth/Wahl,* MUG III S. 77; *Nowossadeck/Engstler/Klaus,* Pflege und Unterstützung, S. 4; *Werwitzki,* S. 44.

33 Vgl. *Werwitzki,* S. 15; *Meyer,* FPR 2008, 537.

34 Vgl. Begründung Gesetzentwurf der BReg, BT-Drs. 16/8954 S. 17.

35 Vgl. *Nowossadeck/Engstler/Klaus,* Pflege und Unterstützung, S. 4.

in einem Vertragsverhältnis zur Pflegekasse. Ist ein pflegender Angehöriger eine berufliche Pflegekraft, so steht der Gewährung von Pflegesachleistungen das Verbot in § 77 I 1 2. HS SGB XI entgegen. Als Leistung aus der Pflegeversicherung kommt grundsätzlich das Pflegegeld nach § 37 SGB XI in Betracht.

Mit den §§ 36, 37 SGB XI stehen zwei Leistungsmodelle zur Verfügung, die in finanzieller Hinsicht unterschiedlich ausgestaltet sind. Die Leistungen nach § 36 SGB XI sind höher als die nach § 37 SGB XI. Die geringeren Geldleistungen bei häuslicher Pflege durch Familienangehörige gegenüber den Geldleistungen beim Einsatz bezahlter Pflegekräfte verstoßen aber nicht gegen das Grundgesetz[36].

Es handelt sich hierbei um zwei unterschiedliche Leistungen. Im Fall der Pflegesachleistung gemäß § 36 SGB XI durch Dritte kann eine sachgerechte Pflege nur bei ordnungsgemäßer Vergütung der Pflegekräfte sichergestellt werden[37]. Der Konzeption des Pflegegeldes liegt dagegen der Gedanke zugrunde, dass familiäre, nachbarschaftliche oder ehrenamtliche Pflege unentgeltlich erbracht wird[38]. Daher ist das Pflegegeld nicht als Entgelt ausgestaltet, sondern als materielle Anerkennung vorgesehen[39]. Dieser Unterschied rechtfertigt die unterschiedliche Höhe der Leistungen.

Das Pflegegeld wird gemäß § 37 I 2 SGB XI dem Pflegebedürftigen gewährt, wenn er die für ihn erforderlichen Pflegemaßnahmen und Hilfen bei der Haushaltsführung in geeigneter Weise selbst sicherstellt. Leistungsberechtigt ist jedoch nur der Pflegebedürftige selbst, nicht die Pflegeperson[40]. Es steht dem Pflegebedürftigen dann frei, ob er das Pflegegeld an die Pflegeperson weiterleitet oder nicht[41]. Ein eigener Anspruch des pflegenden Angehörigen besteht also nicht; es besteht auch kein Anspruch auf Weiterleitung des Pflegegeldes gegen den Pflegebedürftigen.

Leistungen für die Pflegeperson selbst finden sich in den §§ 44 ff. SGB XI, sofern sie die Voraussetzungen einer „Pflegeperson“ des § 19 SGB XI erfüllt. Gewährt werden demnach Leistungen in Form von Beiträgen zur Rentenversicherung (§ 44 I SGB XI), zur Unfallversicherung (§ 44 IIa SGB XI) sowie zur Arbeitslosenversicherung (§ 44 IIb SGB XI iVm § 26 IIb SGB III). Zusätzlich

36 BVerfG FamRZ 2014, 911.
37 BVerfG FamRZ 2014, 911.
38 BVerfG FamRZ 2014, 911.
39 BVerfG FamRZ 2014, 911.
40 Udsching/Schütze/*Wahl* SGB XI § 37 Rn. 3; KassKomm/*Leitherer* SGB XI § 37 Rn. 4; BeckOK/*Diepenbruck* SGB XI § 37 Rn. 3; *Rothgang, Staber,* FPR 2012, 48, 49.
41 *Rothgang, Staber,* FPR 2012, 48, 49; *Köbl,* in: FS Frank, S. 166.

stehen Leistungen in Form von Zuschüssen zur Kranken- und Pflegeversicherung bei Pflegezeit und kurzfristiger Arbeitsverhinderung (§ 44a SGB XI) sowie Pflegekurse (§ 45 SGB XI) zur Verfügung. Dies alles bietet jedoch keinen unmittelbaren finanziellen Ausgleich für die Pflegeleistung.

Weiterhin ist zu berücksichtigen, dass alle Leistungen der Pflegeversicherung nach SGB XI nur gewährt werden, wenn der Pflegebedürftige iSd § 14 SGB XI pflegebedürftig ist und mindestens in Pflegegrad 2 eingruppiert wird. Damit entfallen diese bei den Unterstützungshandlungen und Hilfen im Alltag. Gleiches gilt in solchen Fällen, in denen keine Leistungen beantragt werden, eine Einstufung in Pflegegrad 1 vorliegt oder noch keine Pflegebedürftigkeit iSd SGB XI gegeben ist.

Insgesamt sieht die Pflegeversicherung für alle Fälle der Pflege keine unmittelbare finanzielle Honorierung der Pflegeleistungen von Angehörigen vor.

II. Sonstige Ausgleichsansprüche im Zivilrecht

Es steht den Beteiligten grundsätzlich frei, entsprechende schuldrechtliche Verträge, insbesondere Dienstverträge, zu schließen, woraus sich dann ein Anspruch auf Vergütung der Pflegeleistung ergeben könnte. Dem steht auch das Verbot in § 77 I 1 2. HS SGB XI nicht entgegen[42], da sich dies nur auf die Pflegesachleistung nach § 36 SGB XI bezieht[43]. Auch familienrechtliche Beistands- und Fürsorgepflichten nach §§ 1353 I 2, 1618a BGB stehen solchen Verträgen nicht im Wege, da die Pflegeleistung in der Regel überobligatorisch und damit nicht mehr von diesen Pflichten abgedeckt ist[44]. In den überwiegenden Fällen der häuslichen Pflege wird ein Anspruch jedoch am ausdrücklichen oder konkludenten Vertragsschluss scheitern[45]. Die häusliche Pflege wird regelmäßig stillschweigend aufgrund einer familiären oder persönlichen Verbundenheit erfolgen. Insoweit ist es der Pflegeperson kaum möglich oder zumutbar, ein Entgelt für die Pflegeleistung, bzw. den Abschluss einer entsprechenden Vereinbarung zu verlangen[46].

42 *Doering-Striening,* FamFR 2012, 531, 532.

43 Udsching/Schütze/*Udsching* SGB XI § 77 Rn. 2; BeckOK/*Wilcken* SGB XI § 77 Einleitung.

44 BGH NJW 1995, 1486, 1488; *Doering-Striening,* FamFR 2012, 531, 532.

45 So auch Begründung des Gesetzentwurf der BReg, BT-Drs. 16/8954 S. 9; *Ludyga,* ZErb 2009, 289, 290; *Kues,* ZEV 2000, 434; *van de Loo,* FPR 2008, 551; *von Mielecki,* S. 47.

46 Gesetzentwurf der BReg, BT-Drs. 16/8954 S. 9; *Ludyga,* ZErb 2009, 289, 290; *van de Loo,* FPR 2008, 551; *Meyer,* FPR 2008, 537; ferner auch *Doering-Striening,* FamFR 2012, 531.

Auch einen Anspruch wegen Zweckverfehlungskondiktion gemäß § 812 I 2 2. Fall BGB wird die Pflegeperson in der Regel nicht geltend machen können. Voraussetzung wäre nämlich, dass die Pflegeperson die Pflegeleistungen in der erkennbaren Erwartung erbracht hat, dafür im Gegenzug besonders bedacht zu werden, der Erblasser eine solche Verfügung aber unterlassen hat[47]. Nur einseitige Hoffnungen und Erwartungen bezüglich einer Erbeinsetzung reichen hingegen nicht aus. Eine konkrete Zweckvereinbarung wird meist nicht erfolgt, bzw. nicht zu beweisen sein[48]. Da der Erblasser bereits tot ist, erscheint es schwer möglich, eine stillschweigende Einigung oder die Kenntnis des Erblassers von dieser Erwartung darzulegen.

Lediglich die geltenden Regelungen des Erbrechts kennen - in engeren Grenzen - die Möglichkeit, Pflegeleistungen zu honorieren. Darauf wird im weiteren Verlauf genauer einzugehen sein[49].

C. Warum sollen Pflegeleistungen überhaupt honoriert werden?

Da Leistungen in der häuslichen Pflege bislang nicht honoriert werden, stellt sich die Frage, warum diese überhaupt entgolten werden sollen. Vorrangiges Ziel wäre die Stärkung der häuslichen Pflege, indem man einen finanziellen Anreiz dafür schafft, einen Pflegebedürftigen zu unterstützen.

In Deutschland besteht ein familienbasiertes Pflegesystem[50]. 80% der Pflegebedürftigen werden zu Hause gepflegt[51]. 51,8%, also mehr als die Hälfte, werden nur von ihren Angehörigen gepflegt werden und erhalten lediglich Pflegegeld nach § 37 SGB XI[52]. Bereits das macht die besondere Bedeutung der Angehörigen bei der Pflege deutlich. Hinzu kommen noch die Fälle, in denen keine Leistungen aus der Pflegeversicherung gewährt werden. Die Gesamtzahl der zu Hause Gepflegten ist tatsächlich also noch höher. Folglich sind die Leistungen der pflegenden Angehörigen das Fundament des Pflegesystems.

---

47 Vgl. *Ludyga,* ZErb 2009, 289, 290; *Doering-Striening,* FamFR 2012, 531, 534; weiter *Kues,* ZEV 2000, 434.

48 Vgl. *Ludyga,* ZErb 2009, 289, 290.

49 Dazu Kap. 4.

50 *Kroppenberg,* NJW 2010, 2609, 2611; *Nowossadeck/Engstler/Klaus,* Pflege und Unterstützung, S. 4; *Doering-Striening,* FamFR 2012, 531; Staudinger/*Löhnig* BGB § 2057a Rn. 3; *Lüscher,* ZEV 2004, 2, 3; *Windel,* ErbR 2010, 241.

51 Statistisches Bundesamt, Pflegestatistik 2019, S. 9.

52 Vgl. Statistisches Bundesamt, Pflegestatistik 2019, S. 19 Tab. 1.1.

Dieses Fundament könnte der eingangs beschriebene gesellschaftliche Wandel ins Wanken bringen, da es immer weniger Kinder gibt und sich die familiären Strukturen insgesamt verändern. Hinzu kommt, dass die Lebenserwartung steigt und damit auch die Anzahl älterer Menschen, bei denen das Risiko der Pflegebedürftigkeit erhöht ist[53]. Daher muss der Staat bemüht sein, die Pflegebereitschaft in der privaten Gesellschaft zu stärken.

I. Entlastung des Sozialsystems

Bedeutsames Argument für die Stärkung der häuslichen Pflege ist der Einsparungseffekt und damit die finanzielle Entlastung der Pflegeversicherung sowie der öffentlichen Kassen insgesamt[54]. Wird ein Mensch pflegebedürftig, so besteht neben der häuslichen Pflege durch Angehörige zunächst auch die Möglichkeit der Betreuung durch einen professionellen Pflegedienst. Diese Pflege wird als Pflegesachleistung nach § 36 SGB XI von der Pflegeversicherung gewährt. Bei der Pflege durch Angehörige wird dagegen nur das Pflegegeld nach § 37 SGB XI gewährt, das vom Betrag her weit unter den Leistungen des § 36 SGB XI liegt. Das Pflegegeld beträgt ungefähr die Hälfte in jedem Pflegegrad. Der Einsparungseffekt ist eindeutig.

Weiterhin besteht die Möglichkeit der Pflege in vollstationärer Einrichtung, wofür Leistungsbeiträge nach § 43 SGB XI gewährt werden. Die diesbezüglichen Beträge gemäß § 43 II 2 Nr. 1-5 SGB XI sind höher als die des § 36 III Nr. 1-5 SGB XI und übersteigen damit die Sätze des Pflegegeldes erheblich. Der Einsparungseffekt wird umso größer, wenn man noch die zusätzlichen Kosten für weitergehende Leistungen wie Unterkunft und Verpflegung berücksichtigt, für die der Pflegebedürftige in stationärer Pflege selbst aufkommen muss. Kann er diese Kosten nicht aus Einkommen oder Vermögen aufbringen, so hat der Staat durch die Sozialhilfeträger dafür ebenfalls aufzukommen[55]. Die häusliche Pflege durch Angehörige ist insgesamt also weit günstiger[56] und kann daher dauerhaft das soziale Sicherungssystem entlasten.

---

53 Vgl. BT-Drs. 12/5261 S. 64; BVerfGE 103, 197, 223; *Lüscher,* ZEV 2004, 2, 3. Dazu auch *Werwitzki,* S. 33 ff.; *Schneekloth/Wahl,* MUG III, S. 68.

54 So auch Begründung des Gesetzentwurfs der BReg, BT-Drs. 16/8954 S. 9; *Köbl,* in: FS Frank, S. 166, 168; *Ludyga,* ZErb 2009, 289; *Werwitzki,* S. 15; *Windel,* ZEV 2008, 305, 308; *Paetel,* S. 35, 36; *Nowossadeck/Engstler/Klaus,* Pflege und Unterstützung, S. 4.

55 *Köbl,* in: FS Frank, S. 166; *Paetel,* S. 36.

56 So auch *Rothgang/Staber,* FPR 2012, 48.

II. Gesetzliche Wertentscheidungen

Zu berücksichtigen sind weiter die Wertentscheidungen, die der Gesetzgeber durch bestehende Normen bereits getroffen hat. In § 3 SGB XI ist der Vorrang der häuslichen Pflege normiert. Damit bringt der Gesetzgeber klar zum Ausdruck, dass die häusliche Pflege durch Angehörige und Nachbarn die vorzugswürdige Art der Pflege ist. Möchte man demgemäß häusliche Pflegeleistungen weiter fördern und Anreize hierfür schaffen, so entspricht dies dem Grundsatz des § 3 SGB XI und fügt sich reibungslos in das gesetzgeberische Wertesystem ein.

III. Interesse der Betroffenen

Das Modell der häuslichen Pflege entspricht in den meisten Fällen auch den Wünschen der Betroffenen[57]. Dem Pflegebedürftigen wird es dadurch ermöglicht, weiterhin in seiner vertrauten Umgebung zu leben, anstatt in ein Pflegeheim ziehen zu müssen[58]. Die Angehörigen wiederum sehen sich in der persönlichen Verantwortung dafür, dem Pflegebedürftigen das Leben zu Hause oder in der Familie auch weiterhin zu ermöglichen[59]. Nicht zuletzt entspricht die häusliche Pflege dem Interesse aller Beteiligten, da die einzige Alternative, nämlich der Umzug in ein Pflegeheim, regelmäßig eher als „Einbahnstraße“ empfunden wird[60]. Denn die Betroffenen haben häufig die Vorstellung, dass nach einem Umzug in ein Pflegeheim die Rückkehr in ein selbstständiges Leben zu Hause nicht mehr möglich ist.

IV. Symbolwirkung

Für die Pflegepersonen dürfte die Symbolwirkung einer Honorierung ihrer unentgeltlich erbrachten Leistung von erheblicher Bedeutung sein. Dadurch wird der Pflegeleistung ein ökonomischer Wert beigemessen, der dem Bedürfnis nach materieller Anerkennung in der Gesellschaft gerecht wird[61]. Durch die Honorierung könnte verdeutlicht werden, dass mit der unentgeltlichen Leistung

---

57 *Werwitzki*, S. 38; *Rothgang/Staber*, FPR 2012, 48; *Kollmeyer*, NJW 2017, 1849.

58 Begründung des Gesetzentwurfs der BReg, BT-Drs. 16/8954 S. 9; *Ludyga*, ZErb 2009, 289; *Werwitzki*, S. 38.

59 *Werwitzki*, S. 38.

60 *Schneekloth/Wahl*, MUG III, S. 241; *Werwitzki*, S. 38.

61 Vgl. *Ludyga*, ZErb 2009, 289, 290; *Paetel*, S. 33, 34, 58.

ein besonders wichtiger Beitrag mit ökonomischem Wert für die ganze Gesellschaft erbracht wird[62].

Folglich erscheint es sinnvoll, unentgeltlich erbrachte Pflegeleistungen von Angehörigen zu honorieren.

D. Warum sollen Pflegeleistungen durch das Erbrecht honoriert werden?

Auch wenn es in Wissenschaft und Praxis keine Gegenstimmen grundlegender Art zu einer Honorierung von Pflegeleistungen durch das Erbrecht gibt, sondern vielmehr einen grundsätzlichen Konsens[63], sollte die Frage aufgeworfen werden, warum ausgerechnet das Erbrecht das geeignete Rechtsgebiet hierfür sein soll.

Ein Grund für die Wahl des Erbrechts ist der naturgemäße Zusammenhang zwischen Pflege und Eintritt des Erbfalls, also dem Tod. Auch wenn die Pflegebedürftigkeit ein allgemeines Lebensrisiko ist und jederzeit auftreten kann, so tritt sie dennoch vorrangig im Alter auf[64]. Die Statistiken zeigen eindeutig auf, dass der Anteil der Pflegebedürftigen mit zunehmender Altersgruppe steigt[65]. Mit dem Begriff „Pflege“ wird folglich grundsätzlich die Altenpflege assoziiert.

Es finden sich keine Angaben dazu, wie die Pflegebedürftigkeit in der Regel endet, bzw. ob sie mit dem Tod endet. Thematisiert wird lediglich der Beginn der Pflegebedürftigkeit. Dies dürfte wohl daran liegen, dass allgemein davon ausgegangen wird, dass die Pflege, gerade die Altenpflege, stets mit dem Tod endet. So finden sich beispielsweise Daten dazu, dass ungefähr 19% der Männer und 12% der Frauen innerhalb der ersten drei Monate nach Pflegebeginn versterben[66]. Bei den übrigen Angaben zur Dauer der Pflegebedürftigkeit wird vorausgesetzt, dass das Ende der Pflege mit dem Tod des Pflegebedürftigen zusammen fällt. Dies lässt sich auch den Regelungen des SGB XI entnehmen, die als Voraussetzung für den Beginn der Pflegebedürftigkeit nach § 14 I 3 SGB XI vorgeben, dass die

---

62 So auch Begründung des Gesetzentwurfs der BReg, BT-Drs. 16/8954 S. 18; *Meyer*, FPR 2008, 537, 541.

63 *Ludyga*, ZErb 2009, 289, 290; *Kroppenberg*, NJW 2010, 2609, 2611; *Paetel*, S. 60; *Otte*, ZEV 2008, 260; *Windel*, ZEV 2008, 305, 308; *van de Loo*, FPR 2008, 551, 553; *Odersky*, MittBayNot 2008, 2, 6; *Röthel*, A 60, 61; *Helms*, in: Recht der Älteren, S. 212.

64 BT-Drs. 12/5261 S. 64; BVerfG FamRZ 2001, 605, 608; BVerfGE 103, 197, 223; *Nowossadeck/Engstler/Klaus*, Pflege und Unterstützung, S. 7; Statistisches Bundesamt, Pflegestatistik 2015, S. 8.

65 Statistisches Bundesamt, Pflegestatistik 2015, S. 8.

66 *Nowossadeck/Engstler/Klaus*, Pflege und Unterstützung, S. 13.

Hilfebedürftigkeit für mindestens sechs Monate andauern muss. Ein weiterer Hinweis darauf findet sich in § 37 II 3 SGB XI, wonach das Pflegegeld bis zum Ende des Monats geleistet wird, in dem der Pflegebedürftige gestorben ist. Im Ergebnis wird die Pflege also in der Regel mit dem Tod des Pflegebedürftigen enden, sodass ein enger zeitlicher Zusammenhang mit dem Erbrecht besteht. Wird eine Honorierung mit dem Pflegebedürftigen nicht besprochen, so verlagert sich die Diskussion hierüber also zwangsläufig in das Erbrecht.

Weiterhin spricht für eine Verortung der Honorierung im Erbrecht, dass Streitigkeiten hierüber von den Angehörigen meist auf den Erbfall verlagert werden[67]. Denn wie bereits festgestellt wurde, wird das Thema der Vergütung zu Lebzeiten des Erblassers in der Regel nicht angesprochen. Die Kommerzialisierung der Pflegeleistung wird von den Beteiligten eher als sachfremd empfunden[68]. Nach allgemeinem Empfinden wird die Pflege aufgrund einer familiären Pflicht oder aus Generationensolidarität heraus geschuldet und daher als eine Art intergenerationelle Transferleistung erbracht[69]. Diese Art der Pflege unterscheidet sich von der professionellen Pflege Dritter dahingehend, dass ihr ein ideeller Wert in Form von Wertschätzung und persönlicher Verbundenheit beiwohnt[70]. Da sich dies schwer in schuldrechtlichen Kategorien fassen lässt, bietet sich das Erbrecht als „Zwischenebene" an[71]. Dies kommt schließlich auch der Tatsache entgegen, dass die Beteiligten das Thema der Honorierung der Pflegeleistung nicht ansprechen und nicht thematisieren wollen. Verlagert man die Frage nach der Honorierung in das Erbrecht, so hilft man den Beteiligten aus dieser für sie unangenehmen Situation heraus.

Für eine Honorierung der Pflegeleistungen durch das Erbrecht spricht außerdem, dass der Erblasser sein Vermögen zu Lebzeiten nicht antasten muss, da die Honorierung erst nach dem Erbfall erfolgt. Dies ist vor allem dann von Bedeutung, wenn zwar Vermögen vorhanden ist, aber keine liquiden Mittel verfügbar sind. Gerade wenn der (einzige) Vermögenswert eine Immobilie ist, die der Pflegebedürftige bewohnt, dürfte dies von erheblicher Bedeutung sein; denn andernfalls müsste die Immobilie verkauft werden und der Pflegebedürftige umziehen. Dies würde jedoch dem Sinn und Zweck der häuslichen Pflege und den Interessen der Beteiligten zuwiderlaufen. Gerade zum Ende des Lebens hin

---

67 *Doering-Striening,* FamFR 2012, 531.
68 Dazu *Paetel,* S. 57 ff.; *Doering-Striening,* FamFR 2012, 531.
69 *Kroppenberg,* NJW 2010, 2609, 2611.
70 Vgl. *Paetel,* S. 58. Dazu *Trappe,* ErbR 2017, 206, 207.
71 *Kroppenberg,* NJW 2010, 2609, 2611.

kann ein besonderes Bedürfnis nach Sicherheit und Wahrung des Vermögensbestandes bestehen, welches es dem Pflegebedürftigen schwer macht, sein Vermögen in der letzten Lebensphase für Pflegeleistungen aufzubrauchen[72]. Dem Interesse des Erblassers entspricht es daher, zu Lebzeiten Vermögensinhaber zu bleiben.

E. Ergebnis

Die häusliche Pflege durch Angehörige wird nach geltender Rechtslage nicht honoriert. Da diese, wie dargestellt, jedoch das Fundament des Pflegesystems ist, gilt es, sie zu stärken. Zu diesem Zweck erscheint eine finanzielle Honorierung dieser Leistungen sinnvoll. Für die Honorierung stellt das Erbrecht ein geeignetes Rechtsgebiet dar.

Der Regelungsbedarf für eine erbrechtliche Honorierung wird auch durch die eingangs dargestellten Beispielsfälle deutlich. In keinem der vier Fälle ist für die Pflegeperson im Gesetz ein Ausgleich für die erbrachte Leistung vorgesehen. Alle Pflegepersonen erhalten folglich keine honorierende gesetzliche Anerkennung.

72 Vgl. *Lüke*, S. 2.

2. Kapitel: Der entgeltliche Erbvertrag

„Ich, E, setze den V vertragsmäßig zu meinem Alleinerben ein. Im Gegenzug dafür verpflichtet sich V, mich, E, in kranken und alten Tagen zu pflegen.

E (Erblasser) *V (Vertragserbe)"*

Der entgeltliche Erbvertrag ist eine Möglichkeit, die sich einem Pflegebedürftigen bietet, die an ihn erbrachten Pflegeleistungen zu honorieren. Dieses Rechtsgeschäft wird in der Literatur überwiegend kritisch gesehen. Vom Vertragsabschluss wird von Seiten der Notare teilweise abgeraten[73]. Entscheidender Punkt der Kritik ist, dass beim Auftreten von Leistungsstörungen die Anwendung gesetzlicher Regelungen nicht zu interessengerechten Lösungen für die Vertragsparteien führen könne. Daher soll im Folgenden überprüft werden, welche rechtlichen Probleme der entgeltliche Erbvertrag aufweist, welche Schutzlücken bestehen und welche Lösungen dafür in Betracht kommen.

Mit einem Erbvertrag kann eine schuldrechtliche Verpflichtung verbunden werden, in welcher sich der eine Vertragspartner, nämlich der Vertragserbe, verpflichtet, eine Gegenleistung für die Erbeinsetzung zu erbringen[74]. Der Erbvertrag kann insbesondere die Verpflichtung des Vertragserben zur Erbringung von Pflegeleistungen an den Erblasser beinhalten[75]. Man spricht dann von einem *entgeltlichen Erbvertrag*[76]. Ein solcher Vertrag wird im Gesetz zwar nicht ausdrücklich geregelt; jedoch wird seine Existenz in § 2295 BGB vorausgesetzt[77]. Das Gesetz sieht dort die Möglichkeit vor, erbvertragliche Verfügungen „mit Rücksicht auf eine rechtsgeschäftliche Verpflichtung des Bedachten", an den

---

73 So z.B. *Mayer,* DNotZ 2012, 89, 97, 98; *Kornexl,* Anmerkung zu BGH, Beschluss v. 05.10.2010 – IV ZR 30/10, MittBayNot 2011, 320, 322.

74 MüKoBGB/*Musielak* Vorbemerkungen zu § 2274 Rn. 27; Palandt/*Weidlich* BGB § 2295 Rn. 1; Soergel/*Wolf* BGB Vor § 2274 Rn. 4; NK-BGB Erbrecht/*Kornexl* Vor §§ 2274-2302 Rn. 10; *Vollmar*, ZErb 2003, 274.

75 Vgl. BGH FamRZ 2013, 878; ZEV 2011, 254; OLG Hamm, Beschluss v. 10.02.2010 - 15 W 693/10; OLG Karlsruhe NJW-RR 1997, 708; Palandt/*Weidlich* BGB § 2295 Rn. 1; *Frank/Helms*, §13 Rn. 33.

76 Vgl. BGH NJW 1962, 249, 250; *Harryers*, RNotZ 2013, 1, 14; *Mayer*, DNotZ 2012, 89, 91; Soergel/*Wolf* BGB § 2295 Rn. 1.

77 OLG München ZEV 2009, 345, 346; *Frank/Helms*, §13 Rn. 13; *Rothe*, S. 15.

Erblasser für die Dauer seines Lebens wiederkehrende Leistungen zu erbringen, vorzunehmen[78].

A. Rechtsnatur und Inhalt des entgeltlichen Erbvertrages

Der entgeltliche Erbvertrag kann zum einen die vertragliche Erbeinsetzung und zum anderen die damit verbundene Pflegeverpflichtung beinhalten. Mit dem Begriff „entgeltlicher Erbvertrag" ist das ganze Rechtsgeschäft gemeint. Die einzelnen Bestandteile des entgeltlichen Erbvertrags sind die vertragliche Erbeinsetzung und die Pflegeverpflichtung.

I. Vertragliche Erbeinsetzung

Bei einer vertraglichen Erbeinsetzung handelt es sich um eine Verfügung von Todes wegen[79]. Außerdem ist sie ein Vertrag, der eine Bindung des Erblassers an seine vertragsmäßigen Verfügungen von Todes wegen bewirkt[80]. Daher kann sie als zweiseitig-einheitliches Rechtsgeschäft aufgefasst werden, das als Vertrag und Verfügung von Todes wegen eine Doppelnatur aufweist[81]. Es handelt sich jedoch nicht um eine Verfügung im sachenrechtlichen Sinne, da der Erblasser bei Abschluss keine unmittelbare Änderung der dinglichen Rechtslage herbeiführt, wie es bei einer dinglichen Verfügung der Fall ist[82]. Eine Verfügung von Todes wegen wird nämlich erst mit dem Tod des Erblassers wirksam, sodass die Rechtsänderung auch erst zu diesem Zeitpunkt eintritt[83]. Vor Eintritt des Erbfalls stehen dem Vertragserben keine Rechte an dem Vermögen des Erblassers zu, insbesondere auch keine Anwartschaft oder ein Anwartschaftsrecht, sondern lediglich eine tatsächliche Aussicht[84]. Dies wird auch dadurch deutlich, dass der Erblasser gemäß § 2286 BGB durch den Erbvertrag nicht in seinem Recht beschränkt wird, über sein Vermögen durch Rechtsgeschäft unter Lebenden zu verfügen.

---

78 *Lüke*, S. 1, 2, 12.

79 Palandt/*Weidlich* BGB § 2274 Rn. 1; *Brox/Walker,* § 14 Rn. 2; Staudinger/*Kanzleiter* BGB Einleitung zu § 2274 Rn. 5.

80 MüKoBGB/*Musielak* Vorbemerkungen zu § 2274 Rn. 2; *Brox/Walker,* § 14 Rn. 2.

81 Palandt/*Weidlich* BGB § 1941 Rn. 2; *Vollmar*, S. 25; Staudinger/*Kanzleiter* BGB Einleitung zu § 2274 Rn. 3.

82 *Vollmar*, S. 26; Palandt/*Weidlich* BGB § 2289 Rn. 1.

83 *Brox/Walker,* § 14 Rn. 2; Staudinger/*Kanzleiter* BGB Einleitung zu § 2274 Rn. 5.

84 BGH NJW 1954, 633; Staudinger/*Kanzleiter* BGB Einleitung zu § 2274 Rn. 5; Palandt/*Weidlich* BGB § 2289 Rn. 1.

Neben dem Testament ist der Erbvertrag die zweite Möglichkeit, jemanden als Erben außerhalb der gesetzlichen Erbfolge einzusetzen[85]. Gemäß § 2278 II BGB können als vertragsmäßige Verfügungen Erbeinsetzungen, Vermächtnisse und Auflagen getroffen werden. Der Erbvertrag entfaltet eine Bindungswirkung, welche sich dahingehend auswirkt, dass der Erblasser gemäß § 2289 I BGB keine dem Erbvertrag entgegenstehenden Verfügungen von Todes wegen treffen und sich nur unter bestimmten Voraussetzungen wieder von dem Erbvertrag lösen kann[86]. Insbesondere ist beim Erbvertrag die freie Widerrufbarkeit ausgeschlossen, sodass durch die Bindungswirkung die Testierfreiheit des Erblassers eingeschränkt wird[87].

II. Vertragliche Pflegeverpflichtung

1. Dauerschuldverhältnis

Bei einer Pflegeverpflichtung handelt es sich um ein schuldrechtliches Verpflichtungsgeschäft und um ein Dauerschuldverhältnis iSd § 314 BGB[88]. Die Pflegeverpflichtung wird als spezieller Vertragstyp im besonderen Teil des BGB nicht geregelt. Die Qualifizierung als ein besonders geregelter Vertrag richtet sich nach dem konkreten Vertragsinhalt im Einzelfall. In Betracht kommt etwa ein Dienstvertrag nach §§ 611 ff. BGB, wobei es für diese Annahme ausreicht, dass die Pflegeleistungen als geschuldete Dienste in erkennbarer Erwartung späterer Vergütung erfolgen[89]. Möglich sind auch ein Auftrag oder ein Vertrag besonderer Art.

Inhaltlich enthält die Pflegeverpflichtung die Pflicht, dass der Vertragserbe einseitig Pflegeleistungen an den Erblasser vom Eintritt der Pflegebedürftigkeit an zu erbringen hat. Häufig findet sich die Vereinbarung:

> *„Der Vertragserbe verpflichtet sich, den Erblasser in kranken und alten Tagen zu hegen und zu pflegen, ohne dass dafür geldwerte Mittel von diesem oder seinen Rechtsnachfolgern aufzuwenden sind.“*[90]

---

85 MüKoBGB/*Leipold* § 1941 Rn. 2; BeckOGK/*Tegelkamp* BGB § 1941 Rn. 3; *Lüke*, S. 1.

86 Vgl. Palandt/*Weidlich* BGB § 2289 Rn. 2; *Lüke*, S. 1.

87 *Brox/Walker*, § 14 Rn. 2; Staudinger/*Kanzleiter* BGB Einleitung zu § 2274 Rn. 9; Palandt/*Weidlich* BGB § 1941 Rn. 5.

88 *Harryers*, RNotZ 2013, 1, 2.

89 LAG Rheinland-Pfalz ZEV 2011, 549, 550, 551.

90 Z.B.: BGH FamRZ 2013, 878; ZEV 2011, 254; OLG Oldenburg, Urteil v. 12.01.2010 - 12 U 67/09; ferner: BGH NJW-RR 2003, 577; OLG Köln ZEV 2000, 317; OLG Karlsruhe NJW-RR 1997, 708; OLG Köln MittRhNotK 1995, 100; LG Köln, Urteil v. 05.07.1978

Aus dieser Vereinbarung wird jedoch weder deutlich, was die Vertragsparteien unter „Pflege“ verstehen, noch welche Leistungen von dieser Verpflichtung umfasst sein sollen. Um mögliche spätere Streitpunkte und Beweisschwierigkeiten zu vermeiden, sollte diese Vereinbarung inhaltlich ergänzt werden. Die entscheidenden Punkte, die erwähnt werden sollten, werden im Folgenden behandelt[91].

2. *Beteiligte Personen*

Als beteiligte Personen sind der Erblasser als Empfänger der Pflegeleistung sowie der Vertragserbe als Pflegeverpflichteter zu benennen. Hinsichtlich der Person des Pflegeverpflichteten sollte vereinbart werden, ob die Pflegeleistungen höchstpersönlich zu erbringen sind oder ob sich dieser auch Hilfspersonen bedienen darf[92].

3. *Leistungsort*

Der Leistungsort kann vereinbart werden. Unterbleibt dies, so bestimmt sich der Leistungsort nach § 269 BGB. Demgemäß ist Leistungsort der Wohnort des Schuldners, wenn weder ein Ort für die Leistung bestimmt noch aus den Umständen, insbesondere aus der Natur des Schuldverhältnisses, zu entnehmen ist. Im Fall häuslicher Pflege liegt es in der Natur des Rechtsverhältnisses, dass die Pflegeleistung am Wohnort des Pflegegläubigers erbracht werden soll[93]. Gleichwohl sollte in der Pflegeverpflichtung klargestellt werden, dass die Pflege in Wohnung oder Haus des Erblassers zu erbringen ist. Darüber hinaus kann vereinbart werden, dass die Pflegeperson in der Wohnung oder dem Haus des Erblassers wohnen soll[94]. Sofern die Pflegeverpflichtung auch die Pflicht zur Erbringung nicht pflegespezifischer Leistungen (z.B. Haushaltstätigkeiten, Einkaufen, regelmäßige Besuche) beinhaltet, kann außerdem festgelegt werden,

---

- 13 S 171/77. Zu Pflegeverpflichtungen in Übergabeverträgen Aufzählung bei *Kreienberg*, S. 22 ff.

91 Vgl. Beck Notar-HdB/*Herrler/Wartenburger* A. V. Rn. 441; *Harryers*, RNotZ 2013, 1, 5 ff.; *Weyland*, MittRhNotK 1997, 55, 62.

92 Im Fall einer Pflegeverpflichtung iVm anderen Verträgen, insbesondere einem Übergabevertrag, ist die Pflege in der Regel nicht höchstpersönlicher Natur, vgl. DNotI-Report 2012, 17, 18; BGH ZEV 2005, 261, 262; NJW 2003, 1126, 1127; aA: *Weyland*, MittRhNotK 1997, 55, 62.

93 Vgl. *Harryers*, RNotZ 2013, 1, 5.

94 So z.B.: OLG Karlsruhe NJW-RR 1997, 708.

dass bei einem eventuell erforderlichen Umzug in ein Alten- oder Pflegeheim dieses dann der Wohnort des Erblassers und damit Leistungsort ist.

4. Beginn der Verpflichtung

Es sollte weiterhin bestimmt werden, ab welchem Zeitpunkt die Pflegeleistungen zu erbringen sind. Dies kann zum einen an einem festen Datum festgemacht werden, ohne Rücksicht darauf, ob die Pflegeleistung überhaupt benötigt wird[95]. Zum anderen kann auf den Pflegebedarf des Pflegegläubigers abgestellt werden, wobei bestimmt werden sollte, ob dabei Krankheit, einfache Gebrechlichkeit oder Pflegebedürftigkeit iSd § 14 SGB XI entscheidend ist[96].

5. Umfang der Leistungsverpflichtung

Art und Umfang der Pflege sollten die Beteiligten regeln, um spätere Streitigkeiten darüber zu vermeiden. Dabei sollte vereinbart werden, welche Tätigkeiten inhaltlich geschuldet sind. Hilfreich kann hierfür die Aufzählung der pflegefachlichen Kriterien in § 14 II SGB XI sein[97]. Zu erwähnen sind insbesondere hauswirtschaftliche Verrichtungen (z.B. Reinigen der Wohnung/Wäsche, Einkaufen, sonstige Haushaltstätigkeiten etc.) sowie personenbezogene Verrichtungen, wobei bei diesen zwischen der Grundpflege (Körperpflege) und der Behandlungspflege (Pflege, die aufgrund einer Krankheit medizinisch indiziert ist und von jedermann erbracht werden kann) differenziert werden muss[98].

Zu berücksichtigen ist hier, dass zwischen den Vertragsparteien in der Regel eine besondere persönliche Beziehung besteht und gerade nicht nur die bloße Pflege iSd § 14 SGB XI von den Parteien, insbesondere dem Erblasser, gewünscht ist. Beispielsweise sind gemäß § 14 II Nr. 4 SGB XI nur das Kochen und das mundgerechte Zubereiten als Pflegeleistung geschuldet, nicht jedoch das gemeinsame Essen. Zwar ist § 14 SGB XI vorliegend nicht maßgeblich, jedoch kann dem die Wertung entnommen werden, dass im Zweifel gesellschaftliche Aspekte bei der Pflegeleistung nicht berücksichtigt werden. Ist dies jedoch gewünscht, insbesondere bereits vor Eintritt der Pflegebedürftigkeit, so sollten die Vertragsparteien dies ausdrücklich vereinbaren.

---

95 *Harryers*, RNotZ 2013, 1, 6.
96 Vgl. *Harryers*, RNotZ 2013, 1, 6.
97 Vgl. *Helms*, in: Recht der Älteren, S. 218.
98 *Kreienberg*, S. 29; *Harryers*, RNotZ 2013, 1, 7.

Von Bedeutung ist auch festzulegen, welche weiteren, nicht pflegespezifischen Dienste geschuldet sein sollen, wie etwa Fahrdienste, Freizeitgestaltung, Angelegenheiten der Vermögenssorge und sonstige Tätigkeiten[99]. Auch insoweit sollte klargestellt werden, ob sie höchstpersönlich erbracht werden müssen oder ob sich der Pflegeverpflichtete auch Dritter als Hilfspersonen bedienen darf. Schließlich sollten hier auch Eingrenzungen des Leistungsumfangs unter dem Gesichtspunkt der Zumutbarkeit für den Pflegeverpflichteten erwähnt werden.

Wichtig ist zudem eine Regelung, ab welchem Pflegegrad keine Pflege mehr geschuldet wird bzw. eine Übersiedlung in ein Pflegeheim erfolgen soll und wer dann gegebenenfalls die Kosten trägt. Die Frage der Zumutbarkeit betrifft überdies eine etwaige Begrenzung in zeitlicher Hinsicht unter Berücksichtigung der beruflichen und persönlichen Situation des Pflegeverpflichteten[100]. Diese Punkte sind nicht abschließend, sondern eher als Mindestinhalt anzusehen.

III. Entgeltlichkeit

Zu klären ist, was mit dem Begriff der „Entgeltlichkeit" gemeint ist. Hilfreich ist dabei die Abgrenzung zum Gegenbegriff der „Unentgeltlichkeit". Vermögensrechtliche Zuwendungsgeschäfte werden grundsätzlich in entgeltliche und unentgeltliche Rechtsgeschäfte unterteilt[101]. Entgeltlichkeit bedeutet, dass der Erwerber einer Leistung für diese eine Gegenleistung erbracht hat oder erbringen soll[102]. Daraus folgt im Umkehrschluss, dass Unentgeltlichkeit dann anzunehmen ist, wenn der Erwerb einer Leistung nicht von einer anderen (Gegen-) Leistung abhängen soll[103].

Typischer Fall eines entgeltlichen Rechtsgeschäfts ist der gegenseitige synallagmatische Austauschvertrag[104]. Jedoch ist der Begriff der Entgeltlichkeit nicht auf den gegenseitigen schuldrechtlichen Austauschvertrag beschränkt. Damit ein Rechtsgeschäft entgeltlich ist, müssen die Vertragsparteien lediglich Leistungen austauschen und dabei die Leistung als Entgelt für die Leistung des anderen Vertragspartners ansehen[105]. Entgeltlichkeit liegt also nicht nur bei einer

---

99 *Harryers*, RNotZ 2013, 1, 7.

100 Vgl. *Weyland*, MittRhNotK 1997, 55, 62.

101 *Vollmar*, S. 56, 61.

102 Vgl. BeckOK/*Wendehorst* BGB § 816 Rn. 9.

103 BGH NJW 2009, 2737; NJW 2002, 2566, 2567; Palandt/*Weidenkaff* BGB § 516 Rn. 8; *Hohmann*, S. 10.

104 MüKoBGB/*Koch* § 516 Rn. 27; Palandt/*Weidenkaff* BGB § 516 Rn. 8; Staudinger/*Chiusi* BGB § 516 Rn. 45; *Vollmar*, S. 63.

105 *Vollmar*, S. 63; *Hohmann*, S. 9, 10.

synallagmatischen Verknüpfung, sondern auch bei einer schwächeren, kausalen oder konditionalen Verknüpfung, vor[106]. Damit sind auch solche Fälle umfasst, in denen ohne rechtliche Verpflichtung eine Zuwendung erbracht wird, um den Empfänger damit zu einem nicht erzwingbaren Verhalten zu veranlassen[107].

Bezogen auf den entgeltlichen Erbvertrag bedeutet dies, dass der Vertragserbe eine eigene Leistung an den Erblasser erbringen muss, die als „Gegenleistung" der Zuwendung durch den Erbvertrag anzusehen ist[108].

Beim entgeltlichen Erbvertrag ist ein kausaler Zusammenhang gegeben, da die Leistungsverpflichtung bzw. der Abschluss des Rechtsgeschäfts der einen Vertragspartei Ursache für die Handlung der anderen Partei ist[109]. Es geht bei dieser Verbindung zwischen vertraglicher Erbeinsetzung und Pflegeverpflichtung gerade darum, dass der Vertragserbe dem Erblasser Leistungen verspricht, die ein Entgelt für die Erbeinsetzung darstellen und durch die dem Erblasser wirtschaftliche Vorteile gewährt werden[110]. Hintergedanke und Motivation der Vertragsparteien ist in diesem Fall, dass der Vertragserbe sich zur Erbringung der Pflegeleistungen verpflichtet, damit er als Erbe eingesetzt wird; im Gegenzug setzt der Erblasser den Vertragserben als solchen ein, damit dieser ihn pflegt. Die Motivation der Vertragsparteien ist also final, kann aber lediglich in rechtlicher Hinsicht nicht final verknüpft werden[111]. Daher kann zumindest ein kausaler Zusammenhang angenommen werden.

Die Frage, ob und welche Verknüpfung zwischen den Leistungen von Erblasser und Vertragserbe möglich sind, ist mit der Klärung des Begriffs der Entgeltlichkeit jedoch noch nicht entschieden[112].

IV. Zusammenhang zwischen vertraglicher Erbeinsetzung und Pflegeverpflichtung

Die Frage, wie der Zusammenhang zwischen vertraglicher Erbeinsetzung und Pflegeverpflichtung rechtlich einzuordnen ist, bestimmt, welche gesetzlichen Regelungen auf den entgeltlichen Erbvertrag anzuwenden sind. Dies ist

---

106 Palandt/*Weidenkaff* BGB § 516 Rn. 8; MüKoBGB/*Koch* § 516 Rn. 27, 28; Staudinger/*Chiusi* BGB § 516 Rn. 46, 47; *Lüke*, S. 9.

107 MüKoBGB/*Koch* § 516 Rn. 28.

108 *Lüke*, S. 9; *Lange/Kuchinke*, § 25 X S. 523.

109 Palandt/*Weidlich* BGB § 2295 Rn. 1; *Vollmar*, S. 83.

110 BGH NJW 1962, 249, 250.

111 Dazu S. 43 ff.

112 *Lüke*, S. 10; *Vollmar*, S. 83.

insbesondere für den Fall relevant, dass Probleme oder Störungen auftreten. Diese können sowohl die vertragliche Erbeinsetzung als auch die Pflegeverpflichtung betreffen. Bei der Klärung dieser Frage muss insbesondere berücksichtigt werden, dass bei wirtschaftlicher Betrachtung die schuldrechtliche Leistungsverpflichtung ein Entgelt für die vertragsmäßige Verfügung des Erblassers darstellt und umgekehrt[113].

1. *Einheitliches Rechtsgeschäft iSd § 139 BGB*

Vertragliche Erbeinsetzung und Pflegeverpflichtung können ein einheitliches Rechtsgeschäft iSd § 139 BGB bilden.

Hierzu wird in der Literatur überwiegend vertreten, dass es sich bei den beiden Bestandteilen des entgeltlichen Erbvertrags, vertragliche Erbeinsetzung und Pflegeverpflichtung, zwar um zwei Rechtsgeschäfte handelt[114]. Dies wird damit begründet, dass der Erbvertrag abstrakt und unabhängig ist[115]. Aus den §§ 1941, 2274, 2278 II, 2299 BGB ergibt sich, dass in einem Erbvertrag keine Verpflichtungen vereinbart werden dürften[116]. Ebenso folgt aus § 2295 BGB, dass vertragliche Erbeinsetzung und Pflegeverpflichtung nicht zusammen in einem Vertrag geschlossen würden[117], weil demgemäß die vertragsmäßige Verfügung „mit Rücksicht" auf eine rechtsgeschäftliche Verpflichtung des Bedachten geschlossen wird. Dennoch ist es möglich, die beiden zu einer rechtlichen Einheit iSd § 139 BGB zu verbinden[118].

Gemäß § 139 BGB ist das ganze Rechtsgeschäft nichtig, wenn ein Teil des Rechtsgeschäfts nichtig ist, wenn nicht anzunehmen ist, dass es auch ohne den nichtigen Teil vorgenommen sein würde. Der Grundsatz ist demnach die Gesamtnichtigkeit des Rechtsgeschäfts, also des entgeltlichen Erbvertrags. Die Ausnahme ist die Teilnichtigkeit, wonach ein Teil des Rechtsgeschäfts wirksam bestehen bleibt. Ob eine ausnahmsweise Teilnichtigkeit angenommen werden

---

113 NK-BGB Erbrecht/*Kornexl* Vor §§ 2274-2302 Rn. 11; *Rothe*, S. 15.

114 *Lüke*, S. 16, 25; Palandt/*Weidlich* BGB § 1941 Rn. 2, § 2295 Rn. 1; Staudinger/*Kanzleiter* Einleitung zu §§ 2274 ff. Rn. 8, § 2295 Rn. 3; *Knieper*, S. 331, 332. Dazu *Krebber*, DNotZ 2003, 20, 23; LG Köln, Urteil v. 05.07.1978 – 13 S 171/77.

115 Staudinger/*Kanzleiter* Einleitung zu §§ 2274 ff. Rn. 8, § 2295 Rn. 3; *Lüke*, S. 17.

116 Vgl. *Krebber*, DNotZ 2003, 20, 30, 31.

117 *Krebber*, DNotZ 2003, 20, 31.

118 Staudinger/*Kanzleiter* BGB § 2295 Rn. 3; Palandt/*Weidlich* BGB § 2295 Rn. 1, 2; *Lüke*, S. 17. Allerdings für eine entsprechende Anwendung des § 139 BGB: *Lüke*, S. 17; *Mayer*, DNotZ 2012, 89, 94.

kann, ist durch Auslegung zu ermitteln. Das kann nur im Einzelfall festgestellt werden.

2. Synallagmatisches Verhältnis

Es könnte ein synallagmatisches Verhältnis zwischen beiden Rechtsgeschäften bestehen mit der Folge, dass §§ 320 ff. BGB auf den entgeltlichen Erbvertrag anwendbar wären. Beide Vertragsparteien erbringen ihre „Leistung" in der Erwartung, dass der jeweils andere Teil ebenfalls seine Leistung erbringt. Daher liegt zunächst einmal der Gedanke nahe, dass zwischen beiden Rechtsgeschäften eine synallagmatische Beziehung besteht („*do ut des*"). Folge wäre, dass die Regelungen des Rücktrittsrechts nach §§ 323 ff. BGB anwendbar wären. Würde beispielsweise eine Leistungsstörung in der Weise vorliegen, dass der Vertragserbe die Pflegeleistung schlecht erfüllt, würde dies ein Rücktrittsrecht nach § 323 I BGB begründen, und der Erblasser könnte (nach erfolglosem Ablauf einer angemessenen Frist zur Leistung oder Nacherfüllung) vom Erbvertrag zurücktreten.

a) Keine Anwendbarkeit der §§ 320 ff. BGB

Zum Teil wird die Auffassung vertreten[119], dass zwischen Erbvertrag und Pflegeverpflichtung ein Synallagma bestehe, sodass die §§ 320 ff. BGB anzuwenden seien. Hauptproblem ist dabei § 2302 BGB, wonach ein Vertrag, durch den sich jemand verpflichtet, eine Verfügung von Todes wegen zu errichten oder nicht zu errichten, aufzuheben oder nicht aufzuheben, nichtig ist. Um dieses Problem zu umgehen, wird die Konstruktion eines Grundgeschäfts vorgeschlagen, das die Struktur eines synallagmatischen Vertrages aufweist[120]. Dieses enthielte im Fall des entgeltlichen Erbvertrages auf der einen Seite die Verpflichtung zur Erbringung einer Leistung (hier Pflegeleistung), auf der anderen Seite die Verpflichtung zur Errichtung der vertraglichen Verfügung von Todes wegen[121]. Dem stehe § 2302 BGB nicht entgegen, da dieser die Verpflichtung zum Abschluss eines Erbvertrages meine, nicht aber einen Vertrag, der einen mit der Verpflichtung *uno actu* zusammenfallenden Erbvertrag enthalte[122]. Die Wirksamkeit trete dadurch ein, dass die grundsätzlich nichtige Verpflichtung durch die gleichzeitige Erfüllung mit Abschluss des Erbvertrages geheilt würde[123]. Ab dem

---

119 *Stürzebecher*, S. 69 ff.; *ders.*, NJW 1988, 2717; *Rothe*, S. 106, 107.

120 *Stürzebecher*, NJW 1988, 2717, 2718; *ders.*, S. 69.

121 *Stürzebecher*, S. 69; *ders.*, NJW 1988, 2717, 2718.

122 *Stürzebecher*, NJW 1988, 2717, 2719.

123 *Stürzebecher*, S. 69.

Zeitpunkt des Abschlusses des Erbvertrages könne die Verpflichtung hierzu also wirksam werden[124]. Dies ergebe sich vor allem aus dem Sinn und Zweck des § 2302 BGB. Demgemäß solle nämlich die Freiheit des Erblassers, von Todes wegen zu verfügen, vor schuldvertraglicher Bindung geschützt werden[125]. Dieser Zweck sei jedoch dann nicht mehr schützenswert, wenn die Verfügung bereits getroffen wurde, da die Verpflichtung keine die Verfügungsfreiheit beschränkenden Rechtswirkungen mehr entfalte[126]. Zur Anwendbarkeit der §§ 320 ff. BGB gelange man dadurch, dass diese Normen auch bereits erfüllte Verpflichtungen umfassen, wohingegen § 2302 BGB nur solche Verpflichtungen erfasse, die ein künftiges Leistensollen beinhalten[127].

Überwiegend wird jedoch - zu Recht - die Auffassung vertreten, dass es sich beim entgeltlichen Erbvertrag nicht um einen synallagmatischen Vertrag iSd §§ 320 ff. BGB handelt[128]. Dies lasse sich zunächst aus dem Wortlaut des § 2295 BGB schließen. Das Gesetz spreche nämlich von Verfügungen, die mit Rücksicht auf eine rechtsgeschäftliche Verpflichtung des Bedachten getroffen werden. Dieser Wortlaut lasse erkennen, dass der Gesetzgeber es für möglich halte, Leistungen von Vertragserbe und Erblasser in einem weniger engen Verhältnis als dem eines *do ut des* zu verknüpfen[129].

Gegen eine synallagmatische Verknüpfung beider Rechtsgeschäfte spricht aber vor allem, dass eine solche nur möglich ist, wenn beide Verpflichtungen überhaupt entstehen können[130]. Dem steht jedoch insbesondere § 2302 BGB entgegen[131], wonach ein Vertrag, durch den sich jemand verpflichtet, eine Verfügung von Todes wegen zu errichten, nichtig ist. Auch bei einem gleichzeitigen Vertragsschluss ist eine Heilung des nichtigen Grundgeschäfts nicht möglich, weil § 2302 BGB keine Formvorschrift, sondern eine Verbotsnorm ist[132]. Des

---

124 *Rothe*, S. 106.
125 *Stürzebecher*, S. 71.
126 *Stürzebecher*, S. 72.
127 *Stürzebecher*, NJW 1988, 2717, 2719.
128 BGH ZEV 2011, 254; OLG Oldenburg, Urteil v. 12.01.2010 - 12 U 67/09; OLG Karlsruhe NJW-RR 1997, 708, 709; OLG Köln, Urteil v. 05.07.1978 - 13 S 171/77; *Lange/Kuchinke*, § 25 X S. 524; Palandt/*Weidlich* BGB § 2295 Rn. 1; Soergel/*Wolf* BGB Vor § 2274 Rn. 4; MüKoBGB/*Musielak* Vorbemerkungen zu § 2274 Rn. 19; Staudinger/*Kanzleiter* BGB, Einleitung zu § 2274 Rn.7; *Lüke*, S. 10; *Roth*, NJW-Spezial 2019, 231.
129 OLG Köln, Urteil v. 05.07.1978 - 13 S 171/77; *Lüke*, S. 12.
130 *Lüke*, S. 13.
131 OLG Köln, Urteil v. 05.07.1978 - 13 S 171/77; *Lange/Kuchinke*, § 25 X S. 524.
132 Palandt/*Weidlich* BGB § 2302 Rn. 1; *Lange/Kuchinke*, § 25 X S. 525; ferner *Mayer*, DNotZ 2012, 89, 93; weitergehend: *Rothe*, S. 102 als rechtliche Handlungsbeschränkung.

Weiteren kann aus ausdrücklich normierten Heilungsvorschriften des BGB kein allgemeiner Grundsatz abgeleitet werden, dass nichtige Verpflichtungsgeschäfte durch Erfüllung geheilt werden können; dies ist gerade nur in den gesetzlich normierten Fällen möglich[133]. Folglich kann ein verpflichtendes Grundgeschäft nicht entstehen, sodass keine zwei Verpflichtungen bestehen, die synallagmatisch verknüpft sein könnten. Es liegt daher kein Synallagma vor und die Vorschriften der §§ 320 ff. BGB können nicht angewendet werden. Vielmehr liegen einerseits eine Verpflichtung und andererseits eine Verfügung (von Todes wegen) vor.

b) Ausnahme bei Vereinbarung einer Verfügungsunterlassungsverpflichtung

Ausnahmsweise können die §§ 320 ff. BGB bei einem entgeltlichen Erbvertrag anwendbar sein, wenn die Vertragsparteien eine Verfügungsunterlassungsverpflichtung vereinbart haben[134].

aa) Verfügungsunterlassungsverpflichtung

Bei einer Verfügungsunterlassungsverpflichtung handelt es sich um ein schuldrechtliches Rechtsgeschäft unter Lebenden, durch welches sich der Erblasser dazu verpflichtet, über einen bestimmten, von Todes wegen zugewendeten Gegenstand, insbesondere ein Grundstück, zu Lebzeiten nicht zu verfügen[135]. Gemäß § 137 S. 1 BGB hat diese Verpflichtung keine dinglichen Wirkungen, sondern nur schuldrechtliche. Folglich ist eine Verfügung über einen in der Verfügungsunterlassungsverpflichtung bezeichneten Gegenstand wirksam. Wegen § 137 S. 2 BGB können aus dieser Vereinbarung jedoch Schadensersatzansprüche resultieren. Das Verbot kann jede Art einer Verfügung betreffen, insbesondere die Eigentumsübertragung oder die Belastung mit Grundpfandrechten[136].

Die Verfügungsunterlassungsverpflichtung ist grundsätzlich nicht formbedürftig[137]. Insbesondere bedarf sie auch keiner Form, wenn das zu unterlassende Rechtsgeschäft einer bestimmten Form bedarf[138]. Entspricht es jedoch dem

---

133 *Lüke*, S. 13; *Rothe*, S. 101.

134 BGH ZEV 2011, 254.

135 Nieder/Kössinger/*Kössinger/Zintl*, § 13 Rn. 29; NK-BGB Erbrecht/*Krug* § 1967 Rn. 43; MVHdB VI BürgerlR II/*Otto*, XII. 26. Rn. 6.

136 Vgl. Nieder/Kössinger/*Kössinger/Zintl*, § 13 Rn. 29; *Lüke*, S. 61, 62; *Hohmann*, S. 188, 189.

137 BGH NJW 1963, 1602, 1603; OLG Köln NJW-RR 1996, 327; Nieder/Kössinger/*Kössinger/Zintl*, § 13 Rn. 29; MüKoBGB/*Musielak* § 2286 Rn. 11.

138 Nieder/Kössinger/*Kössinger*/Zintl, § 13 Rn. 29.

Willen der Vertragsparteien, dass der entgeltliche Erbvertrag und die Verfügungsunterlassungsverpflichtung ein einheitliches Rechtsgeschäft iSd § 139 BGB bilden, so bedarf die Verfügungsunterlassungsverpflichtung ebenfalls der für die vertragliche Erbeinsetzung vorgeschriebenen Form des § 2276 BGB[139].

Einer Verfügungsunterlassungsverpflichtung steht § 2286 BGB nicht entgegen, da diese Norm nur klarstellt, dass sich die erbrechtliche Bindungswirkung auf die lebzeitige Verfügungsfreiheit nicht auswirkt[140]. Folglich steht es dem Erblasser frei, seine Verfügungsfreiheit durch ein Rechtsgeschäft unter Lebenden einzuschränken[141]. Eine Sittenwidrigkeit gemäß § 138 I BGB wegen wirtschaftlicher Selbstknebelung des Erblassers kann erst dann in Betracht kommen, wenn das Verfügungsverbot das gesamte Vermögen des Erblassers umfasst und ihm damit jede wirtschaftliche Freiheit genommen wird[142]. Betrifft das Verfügungsverbot jedoch nur einen Gegenstand oder ist er auf einen bestimmten Bestandteil des Vermögens beschränkt, so liegt keine sittenwidrige Knebelung des Erblassers vor[143]. Daher ist zu raten, eine Verfügungsunterlassungsverpflichtung auf bestimmte, wertvolle Gegenstände zu beschränken[144].

bb) Folgen für den entgeltlichen Erbvertrag

Die Verfügungsunterlassungsverpflichtung kann als Verpflichtungsgeschäft mit der Pflegeverpflichtung in einem synallagmatischen Verhältnis zueinander stehen, sodass die §§ 320 ff. BGB anwendbar sind[145]. Liegt eine Leistungsstörung vor, so kann der Erblasser demnach gemäß § 323 I BGB von der Pflegeverpflichtung zurücktreten, sofern die übrigen Voraussetzungen vorliegen. Dieser Rücktritt stellt dann eine Aufhebung iSd § 2295 BGB dar, sodass der Erblasser als Folge auch von der vertraglichen Erbeinsetzung zurücktreten kann[146].

---

139 MüKoBGB/*Musielak* § 2286 Rn. 11; Nieder/Kössinger/*Kössinger/Zintl*, § 13 Rn. 29.

140 *Hohmann*, S. 192; *Lüke*, S. 60.

141 MüKoBGB/*Musielak* § 2286 Rn. 11; *Hohmann*, S. 192.

142 Nieder/Kössinger/*Kössinger/Zintl*, § 13 Rn. 29; MüKoBGB/*Musielak* § 2286 Rn. 11; *Hohmann*, S. 193, 209.

143 MVHdB VI BürgerlR II/*Otto*, XII. 26. Rn. 6; *Hohmann*, S. 193.

144 So auch *Hohmann*, S. 194; MVHdB VI BürgerlR II/*Otto*, XII. 26. Rn. 6.

145 BGH ZEV 2011, 254, 255. Diese Konstruktion kritisierend: *Mayer*, DNotZ 2012, 89, 96, 97; *Kanzleiter*, Anmerkung zu BGH, Beschluss v. 05.10.2010 - IV ZR 30/10, ZEV 2011, 256, 257.

146 BGH ZEV 2011, 254, 255.

3. *Bedingungszusammenhang*

Die überwiegende Meinung geht davon aus, dass der entgeltliche Erbvertrag auch in der Weise gestaltet werden kann, dass vertragliche Erbeinsetzung und Pflegeverpflichtung voneinander bedingt abhängig sind[147]. Gemeint ist ein Bedingungszusammenhang iSd § 158 BGB. Zur Begründung wird auf die §§ 2279 I, 2074 BGB verwiesen[148], aus denen sich ergibt, dass erbvertragliche Verfügungen von Todes wegen grundsätzlich bedingt abgeschlossen werden können.

4. *Form*

Für den Erbvertrag gilt die Form des § 2276 I BGB. Demnach kann der Erbvertrag nur zur Niederschrift des Notars und bei gleichzeitiger Anwesenheit beider Teile abgeschlossen werden. Der Vertrag, der die Pflegeverpflichtung enthält, bedarf jedoch grundsätzlich nicht der Form des § 2276 BGB und ist daher formfrei wirksam[149]. Bilden Pflegeverpflichtung und vertragliche Erbeinsetzung ein einheitliches Rechtsgeschäft iSd § 139 BGB, bedarf das gesamte Rechtsgeschäft der Form des § 2276 BGB[150].

V. Besonderes persönliches Verhältnis

Zwischen den Vertragsparteien wird regelmäßig ein besonderes persönliches Verhältnis bestehen[151]. Dieses hat in rechtlicher Hinsicht grundsätzlich keine Bedeutung, wird aber für die gesamte Rechtsbeziehung ein erhebliches Gewicht haben. Insbesondere für den Erblasser wird dieses persönliche Element wichtig sein, da eine enge Bindungswirkung zum Vertragserben möglicherweise bis zum Lebensende entsteht. Dadurch muss das Vertrauen größer sein als zu Pflegepersonen, die zu Lebzeiten vergütet werden und von denen sich der Erblasser unproblematisch trennen kann.

---

147 Vgl. OLG München NJOZ 2012, 1532, 1534; Burandt/Rojahn/*Burandt* BGB § 2295 Rn. 2; BeckOK/*Litzenburger* BGB § 2295 Rn. 1; *Lüke*, S. 25 ff.; Staudinger/*Kanzleiter* BGB § 2295 Rn. 3; MüKoBGB/*Musielak* § 2295 Rn. 1; *Mayer*, DNotZ 2012, 89, 94; *Krebber*, DNotZ 2003, 20, 34.

148 BAG NJW 2008, 872, 876; Palandt/*Weidlich* BGB § 2074 Rn. 1; *Vollmar*, S. 112, 113; *Lüke*, S. 26.

149 Staudinger/*Kanzleiter* BGB § 2276 Rn. 17; Soergel/*Wolf* BGB § 2276 Rn. 16; *Kanzleiter*, NJW 1997, 217, 220.

150 Palandt/*Weidlich* BGB § 2276 Rn. 9; Soergel/*Wolf* BGB § 2276 Rn. 17; *Hohmann*, S. 13 ff. AA: Staudinger/*Kanzleiter* BGB § 2276 Rn. 17.

151 So auch *Hohmann*, S. 4; *Lange/Kuchinke*, § 25 X S. 524.

VI. Geeignetes Mittel zur Honorierung von Pflegeleistungen?

Der entgeltliche Erbvertrag ist grundsätzlich ein geeignetes Mittel, häusliche Pflegeleistungen erbrechtlich zu honorieren. Der Erblasser kann sich eine Person nach seinem Belieben aussuchen, die ihn pflegen soll, sofern sie dazu bereit ist, die Pflege zu übernehmen. Aufgrund der eingegangenen Verpflichtung kann er die Pflegeleistungen einfordern und ist nicht nur auf den guten Willen der nahestehenden Person angewiesen. Weiterhin muss er zu Lebzeiten kein Entgelt zahlen. Für den Vertragserben stellt die Bindungswirkung des Erbvertrages einen Vorteil dar. Denn dadurch wird ihm die Sicherheit gewährt, dass er auch Erbe wird und der Erblasser nicht abweichend verfügt.

B. Behandlung von Leistungsstörungen

Bei einem entgeltlichen Erbvertrag können Leistungsstörungen auftreten. Dabei ist zu berücksichtigen, dass dieser aus zwei Bestandteilen unterschiedlicher Rechtsnatur besteht.

Dass schuldrechtliche Leistungsstörungen auf der Seite der erbvertraglichen Verfügung vorliegen, ist nicht möglich. Es handelt sich nämlich um eine Verfügung von Todes wegen, bei der zu Lebzeiten des Erblassers keine schuldrechtlichen Pflichten entstehen. Es sind allerdings faktische Störungen möglich.

Leistungsstörungen können daher nur die Seite der Pflegeverpflichtung betreffen, weil diese ein Schuldverhältnis iSd § 241 I BGB ist. Treten im Hinblick auf die Pflegeverpflichtung Leistungsstörungen auf, so berührt dies die Wirksamkeit des gesamten entgeltlichen Erbvertrages grundsätzlich nicht. Beide Bestandteile bleiben wirksam bestehen.

I. Leistungsstörungen

Bei den Leistungsstörungen, die im Zusammenhang mit der Pflegeverpflichtung auftreten können, handelt es sich um die allgemeinen, schuldrechtlichen Störungen wie Nichtleistung, Schlechtleistung und Unmöglichkeit.

1. Nichtleistung

Ein Fall von Nichtleistung liegt vor, wenn der Vertragserbe keine Pflegeleistungen erbringt. Grundsätzlich unerheblich sind die Gründe, warum der Vertragserbe die Pflege unterlässt. Allerdings muss die Pflicht zur Pflege tatsächlich bestehen, was bedeutet, dass der Erblasser pflegebedürftig sein muss. Hierfür ist die vertragliche Regelung zum Beginn der Verpflichtung maßgeblich.

2. *Unmöglichkeit*

Das Erbringen der Pflegeleistungen kann für den Vertragserben gemäß § 275 I BGB unmöglich werden, wenn er die Pflegeleistungen dauerhaft nicht mehr erbringen kann.

a) *Vollständige Unmöglichkeit*

Vollständige Unmöglichkeit liegt vor, wenn das Erbringen der Leistung insgesamt unmöglich ist. In dem Fall werden überhaupt keine Pflegeleistungen erbracht. Denkbare Fälle sind hier beispielsweise, dass der Vertragserbe durch eigene Krankheit oder wegen sonstigen persönlichen Gründen nicht in der Lage ist, die Pflegeleistungen zu erbringen[152].

b) *Teilunmöglichkeit*

Die Unmöglichkeit kann auch nur einen Teil der Leistung betreffen. Dies folgt aus dem Wortlaut des § 275 I BGB, wonach der Anspruch auf Leistung ausgeschlossen ist, *soweit* diese für den Schuldner oder für jedermann unmöglich ist. Teilunmöglichkeit bedeutet, dass sich der Ausschluss der Leistungspflicht nur auf einen Teil der Leistung bezieht[153]. Im Fall des entgeltlichen Erbvertrages wäre teilweise Unmöglichkeit etwa gegeben, wenn der Vertragserbe zunächst vertragsgemäß Pflege leistet und ihm die Pflege dann unmöglich wird (z.B. wegen Krankheit, eigener Pflegebedürftigkeit). Bei Teilunmöglichkeit treten die Rechtsfolgen der Unmöglichkeit grundsätzlich nur hinsichtlich des unmöglichen Teils der Leistung ein; zur Erbringung der noch möglichen Teilleistung bleibt der Schuldner weiterhin verpflichtet[154].

c) *Vorübergehende Teilunmöglichkeit*

Mit vorübergehender Teilunmöglichkeit sind Fälle gemeint, in denen die Leistung teilweise unmöglich ist; die Leistung nach Ende der Unmöglichkeit aber wieder erbracht werden kann. Denkbare Fälle sind eine kurzzeitige Erkrankung oder sonstige Gründe, die den Vertragserben kurzfristig an der Pflege hindern.

Die vorübergehende Teilunmöglichkeit resultiert aus der Rechtsnatur der Pflegeverpflichtung als Dauerschuldverhältnis. Bei Dauerschuldverhältnissen

---

152 Vgl. *Hohmann*, S. 103.

153 MüKoBGB/*Ernst* § 275 Rn. 125; BeckOGK/*Riehm* BGB § 275 Rn. 298.

154 Staudinger/*Caspers* BGB § 275 Rn. 57; MüKoBGB/*Ernst* § 275 Rn. 132; Palandt/*Grüneberg* BGB § 275 Rn. 7.

hat die Leistungspflicht in der Regel absoluten Fixschuldcharakter[155]. Die Leistung ist zu jedem Zeitpunkt während der Vertragslaufzeit geschuldet und wird mit Ablauf jedes Zeitpunktes für diesen unmöglich[156]. Das gilt allerdings nicht, wenn die Leistung nachholbar ist[157].

Demnach muss bezüglich jeder zu erbringenden Leistung differenziert werden. Bei den Pflegeleistungen (gemeint ist die Körperpflege) handelt es sich regelmäßig um eine absolute Fixschuld, da eine morgendliche Pflege nicht am Abend, im Rahmen der abendlichen Pflege, nachgeholt werden kann. Bezüglich der nicht erbrachten morgendlichen Pflege tritt also Unmöglichkeit gemäß § 275 I BGB ein. Da nur die Pflegeleistung an diesem einen Morgen unmöglich ist, aber die ordnungsgemäße Erbringung ab dem Abend wieder möglich ist, liegt Teilunmöglichkeit vor[158]. Andere Leistungen wie Einkaufen, Haushaltstätigkeiten oder Fahrdiensten können dagegen in der Regel zu einem anderen Zeitpunkt nachgeholt werden. In dem Fall handelt es sich nicht um eine absolute Fixschuld, mit der Folge, dass beim Unterbleiben keine Unmöglichkeit eintritt. Zur Beurteilung müssen alle geschuldeten Leistungen einzeln betrachtet und die Umstände des Einzelfalls berücksichtigt werden.

d) Umzug in ein Pflegeheim

Der Umzug in ein Pflegeheim kann zur Unmöglichkeit der Leistungserbringung führen. Voraussetzung dafür ist, dass der Vertragserbe selbst ohne zusätzlich von ihm zu erbringenden finanziellen Aufwand nicht mehr in der Lage ist, für die Pflege des Erblassers zu sorgen[159]. Der Pflegebedarf übersteigt in diesem Fall das Maß, welches in der informellen häuslichen Pflege erfüllt werden kann, und erfordert eine sachgerechte Betreuung durch professionelle Fachkräfte in einem Pflegeheim[160]. Die Pflegeleistungen werden dann vom Pflegepersonal in dem Pflegeheim erbracht, sodass der Vertragserbe seine Schuld nicht mehr erfüllen kann. Je nach dem, zu welchem Zeitpunkt der Umzug in ein Pflegeheim erfolgt, liegt vollständige oder teilweise Unmöglichkeit vor.

155 BeckOGK/*Riehm* BGB § 275 Rn. 103; BeckOK/*Lorenz* BGB § 275 Rn. 37.
156 BeckOGK/*Riehm* BGB § 275 Rn. 103.
157 BeckOK/*Lorenz* BGB § 275 Rn. 37.
158 Vgl. Staudinger/*Caspers* BGB § 275 Rn. 62.
159 BGH FamRZ 2013, 878.
160 BGH FamRZ 2013, 878, 879; *Mayer,* DNotZ 2012, 89, 95.

e) Schlechtleistung

Von großer Relevanz und hoher Streitanfälligkeit ist die Schlechtleistung[161]. Eine solche liegt vor, wenn der Vertragserbe seine Leistung nicht ordnungsgemäß erfüllt, wenn die Pflege also mangelhaft ist. Pflege meint das Hilfeleisten bei Verrichtungen des täglichen Lebens. Ohne weitere Konkretisierung ist die Pflicht auf dieses Maß beschränkt. Probleme stellen sich dabei vor allem, wenn die Vertragsparteien im Vorfeld die zu erbringenden Pflegeleistungen nicht näher konkretisiert haben[162]. Die Vorstellungen, die beide Beteiligten von einer ordnungsgemäßen Erfüllung haben, können erheblich voneinander abweichen[163]. Als Folge handelt es sich dann häufig eher nur um eine enttäuschte Erwartung des Erblassers als um eine rechtlich relevante Schlechtleistung. Zur Abgrenzung ist entscheidend, ob objektive Mängel der Pflege feststellbar sind. Im Zweifel wird dieser Punkt jedoch zu Streitigkeiten führen und dadurch auch das persönliche Verhältnis beeinträchtigen. Um diesbezügliche Streitigkeiten zu verhindern, sollten die Vertragsparteien den Umfang der Pflegeverpflichtung möglichst genau vereinbaren.

II. Einvernehmliche Aufhebung

Sind sich die Parteien einig, dass sie den entgeltlichen Erbvertrag aufheben wollen, so können sie einen Aufhebungsvertrag schließen. Dieser Aufhebungsvertrag muss allerdings beide Bestandteile beinhalten. Bezüglich der Pflegeverpflichtung ist der Abschluss eines Aufhebungsvertrages iSd § 311 BGB möglich. Für die vertragliche Erbeinsetzung ist die vertragliche Aufhebung in § 2290 BGB vorgesehen. Der Aufhebungsvertrag in Bezug auf die vertragliche Erbeinsetzung bedarf gemäß §§ 2290 IV, 2276 BGB der notariellen Beurkundung.

III. Anfechtung des Erbvertrages

Gemäß §§ 2281 ff. BGB kann der Erblasser die vertragliche Erbeinsetzung anfechten. Bei diesen Vorschriften handelt es sich um Spezialvorschriften zur Anfechtung von Erbverträgen, die gemäß § 2281 I BGB durch die §§ 2078, 2079 BGB, die Anfechtungsgründe von letztwilligen Verfügungen, ergänzt werden. Im Übrigen finden die Vorschriften des Anfechtungsrechts des

161 Vgl. *Hohmann*, S. 79.
162 Vgl. *Helms*, in: Recht der Älteren, S. 218.
163 So auch *Lange/Kuchinke*, § 25 X S. 524.

allgemeinen Teils des BGB Anwendung, wenn das Erbrecht keine Spezialregelung enthält[164].

1. *Anfechtungserklärung und Berechtigung*

Die Anfechtung muss gemäß §§ 2081, 2282 BGB erklärt werden und bedarf nach § 2282 III BGB der notariellen Beurkundung. Gemäß § 2281 I BGB ist in den Fällen der §§ 2078, 2079 BGB der Erblasser zur Anfechtung berechtigt. Wegen § 2282 I BGB kann der Erblasser den Erbvertrag grundsätzlich nur persönlich anfechten. Ist der Erblasser bereits geschäftsunfähig, gilt § 2282 II BGB, wonach der Betreuer mit der Zustimmung des Betreuungsgerichts den Erbvertrag anfechten kann.

2. *Anfechtungsgrund*

Als Anfechtungsgründe kommen gemäß § 2281 I BGB die in §§ 2078, 2079 normierten Gründe in Betracht. Von Interesse ist vorliegend die Anfechtung wegen Motivirrtums nach § 2078 II BGB.

a) *Voraussetzungen des Motivirrtums*

Ein Motivirrtum nach § 2078 II BGB liegt vor, wenn der Erblasser zu der Verfügung durch die irrige Annahme oder die Erwartung des Eintritts oder Nichteintritts eines Umstands bestimmt worden ist. Voraussetzung ist, dass der Erblasser bei Abschluss der erbvertraglichen Verfügung eine Erwartung oder Vorstellung über einen bestimmten Umstand hatte[165]. Zu berücksichtigen ist, dass die Vorstellungen und Erwartungen nicht positiv feststellbar sein müssen; ausreichend sind Vorstellungen, über die sich der Erblasser keine Gedanken gemacht hat, weil er sie für selbstverständlich hielt[166]. Eine solche Erwartung kann insbesondere sein, dass der Erblasser bei Abschluss des entgeltlichen Erbvertrages davon ausging, dass der Vertragserbe die übernommenen Pflegepflichten vertragsgemäß erbringen werde[167]. Diese Erwartung oder Vorstellung muss kausal,

---

164 Burandt/Rojahn/*Burandt* BGB § 2281 Rn. 2; BeckOGK/*Röhl* BGB § 2281 Rn. 5; Staudinger/*Kanzleiter* BGB § 2281 Rn. 1.

165 Nieder/Kössinger/*Kössinger/Najdecki,* § 24 Rn. 8; MüKoBGB/*Leipold* § 2078 Rn. 27.

166 BGH NJW-RR 2008, 747, 749; NJW 1963, 246, 247; OLG Jena, Beschluss v. 14.01.2015 – 6 W 76/14; OLG München ZEV 2007, 530.

167 Vgl. BGH NJW 1952, 419, 420; MüKoBGB/*Musielak* § 2281 Rn. 9; Palandt/*Weidlich* BGB § 2281 Rn. 3.

also wesentlicher Bestimmungsgrund, für die vertragliche Erbeinsetzung und schließlich fehlgeschlagen sein[168]. Dies ist beim entgeltlichen Erbvertrag insbesondere der Fall, wenn der Vertragserbe seine Gegenleistung nicht erfüllt[169] oder auch schlecht bzw. nicht vertragsmäßig erfüllt[170].

Zu berücksichtigen ist, welche Vorstellungen der Erblasser tatsächlich hatte. Hält ein Erblasser den Eintritt eines Ereignisses (die eigene Pflegebedürftigkeit) nur für wahrscheinlich, so bezieht er regelmäßig die entgegengesetzte Möglichkeit in seine Überlegungen ein, befindet sich also nicht in einem Irrtum[171]. Da der Erblasser eine Erbeinsetzung vornimmt, ohne den in den Überlegungen einbezogenen Eventualitäten durch entsprechende Regelungen vorzubeugen, ist diese Inkaufnahme des Risikos durch den Erblasser zu respektieren und kann nicht durch Anfechtung beseitigt werden[172]. Dies deckt sich auch mit der Risikoverteilung, die dem entgeltlichen Erbvertrag innewohnt. Der Erblasser setzt den Vertragserben als solchen ein, ohne zu wissen, ob der Vertragserbe durch möglicherweise zu erbringende Pflegeleistungen das Erbe verdient haben wird[173]. Für den Vertragserben besteht dagegen das Risiko, dass er lange und in besonderem Umfang den Erblasser pflegen wird. Beide Parteien entscheiden sich in Kenntnis dieser Risiken zum Abschluss eines entgeltlichen Erbvertrages. Verwirklicht sich dieses Risiko, kann dies keine Anfechtung rechtfertigen.

b) Motivirrtum bei Nichtleistung

Bei der Nichtleistung sind grundsätzlich die Voraussetzungen des Motivirrtums erfüllt[174]. Der Erblasser hat bei Abschluss des entgeltlichen Erbvertrages die Vorstellung, von dem Vertragserben gepflegt zu werden. Leistet der Vertragserbe später keine Pflege, so wird die Erwartung des Erblassers enttäuscht. Dies gilt allerdings nur für den Fall, dass der Erblasser auch tatsächlich pflegebedürftig ist. Das Risiko, dass der Vertragserbe keine Pflege leisten wird, weil der

---

168 Nieder/Kössinger/*Kössinger/Najdecki*, § 24 Rn. 8.

169 Palandt/*Weidlich* BGB § 2281 Rn. 3.

170 BGH NJW 1952, 419, 420; MüKoBGB/*Musielak* § 2281 Rn. 9; Staudinger/*Kanzleiter* BGB § 2295 Rn. 7; *Lüke* S. 51.

171 BayObLG BeckRS 1993, 5091.

172 BayObLG BeckRS 1993, 5091.

173 So im Fall einer Pflegepflicht und einem Grundstücksübertragungsvertrag: OLG Frankfurt BeckRS 2019, 11570.

174 BGH NJW 1952, 419; MüKoBGB/*Musielak* § 2281 Rn. 9; Staudinger/*Kanzleiter* BGB § 2295 Rn. 7; Palandt/*Weidlich* BGB § 2281 Rn. 3; *Lüke* S. 51.

Erblasser nicht pflegebedürftig wird, trägt der Erblasser. In diesem Fall liegt kein Motivirrtum vor.

c) Motivirrtum bei vollständiger Unmöglichkeit

Bei vollständiger Unmöglichkeit ist denkbar, dass die Voraussetzungen eines Motivirrtums erfüllt werden. Die Pflicht zur Pflege kann vollständig nicht geleistet werden, was dazu führt, dass die Erwartung des Erblassers, vom Vertragserben gepflegt zu werden, enttäuscht wird. Möglich erscheint das in Fällen, in denen die Unmöglichkeit auf nicht vorhersehbaren Umständen in der Sphäre des Vertragserben beruht, z.B. der Vertragserbe vor Beginn der Pflegebedürftigkeit des Erblassers pflegebedürftig wird oder unerwartet weit weg umzieht.

Zu berücksichtigen sind hier aber die Umstände des Einzelfalls sowie die Risikoverteilung des entgeltlichen Erbvertrages. Beruht die vollständige Unmöglichkeit beispielsweise auf einem Umzug in ein Pflegeheim (zu Beginn der Pflegebedürftigkeit), können die Erwartungen des Erblassers nicht enttäuscht werden, wenn er die Pflege in einem Pflegeheim für möglich hielt.

d) Vorübergehende Teilunmöglichkeit

Bei vorübergehender Teilunmöglichkeit liegt in der Regel kein Motivirrtum vor. Die sonstige Leistung ist noch möglich, sodass die Pflege zukünftig wieder erbracht werden kann. Der vom Erblasser erwartete Umstand, die ordnungsgemäße Erfüllung der Pflegeleistung, kann daher wieder eintreten, weshalb hier nicht von einem Nichteintritt oder einer Enttäuschung seiner Erwartung ausgegangen werden kann.

e) Teilunmöglichkeit/Umzug in ein Pflegeheim

Gemeint sind hiermit solche Fälle, in denen der Vertragserbe zunächst Pflegeleistungen erbracht hat und dann die Unmöglichkeit eintritt. Das ist etwa der Fall, wenn nach erfolgter Pflege ein Umzug in ein Pflegeheim erforderlich wird.

Problematisch ist, dass in diesem Fall der Teilunmöglichkeit die Erwartungen und Vorstellungen des Erblassers teilweise erfüllt wurden. Fraglich ist daher, ob von einer enttäuschten Erwartung ausgegangen werden kann. Genauere Kriterien zu der Frage, ab wann der vom Erblasser erwartete Umstand nicht eingetreten ist, finden sich in Rechtsprechung und Literatur nicht. Da aber bereits das schlechte Erfüllen der Leistung, bei dem die Erfüllung aber grundsätzlich noch möglich ist, zu einem Motivirrtum führen kann, müsste das nicht-mehr-mögliche Erfüllen erst Recht einen Motivirrtum begründen. Der erwartete Umstand kann nämlich endgültig nicht mehr eintreten.

Zu berücksichtigen sind die Umstände des Einzelfalls und die Risikoverteilung des entgeltlichen Erbvertrages. Ob im konkreten Fall einer teilweisen Unmöglichkeit ein Motivirrtum vorliegt, ist durch Auslegung des Willens des Erblassers bei Abschluss der erbvertraglichen Verfügung zu ermitteln. Voraussetzung für die Annahme ist, dass der Erblasser Vorstellungen über den Umfang der zu erbringenden Pflegeleistungen hatte.

Denkbar ist, dass beide Vertragsparteien die Möglichkeit eines späteren Umzuges in ein Pflegeheim bedacht haben und sogar eine entsprechende Regelung in den entgeltlichen Erbvertrag aufgenommen haben. In diesem Fall liegt kein Motivirrtum vor, weil der Erblasser bei Abschluss des Vertrages den Umzug für möglich hielt und in Kenntnis dieser Möglichkeit verfügt hat. Dass sich diese bedachte Möglichkeit später realisiert, schließt einen Irrtum aus.

Schwieriger ist die Beurteilung, wenn beide Parteien die Möglichkeit des Umzugs in ein Pflegeheim nicht bedacht haben, dazu nichts geregelt haben oder der Erblasser sogar davon ausging, bis zu seinem Lebensende zu Hause gepflegt zu werden. Es geht dann um die Frage der Risikoverteilung, nämlich wer das Risiko trägt, dass der Umzug in ein Pflegeheim erforderlich wird.

Dieses Risiko ist grundsätzlich dem Erblasser anzulasten. Der Eintritt der Pflegebedürftigkeit ist ein allgemeines Lebensrisiko, das jeden Menschen treffen kann[175]. Dieses Risiko umfasst nicht nur die Tatsache, ob Pflegebedürftigkeit eintritt, sondern auch, wie und in welchem Umfang sie eintritt. Das Risiko umfasst die Pflegebedürftigkeit an sich und nicht nur einen Bedarf bis zu einem bestimmten Umfang. Zu berücksichtigen ist bei der Risikoverteilung auch, wenn es sich bei dem Vertragserben um einen Laien, also keine ausgebildete Pflegekraft handelt. In dem Fall muss der Erblasser damit rechnen, dass der Vertragserbe bei einem erheblichen Pflegeaufwand damit überfordert sein kann. Sucht sich der Erblasser dennoch einen Laien als Pflegeverpflichteten aus, geht er das Risiko ein, dass der Vertragserbe bei einem umfassenden Pflegebedarf die erforderlichen Leistungen nicht erbringen kann, weil ihm die Fähigkeiten dazu fehlen.

Schließlich ist im Einzelfall zu berücksichtigen, ob und welche Leistungen neben der Pflege geschuldet sind. Ist der Vertragserbe auch zu nichtpflegespezifischen Leistungen verpflichtet, so können diese unter Umständen trotz des Umzuges in ein Pflegeheim noch erbracht werden. Insofern können die Erwartungen des Erblassers weiterhin erfüllt werden, was einen Motivirrtum ausschließt.

---

175 BayObLG BeckRS 1993, 5091.

f) Schlechtleistung

Grundsätzlich ist die Anfechtung wegen Motivirrtums nach §§ 2281, 2078 II BGB bei Schlechtleistung möglich, weil diese einen Motivirrtum darstellen kann. Ein Motivirrtum wegen Schlechtleistung liegt vor, wenn der Erblasser bezüglich der zu erbringenden Leistung eine Vorstellung hatte und die tatsächlich geleistete Pflege hiervon nachteilig abweicht. Dies ist denkbar, wenn der Erblasser die Erwartung der ordnungsgemäßen Leistungserbringung hatte[176]. Ob dies der Fall ist, kann nur im Einzelfall ermittelt werden. Dazu müssen der Wille und die Erwartung des Erblassers bei Abschluss der erbvertraglichen Verfügung festgestellt werden. Probleme können bei der Frage auftreten, ob die Gegenleistung, also die Pflege, nicht ordnungsgemäß erfüllt wurde. Haben die Parteien die Pflegeverpflichtung nicht konkretisiert, wird dieser Punkt sehr streitanfällig sein.

Fraglich ist außerdem, ab wann eine Schlechtleistung, sofern sie festgestellt werden kann, zu einem Nichteintritt des Umstandes iSd § 2078 II BGB führt. Denn es erschiene nicht sachgerecht, würde jede Schlechtleistung des Pflegeverpflichteten, die im Hinblick auf bereits ordnungsgemäß erbrachte Pflegeleistungen wenig oder kaum ins Gewicht fällt, zu einem Anfechtungsgrund führen. Diese ungeklärte Frage stellt ein Risiko für den Vertragserben dar. Dieses Risiko wird dadurch erhöht, dass die Annahme eines Motivirrtums grundsätzlich großzügig gehandhabt wird[177]. Im Hinblick auf die Testierfreiheit des Erblassers soll die Anfechtungsmöglichkeit nicht allzu eng sein[178]. Es gilt hier, dass die Testierfreiheit mehr Schutz genießt als die Interessen des Vertragserben[179].

3. Anfechtungsfrist

Die Frist zur Anfechtung beträgt gemäß § 2283 I BGB ein Jahr. Sie beginnt mit dem Zeitpunkt, in welchem der Erblasser von dem Anfechtungsgrund Kenntnis erlangt hat, § 2283 II 1 BGB. Kenntnis bedeutet sichere und überzeugte Kenntnis aller wesentlicher Tatumstände[180]. An diese Kenntnis dürfen keine zu geringen Anforderungen gestellt werden, zumal es häufig noch auf eine hinreichende innere Überzeugungsbildung des Erblassers ankommt[181]. Der entscheidende

---

176 Vgl. BGH, Urteil. v. 16.03.1983 – Iva ZR 216/81; *Lüke*, S. 51; MüKoBGB/*Musielak* § 2281 Rn. 9; DNotI-Report 2000, 119, 121.

177 BGH, Urteil v. 16.03.1983 – IVa ZR 216/81; BeckOGK/*Röhl* BGB § 2281 Rn. 25.

178 BGH, Urteil v. 16.03.1983 – IVa ZR 216/81.

179 BeckOK/*Litzenburger* BGB § 2281 Rn. 1; MüKoBGB/*Musielak* § 2281 Rn. 1.

180 BGH ZEV 2011, 254, 256; NJW 1964, 205, 206.

181 BGH ZEV 2011, 254, 256.

Zeitpunkt ist gegeben, wenn die Störung oder mehrere Leistungsstörungen ein Ausmaß erreicht haben, das den Erblasser vom Abschluss abgehalten hätte, wenn er dies vorausgesehen hätte[182]. Dies gilt insbesondere im Fall von Schlechtleistung, wenn die Anfechtung auf mehreren Störfällen beruht. Dann führt regelmäßig nicht jede Schlechtleistung für sich zu einem Motivirrtum und setzt die Frist in Lauf, sondern erst, wenn in der Gesamtschau ein bestimmtes Ausmaß erreicht ist. Zur Ermittlung des Fristbeginns kommt es auf die Umstände des Einzelfalls an, insbesondere die Störung, die den Irrtum begründet. Im Fall der Nichtleistung ist Fristbeginn der Zeitpunkt, an dem der Erblasser sichere Kenntnis von der eigenen Pflegebedürftigkeit und der tatsächlich nicht erbrachten Pflegeleistung durch den Vertragserben hat[183]. Führen die Störungen zu einem zerrütteten persönlichen Verhältnis, so beginnt die Frist mit der sichereren Überzeugung des Erblassers vom Scheitern der Erwartung einer harmonischen Beziehung[184].

4. *Rechtsfolgen*

Rechtsfolge der Anfechtung ist nach § 142 BGB die Nichtigkeit der erbvertraglichen Verfügung von Anfang an[185], nicht aber der Pflegeverpflichtung. Die Nichtigkeit der Pflegeverpflichtung folgt aus § 139 BGB.

Hat der Vertragserbe bereits Pflegeleistungen erbracht, so kann er Wertersatz nach § 812 I 1 1. Fall BGB verlangen. Die Voraussetzungen sind gegeben, weil der Vertragserbe mit Erbringung der Pflegeleistung etwas zur Erfüllung der unwirksamen Pflegeverpflichtung geleistet hat und der Rechtsgrund hierfür, die Pflegeverpflichtung, von Anfang an nicht bestanden hat. Die anfängliche Unwirksamkeit der Pflegeverpflichtung folgt aus § 139 BGB wegen der *ex tunc* Unwirksamkeit der erbvertraglichen Verfügung. Für die bis zu Anfechtung erbrachten Pflegeleistungen erhält der Vertragserbe also einen finanziellen Ausgleich. Einen Anspruch nach § 122 BGB kann der Vertragserbe allerdings nach herrschender Meinung wegen § 2078 III BGB nicht geltend machen[186].

---

182 BGH NJW 1964, 205, 206; BeckOK/*Litzenburger* BGB § 2283 Rn. 1; Burandt/Rojahn/*Burandt* BGB § 2283 Rn. 3.

183 BGH ZEV 2011, 254, 256.

184 OLG Koblenz RNotZ 2015, 365, 367.

185 MüKoBGB/*Musielak* § 2281 Rn. 18; Staudinger/*Kanzleiter* BGB § 2281 Rn. 33.

186 OLG München NJW 1997, 2331; BeckOK/*Litzenburger* BGB § 2281 Rn. 17; MüKoBGB/*Musielak* § 2281 Rn. 21;Burandt/Rojahn/*Burandt* BGB § 2281 Rn. 21; *Veit* NJW 1993, 1553, 1556.

IV. Rücktritt vom Erbvertrag

Eine weitere Möglichkeit des Erblassers, von seiner vertraglichen Erbeinsetzung loszukommen, wäre der Rücktritt vom Erbvertrag.

1. Verhältnis zur Anfechtung

Die Möglichkeit des Rücktritts von der vertraglichen Erbeinsetzung besteht grundsätzlich neben einer möglichen Anfechtung[187]. Allerdings ist für einen Rücktritt von der vertraglichen Erbeinsetzung kein Raum, wenn der Erblasser diese angefochten hat, weil sie in diesem Fall gemäß § 142 BGB von Anfang an nichtig ist[188]. Der Erblasser hat also grundsätzlich die Wahl, ob er anfechten oder zurücktreten will. Erklärt der Erblasser den Rücktritt, liegen aber nur die Voraussetzungen für eine wirksame Anfechtung vor, so kann die Rücktrittserklärung als eine Anfechtungserklärung ausgelegt werden und umgekehrt[189].

2. Rücktrittserklärung

Der Rücktritt muss gegenüber dem Vertragserben erklärt werden, § 2296 II 1 BGB. Sie bedarf gemäß § 2296 II 2 BGB der notariellen Beurkundung.

3. Rücktrittsrecht gemäß § 323 I BGB

Ein Rücktrittsrecht nach § 323 I BGB des Erblassers besteht nicht. Die Vorschriften der §§ 320 ff. BGB sind beim entgeltlichen Erbvertrag nicht anwendbar, da vertragliche Erbeinsetzung und Pflegeverpflichtung nicht in einem synallagmatischen Verhältnis zueinander stehen.

4. Rücktrittsrecht gemäß § 2293 BGB

Gemäß § 2293 BGB kann der Erblasser von der erbvertraglichen Verfügung zurücktreten, wenn er sich den Rücktritt im Vertrag vorbehalten hat. Den Inhalt des Vorbehalts können die Parteien frei bestimmen[190]. Er kann bedingt, befristet

---

187 Vgl. BGH ZEV 2011, 254, 256; OLG Oldenburg, Urteil v. 12.01.2010 – 12 U 67/09; OLG Karlsruhe NJW-RR 1997, 708, 709; Palandt/*Weidlich* BGB § 2281 Rn. 1, § 2295 Rn. 1; Soergel/*Wolf* BGB § 2295 Rn. 3; Staudinger/*Kanzleiter* BGB § 2281 Rn. 3; MVHdB/*Otto*, XII. 26 Rn. 6.

188 NK-BGB/*Seiler/Korn* § 2295 Rn. 5; Staudinger/*Kanzleiter* BGB § 2295 Rn. 6.

189 Vgl. OLG Oldenburg, Urteil v. 12.01.2010 - 12 U 67/09; Soergel/*Wolf* BGB § 2281 Rn. 9. Für eine Umdeutung Staudinger/*Kanzleiter* BGB § 2281 Rn. 3.

190 MüKoBGB/*Musielak* § 2293 Rn. 2; Palandt/*Weidlich* BGB § 2293 Rn. 2.

oder auf bestimmte Gründe beschränkt werden[191]. Sofern die Parteien den Vorbehalt auf bestimmte Gründe beschränkt haben, können sie dem Erblasser auch das Recht einräumen, allein darüber zu entscheiden, ob die Rücktrittsvoraussetzungen erfüllt sind[192]. Die Parteien haben daher die Möglichkeit, einen Rücktrittsvorbehalt zu vereinbaren. Als Grund können sie das Vorliegen einer Leistungsstörung festlegen. Haben sie dies getan, steht dem Erblasser bei Vorliegen der Voraussetzungen ein Rücktrittsrecht zu.

5. *Rücktritt gemäß § 2295 BGB*

Bei Leistungsstörungen im Rahmen eines entgeltlichen Erbvertrages kommt vor allem ein Rücktritt gemäß § 2295 BGB in Betracht. Gemäß § 2295 BGB kann der Erblasser vom Erbvertrag zurücktreten, wenn die Verfügung mit Rücksicht auf eine rechtsgeschäftliche Verpflichtung des Bedachten, dem Erblasser für dessen Lebenszeit wiederkehrende Leistungen zu entrichten, insbesondere Unterhalt zu gewähren, getroffen ist und die Verpflichtung vor dem Tode des Erblassers aufgehoben wird.

a) Rechtsgeschäftliche Verpflichtung

Voraussetzung des § 2295 BGB ist, dass die erbvertragliche Verfügung mit Rücksicht auf eine rechtsgeschäftliche Verpflichtung des Bedachten getroffen wurde, dem Erblasser für dessen Lebenszeit wiederkehrende Leistungen zu entrichten. Dies ist beim entgeltlichen Erbvertrag der Fall. Die erforderliche rechtsgeschäftliche Verpflichtung des Bedachten zu wiederkehrenden Leistungen ist die Pflegeverpflichtung, mit der der Vertragserbe sich zu wiederkehrenden Pflegeleistungen an den Erblasser verpflichtet hat. Die vertragliche Erbeinsetzung hat der Erblasser auch mit Rücksicht auf die Pflegeverpflichtung getroffen. „Mit Rücksicht auf die rechtsgeschäftliche Verpflichtung" meint, dass zwischen erbvertraglicher Verfügung und Pflegeverpflichtung ein innerer Zusammenhang in Form einer Zweckgebundenheit bestehen muss[193]. Auch diese Voraussetzung ist erfüllt, wenn die Pflegeverpflichtung der Beweggrund für den Erblasser war, die vertragliche Erbeinsetzung zugunsten des Vertragserben zu treffen. Der Erblasser setzt diesen zum Erben ein, weil er von ihm Pflegeleistungen erhalten will.

191 *Roth,* NJW-Spezial 2019, 231; MüKoBGB/*Musielak* § 2293 Rn. 2.
192 MüKoBGB/*Musielak* § 2293 Rn. 2.
193 NK-BGB/*Seiler/Horn* § 2295 Rn. 3; Palandt/*Weidlich* BGB § 2295 Rn. 2; Staudinger/*Kanzleiter* BGB § 2295 Rn. 3.

Es besteht also ein ursächlicher und wirtschaftlicher Zusammenhang zwischen beiden Bestandteilen des entgeltlichen Erbvertrags.

b) Aufhebung

Weitere Voraussetzung des Rücktritts gemäß § 2295 BGB ist die Aufhebung der rechtsgeschäftlichen Verpflichtung, also der Pflegeverpflichtung. Aufhebung meint die Beseitigung der Verpflichtung, unerheblich aus welchem Rechtsgrund[194]. Konkret liegt eine Aufhebung vor, wenn die Parteien die Aufhebung der Pflegeverpflichtung einvernehmlich vereinbart haben[195], bei Rücktritt vom Verpflichtungsgeschäft, Kündigung aus wichtigem Grund[196] oder nachträglichem Wegfall wegen Eintritt einer auflösenden Bedingung[197]. Vor allem umfasst der Begriff aber auch die nachträgliche Unmöglichkeit der Leistungspflicht des Vertragserben[198]. Die Schlechtleistung stellt keine Aufhebung iSd § 2295 BGB dar, weil in diesem Fall die Pflicht zur Leistungserbringung bestehen bleibt[199].

aa) Unmöglichkeit

Die Unmöglichkeit kann zu einer Aufhebung iSd § 2295 BGB führen.

(1) Vollständige Unmöglichkeit

Die Unmöglichkeit stellt grundsätzlich eine Aufhebung iSd § 2295 BGB dar[200]. Gemeint ist damit die vollständige (nachträgliche) Unmöglichkeit. Diese tritt ein, wenn der Vertragserbe selbst die von den Vertragsparteien vorgesehene Verpflichtung zur Pflege bisher tatsächlich nicht erbracht hat und auch in Zukunft

---

194 OLG Hamm, Beschl. Beschluss v. 14.02.1977 – 15 W 159/75; Palandt/*Weidlich* BGB § 2295 Rn. 2; Soergel/*Wolf* BGB § 2295 Rn. 3; MüKoBGB/*Musielak* § 2295 Rn. 4.

195 Palandt/*Weidlich* BGB § 2295 Rn. 2; MüKoBGB/*Musielak* § 2295 Rn. 4; Erman/*Kappler* BGB § 2295 Rn. 4.

196 OLG Karlsruhe NJW-RR 1997, 708, 709; LG Köln, Urteil v. 05.07.1978 - 13 S 171/77.

197 Palandt/*Weidlich* BGB § 2295 Rn. 2.

198 BGH FamRZ 2013, 878; ZEV 2011, 254, 256; Palandt/*Weidlich* BGB § 2295 Rn. 2; MüKoBGB/*Musielak* § 2295 Rn. 4; Erman/*Kappler* BGB § 2295 Rn. 4.

199 OLG München ZEV 2009, 345, 346; OLG Karlsruhe NJW-RR 1997, 708, 709; MüKoBGB/*Musielak* § 2295 Rn. 5; BeckOK/*Litzenburger* BGB § 2295 Rn. 3.

200 BGH FamRZ 2013, 878; ZEV 2011, 254, 255, 256; Palandt/*Weidlich* BGB § 2295 Rn. 2; MüKoBGB/*Musielak* § 2295 Rn. 4; Soergel/*Wolf* BGB § 2295 Rn. 3; Staudinger/*Kanzleiter* BGB § 2295 Rn. 4; *Roth*, NJW-Spezial 2019, 231.

nicht wird erbringen können[201]. In diesem Fall werden zu keinem Zeitpunkt Pflegeleistungen erbracht.

(2) Vorübergehende Teilunmöglichkeit

Eine vorübergehende Teilunmöglichkeit führt nicht zu einer Aufhebung iSd § 2295 BGB.

Aufhebung iSd § 2295 BGB meint jede Beendigung der Leistungsverpflichtung[202]. Demnach liegt keine Aufhebung vor, wenn die schuldrechtliche Verpflichtung aufrechterhalten bleibt[203]. Da der Schuldner bei der Teilunmöglichkeit zur Leistungserbringung des möglichen Teils verpflichtet bleibt[204], besteht die Pflicht zur Erbringung der Pflegeleistungen weiterhin fort. Der bezweckte Erfolg der häuslichen Pflege kann also wieder erreicht werden.

(3) Teilunmöglichkeit bei Umzug in ein Pflegeheim

Dieser Fall wurde im Schrifttum als Problem „Rein ins Heim - raus aus dem Erbvertrag“[205] bezeichnet. Ansatzpunkt ist, dass auch der vertragstreue Pflegeverpflichtete stets befürchten müsse, dass der Erblasser gesundheitlich verfalle und daher die häusliche Pflege unmöglich werde und es zu einem Rücktritt vom Erbvertrag komme[206]. Dieses stets bestehende Risiko sei für den Vertragserben unzumutbar, weil damit der Anreiz für den Vertragserben, eine Honorierung für die Pflege zu erhalten, stets wegfallen könnte. Da der Vertragserbe diesen Umstand nicht beeinflussen kann und eventuell bereits ordnungsgemäß über einen längeren Zeitraum seine Pflegeverpflichtung erfüllt hat, erscheint dieses Ergebnis unbillig. Die Kritik erscheint insoweit nachvollziehbar. Daher muss geprüft werden, ob die hier eingetretene Unmöglichkeit den Erblasser zum Rücktritt nach § 2295 BGB berechtigt.

In solchen Fällen handelt es sich ebenfalls um Teilunmöglichkeit, weil zunächst Pflegeleistungen erbracht wurden und diese dann wegen des Umzuges

---

201 BGH FamRZ 2013, 878.

202 Vgl. Palandt/*Weidlich* BGB § 2295 Rn. 2; Soergel/*Wolf* BGB § 2295 Rn. 3; MüKoBGB/*Musielak* § 2295 Rn. 4; *Hohmann*, S. 32.

203 OLG München ZEV 2009, 345, 347.

204 Staudinger/*Caspers* BGB § 275 Rn. 57; Palandt/*Grüneberg* BGB § 275 Rn. 7.

205 *Kornexl*, Anmerkung zu BGH, Beschluss v. 05.10.2010 - IV ZR 30/10, MittBayNot 2011, 320, 321; anknüpfend auch *Mayer*, DNotZ 2012, 89, 95, 96.

206 *Kornexl*, Anmerkung zu BGH, Beschluss v. 05.10.2010 - IV ZR 30/10, MittBayNot 2011, 320, 321; *Mayer*, DNotZ 2012, 89, 95; *Helms*, in: Recht der Älteren, S. 217.

in ein Pflegeheim unmöglich wurden. Die Erläuterungen zur vorübergehenden Teilunmöglichkeit helfen hier aber nicht weiter. Entscheidender Unterschied ist nämlich, dass die Leistung hier endgültig unmöglich ist. Der Zweck der häuslichen Pflege kann nach dem Umzug nicht mehr erreicht werden.

Aber auch in diesem Fall der Teilunmöglichkeit ist eine Aufhebung iSd § 2295 BGB abzulehnen, weil die Pflegeverpflichtung bereits in Vollzug gesetzt wurde.

Zu diesem Ergebnis gelangt man, wenn man die Wertungen des gesetzlichen Rücktrittsrechts berücksichtigt. Die Vorschriften des Rücktritts sind zwar nicht anwendbar. Da aber die Interessenlage der Vertragsparteien einem synallagmatischen Verhältnis gleichkommt, kann dieser Fall mit einem solchen verglichen werden, in welchem das gesetzliche Rücktrittsrecht anwendbar wäre. Denn selbst wenn man ein synallagmatisches Verhältnis annehmen würde, muss bedacht werden, dass der Rücktritt bei Dauerschuldverhältnissen grundsätzlich weitreichende Konsequenzen hätte. Es gilt daher der Grundsatz, dass der Rücktritt bei in Vollzug gesetzten Dauerschuldverhältnissen ausgeschlossen ist und durch das Kündigungsrecht gemäß § 314 I BGB verdrängt wird[207]. Dieser Grundsatz trägt der Tatsache Rechnung, dass die Vertragsparteien beim Dauerschuldverhältnis grundsätzlich kein Interesse daran haben, wegen einer nachträglich eingetretenen Störung auch die bereits erbrachten Leistungen rückgängig zu machen[208].

Von diesem Grundsatz besteht die Ausnahme, dass ein Rücktritt auch nach Invollzugsetzung möglich ist, wenn die vollständige Rückabwicklung unschwer möglich ist und es den Interessen der Vertragsparteien entspricht[209]. Die Möglichkeit zur unkomplizierten vollständigen Rückabwicklung ist beim entgeltlichen Erbvertrag gerade nicht gegeben, da eine Rückabwicklung der bereits erbrachten Pflegeleistungen mit vielen Schwierigkeiten verbunden ist. Außerdem wird dies den Interessen der Vertragsparteien nicht gerecht. Denn der Erblasser will, dass die Pflegeleistungen erst nach seinem Tod vergütet werden; ein Ausgleich bereits zu Lebzeiten entspricht in der Regel nicht seiner Vorstellung. Der Vertragserbe wiederum will gegebenenfalls nicht nur eine Vergütung in Geld, sondern wird wohl auch ein Interesse an bestimmten Vermögenswerten des Erblassers haben. Diese Konstellation entspricht also dem vorgenannten Grundsatz, sodass dessen Wertungen hier berücksichtigt werden können.

---

207 BGH NJW 2002, 1870; Palandt/*Grüneberg* BGB § 314 Rn. 12; Soergel/*Gsell* BGB § 323 Rn. 8; MüKoBGB/*Gaier* § 314 Rn. 3.

208 BGH NJW 2002, 1870.

209 Vgl. BGH NJW 2002, 1870; Palandt/*Grüneberg* BGB § 314 Rn. 12.

Dies steht auch im Einklang mit der Rechtsprechung zu dieser Problematik. Demnach besteht ein Rücktrittsrecht des Erblassers, wenn bisher keine Leistungen erbracht wurden und auch in Zukunft nicht mehr erbracht werden können[210]. Dies bedeutet, dass das Dauerschuldverhältnis „Pflegeverpflichtung“ noch nicht in Vollzug gesetzt wurde, weil bisher keine Pflege geleistet wurde. Das entspricht im Ergebnis den Voraussetzungen des gesetzlichen Rücktrittsrechts bei Dauerschuldverhältnissen. Im Falle des vertragstreuen Vertragserben ist die Pflegeverpflichtung bereits in Vollzug gesetzt, sodass kein Rücktritt möglich wäre.

Weiterhin spricht dafür der Gedanke des § 323 VI BGB, wonach der Rücktritt ausgeschlossen ist, wenn der Gläubiger für den Umstand, der ihn zum Rücktritt berechtigen würde, allein oder weit überwiegend verantwortlich ist. Dies ist im Falle des Umzugs in ein Pflegeheim der Fall. Ein Umzug in ein Pflegeheim kann nur „vorsätzlich“ erfolgen; denn der Erblasser weiß dabei, dass dadurch die Pflege nicht mehr vom Vertragserben erbracht werden kann. Auch wenn der Umzug dem Willen des Erblassers nicht immer entsprechen muss, so liegt es allein an seiner Person, ob ein Umzug erforderlich ist oder nicht. Der Vertragserbe hat dagegen keinen Einfluss darauf, wie sich der körperliche Zustand des Erblassers entwickelt. Für den Umstand, der zur Unmöglichkeit der Pflegeleistung führt, ist allein der Erblasser verantwortlich. Dies gilt zumindest in dem Fall, dass der Vertragserbe bislang vertragstreu war und die Notwendigkeit des Umzugs allein auf dem körperlichen Verfall beruht. An diesem Punkt sind die Umstände des Einzelfalls zu berücksichtigen; bei einem nicht vertragstreuen Vertragserben kann durchaus denkbar sein, dass er für den Umstand, dass der Erblasser in ein Pflegeheim umziehen muss, überwiegend verantwortlich ist. Diese Wertung spricht also auch dafür, dass eine teilweise Unmöglichkeit bei einer in Vollzug gesetzten Pflegeverpflichtung keine Aufhebung iSd § 2295 BGB darstellt.

Schließlich ist für die Frage der Unmöglichkeit auch eine Betrachtung der gesamten Pflegeverpflichtung erforderlich. Da es den Vertragsparteien regelmäßig nicht nur um die bloße Pflege gehen wird, sondern auch um weitergehende, nichtpflegespezifische Leistungen, wie etwa gesellschaftliches Beisammensein oder vermögensbezogene Pflichten, muss die Frage der Unmöglichkeit für alle Pflichten gesondert betrachtet werden. Da im Pflegeheim gerade nur Pflegeleistungen erbracht werden, berührt der Umzug in ein Pflegeheim nur diese, aber gerade nicht die nichtpflegespezifischen Leistungspflichten. Diese können noch weiterhin erbracht werden. Sofern die besondere persönliche Beziehung

---

210 BGH FamRZ 2013, 878.

zwischen den Parteien noch besteht, was bei einem bisher vertragstreuen Vertragserben wohl der Fall sein wird, so wird es in der Regel dem Parteiwillen entsprechen, wenn diese Pflichten auch weiterhin bestehen. Insbesondere der Erblasser wird ein Interesse daran haben, da mit dem Umzug in ein Pflegeheim nicht das Bedürfnis nach Gesellschaft und Umgang mit vertrauten Personen erlischt. Somit sind bei einer Pflegevereinbarung mit auch nichtpflegespezifischen Leistungspflichten durch den Umzug nicht alle Leistungspflichten unmöglich geworden, sodass auch in dieser Hinsicht nur eine teilweise Unmöglichkeit vorliegt.

bb) Kündigung

Eine Kündigung der Pflegeverpflichtung stellt eine Aufhebung iSd § 2295 BGB dar[211]. Gemäß § 314 BGB kann jeder Vertragsteil ein Dauerschuldverhältnis aus wichtigem Grund ohne Einhaltung einer Kündigungsfrist kündigen.

(1) Wichtiger Grund

Gemäß § 314 I 2 BGB liegt ein wichtiger Grund vor, wenn dem kündigenden Teil unter Berücksichtigung aller Umstände des Einzelfalls und unter Abwägung der beiderseitigen Interessen die Fortsetzung des Vertragsverhältnisses bis zur vereinbarten Beendigung oder bis zum Ablauf einer Kündigungsfrist nicht zugemutet werden kann.

Ein Kündigungsgrund setzt in der Regel ein pflichtwidriges Verhalten des anderen Teils voraus[212]. Pflichtwidriges Verhalten bedeutet eine nicht oder nicht vertragsmäßig erbrachte Leistung[213] und beinhaltet insbesondere Leistungsstörungen wie Nichtleistung, Schlechtleistung und Unmöglichkeit. Grundsätzlich sind die Wertungen des Rücktrittsrechts in § 323 BGB auf die Kündigung zu übertragen[214]. Es muss sich um einen Umstand handeln, der im Risikobereich des Kündigungsgegners liegt[215]. Hat der Kündigungsgegner dagegen keinen Einfluss auf den Umstand, aus dem der Kündigungsgrund hergeleitet wird, weil er etwa in den Risiko- oder Interessenbereich des Kündigenden fällt, kann dies regelmäßig keine fristlose Kündigung rechtfertigen[216]. Maßgeblich für die

---

211 OLG Karlsruhe NJW-RR 1997, 708, 709.

212 Erman/*Böttcher* BGB § 314 Rn. 6.

213 MüKoBGB/*Gaier* § 314 Rn. 18.

214 KG, Urteil v. 26.10.2012 – 21 U 133/11; MüKoBGB/*Gaier* § 314 Rn. 18

215 BGH NJW 2013, 2021, 2022; BeckOK/*Lorenz* BGB § 314 Rn. 8; MüKoBGB/*Gaier* § 314 Rn. 17.

216 BGH NJW 2013, 2021, 2022; MüKoBGB/*Gaier* § 314 Rn. 17.

Zuordnung der Risikobereiche ist der Vertrag, der Vertragszweck und sonstige gesetzliche Bestimmungen[217]. Zu berücksichtigen sind stets die Umstände des Einzelfalls.

Neben der Verletzung von vertraglichen Pflichten kann auch die Verletzung von Schutzpflichten nach § 241 II BGB einen wichtigen Grund darstellen[218]. Wenn nach der Natur des Dauerschuldverhältnisses eine enge, persönliche Zusammenarbeit erforderlich ist, kann ein wichtiger Grund sogar vorliegen, wenn die persönliche Zusammenarbeit schwerwiegend gestört ist und eine Normalisierung nicht zu erwarten ist[219].

Für die Annahme eines wichtigen Grundes ist weiterhin eine Abwägung der beiderseitigen Interessen erforderlich. Diese muss zu dem Ergebnis kommen, dass die Fortsetzung des Vertragsverhältnisses für den Kündigenden unzumutbar ist[220]. Umstände, die hier zu berücksichtigen sind, sind beispielsweise die Schwere der Pflichtverletzung, Gewicht der Beeinträchtigung, die Dauer der Beeinträchtigung in Bezug auf die bisherige Dauer der Pflegeverpflichtung, aber auch Zweck und Art des Vertrages, das Ausmaß an persönlichen Bindungen, das Erfordernis persönlichen Vertrauens in die Loyalität, Wahrheitsliebe, Leistungsfähigkeit und Leistungsbereitschaft des Vertragspartners, die Gefährdung von Vermögensinteressen und die Effektivität von Kontrollmöglichkeiten[221].

(aa) Unmöglichkeit

Ein Kündigungsgrund kann insbesondere dann vorliegen, wenn während des Vollzuges des Dauerschuldverhältnisses die geschuldete Leistung unmöglich wird, weil es sich um ein pflichtwidriges Verhalten handelt[222]. Gemeint ist damit die vollständige Unmöglichkeit. Allerdings ist im Einzelfall zu prüfen, in wessen Risikobereich die Unmöglichkeit fällt. Wird die Pflege beispielsweise unmöglich, weil der Vertragserbe krank wird oder umzieht, so ist dies seiner Sphäre zuzuordnen. In diesem Fall ist ein wichtiger Grund wegen Unmöglichkeit denkbar.

Im Fall der vorübergehenden Teilunmöglichkeit ist zunächst zu prüfen, in welchen wessen Risikobereich diese fällt. Des Weiteren ist die Interessenabwägung von Bedeutung. Eine vorübergehende Teilunmöglichkeit stellt in der Regel

---

217 BGH NJW 2013, 2021, 2022; MüKoBGB/*Gaier* § 314 Rn. 17.

218 MüKoBGB/*Gaier* § 314 Rn. 18.

219 BeckOK/*Lorenz* BGB § 314 Rn. 14.

220 Vgl. BGH NJW 2013, 2021, 2022.

221 AG Nürtingen, Urteil v. 27.11.2020 – 20 C 3606/20.

222 Erman/*Böttcher* BGB § 314 Rn. 7; MüKoBGB/*Gaier* § 314 Rn. 18.

eine weniger schwere Pflichtverletzung als die vollständige Unmöglichkeit dar, weil sie nicht dauerhaft und endgültig ist. Bei der Interessenabwägung sind alle Umstände des Einzelfalls zu berücksichtigen.

Beruht die Teilunmöglichkeit auf dem Umzug des Erblassers in ein Pflegeheim, liegt in der Regel kein wichtiger Grund vor, der den Erblasser zur Kündigung berechtigen würde. Die Umstände, die zur Unmöglichkeit führen, nämlich der Umzug, liegen grundsätzlich im Risikobereich des Erblassers, während der Vertragserbe auf diese keinen Einfluss hat. Aber auch hier kommt es auf die Umstände des Einzelfalls an.

(bb) Schlechtleistung

Eine Schlechtleistung kann als pflichtwidriges Verhalten grundsätzlich einen wichtigen Grund darstellen. Für die Frage, ob die Schlechtleistung zur Kündigung berechtigt, wird regelmäßig die Interessenabwägung entscheidend sein. Einzelne oder unerhebliche Pflichtverletzungen reichen für die Annahme eines wichtigen Grundes grundsätzlich nicht aus[223]. Es muss im Einzelfall ermittelt werden, ob die Schlechtleistung für den Erblasser unzumutbar ist und das Vertrauensverhältnis endgültig zerrüttet ist. Neben den bereits erwähnten Kriterien kann es auch zu einem Zusammenspiel mehrerer Kündigungsgründe kommen[224].

(2) Vorherige Abmahnung oder Abhilfefrist

Zu beachten ist § 314 II 1 BGB, nämlich dass im Fall einer Pflichtverletzung die Kündigung erst nach erfolglosem Ablauf einer Frist zur Abhilfe oder nach erfolgloser Abmahnung zulässig ist. Im Fall von Vertragsverletzungen, die noch andauern, ist eine Abhilfefrist zu setzen[225]. Ist die Pflichtverletzung beendet, so kann nur eine Abmahnung erfolgen[226].

Gemäß § 314 II 2 BGB sind eine Abhilfefrist oder eine Abmahnung in den Fällen des § 323 II Nr. 1 und 2 BGB entbehrlich, also bei ernsthafter und endgültiger Leistungsverweigerung oder bei einem relativen Fixgeschäft. Außerdem sind Abhilfefrist und Abmahnung gemäß § 314 II 3 BGB entbehrlich, wenn besondere Umstände vorliegen, die unter Abwägung der beiderseitigen Interessen die sofortige Kündigung rechtfertigen. Dies ist beispielsweise der Fall, wenn

223 BGH NJW 2011, 608, 609; BeckOGK/*Martens* BGB § 314 Rn. 31.
224 BGH NJW 2020, 605, 606, 607.
225 MüKoBGB/*Gaier* § 314 Rn. 24.
226 MüKoBGB/*Gaier* § 314 Rn. 24.

Abhilfefrist oder Abmahnung zwecklos sind oder das Vertrauensverhältnis irreparabel gestört ist[227].

(3) Kündigungsfrist

Gemäß § 314 III BGB kann der Kündigungsberechtigte nur innerhalb einer angemessenen Frist kündigen, nachdem er vom Kündigungsgrund Kenntnis erlangt hat. Wegen der Vielgestaltigkeit von Dauerschuldverhältnissen sieht das Gesetz keine feste Frist vor[228]. Eine Übertragung anderer genauer Fristen ist abzulehnen, weil dies der Entscheidung des Gesetzgebers widersprechen würde[229]. Dennoch wurde in der Rechtsprechung bereits eine Frist von einem Jahr im Fall eines entgeltlichen Erbvertrages thematisiert, die sich an der Anfechtungsfrist des § 2283 BGB orientiert[230].

Die Angemessenheit richtet sich nach den Umständen des Einzelfalls wie etwa Schwere der Pflichtverletzung, Interesse des Kündigenden und Interesse des Kündigungsgegners an alsbaldiger Klärung[231]. Dies muss in jedem Einzelfall ermittelt werden.

Fristbeginn ist der Zeitpunkt der Kenntniserlangung. Notwendig ist eine sichere und umfassende Kenntnis von Tatsachen, aus denen sich der wichtige Grund ergibt[232]. Im Fall von Leistungsstörungen bei der Pflegeverpflichtung ist dies regelmäßig der Zeitpunkt, zu dem der Erblasser sichere Kenntnis von der eigenen Pflegebedürftigkeit und der tatsächlich bestehenden Leistungsstörung des Vertragserben hat[233].

cc) Rücktritt nach § 323 BGB

Ein Rücktritt nach §§ 346, 323 BGB führt zu einer Aufhebung iSd § 2295 BGB[234]. Allerdings kommt ein Rücktrittsrecht nur in den Ausnahmefällen, in denen die Parteien eine Verfügungsunterlassungsverpflichtung vereinbart haben, in Betracht. Ansonsten ist § 323 BGB nicht anwendbar, weil es an der

227 BeckOK/*Lorenz* BGB § 314 Rn. 21; MüKoBGB/*Gaier* § 314 Rn. 24.
228 BGH ZEV 2011, 254, 256; MüKoBGB/*Gaier* § 314 Rn. 31.
229 So BGH NJW 2011, 1438; ZEV 2011, 254, 256; MüKoBGB/*Gaier* § 314 Rn. 31.
230 OLG Oldenburg, Urteil v. 12.01.2010 – 12 U 67/09. Dies bezweifelnd BGH ZEV 2011, 254, 256.
231 BeckOK/*Lorenz* BGB § 314 Rn. 24.
232 BGH ZEV 2011, 254, 256; MüKoBGB/*Gaier* § 314 Rn. 32.
233 BGH ZEV 2011, 254, 256.
234 BGH ZEV 2011, 254.

synallagmatischen Verbindung zwischen vertraglicher Erbeinsetzung und Pflegeverpflichtung iSd § 320 BGB fehlt.

6. *Folgen des Rücktritts*

Der Rücktritt führt zur Aufhebung der erbvertraglichen Verfügung, die Verfügung tritt damit außer Kraft, § 2299 III BGB. Die Unwirksamkeit besteht ab dem Zeitpunkt der Aufhebung, also mit Zugang der Rücktrittserklärung[235], und daher *ex nunc*[236].

Sofern der Vertragserbe bis zum erfolgreichen Rücktritt bereits Pflegeleistungen erbracht hat, kann er hierfür Ersatz nach Bereicherungsrecht verlangen.

Eine Rückabwicklung über §§ 346 BGB wegen des Rücktritts vom Erbvertrag kommt nicht in Betracht. Die Vorschriften der §§ 346 ff. BGB sind als allgemeine Rücktrittsregelungen im Fall des Rücktritts von einem Erbvertrag nicht anwendbar, weil in den §§ 2293 ff. BGB spezielle Regelungen normiert sind[237]. § 346 BGB passt bei einem (entgeltlichen) Erbvertrag nicht, weil durch diese Norm ein Rückgewährschuldverhältnis begründet wird. Der Erbvertrag ist aber weder ein Schuldverhältnis noch besteht ein synallagmatisches Verhältnis zu der Pflegeverpflichtung. Im Übrigen kann der Erbvertrag keine Rückgewährpflichten auslösen, weil er als Verfügung von Todes wegen erst ab dem Todesfall gilt, nicht aber zu Lebzeiten[238]. Daher erfolgt die Rückabwicklung grundsätzlich über das Bereicherungsrecht.

Allerdings ist der Grund für die Aufhebung iSd § 2295 BGB zu berücksichtigen. Dies führt dazu, dass in dem Ausnahmefall, in dem die Pflegeverpflichtung wegen Rücktritts nach § 323 BGB zur Aufhebung führt, eine Rückabwicklung nach § 346 BGB erfolgt. Dies führt zu einem Anspruch auf Wertersatz gemäß § 346 II Nr. 1 BGB. In den übrigen Fällen, in denen die Aufhebung auf der Unmöglichkeit oder einer Kündigung beruhen, richtet sich die Rückabwicklung nach Bereicherungsrecht, da in den Fällen keine speziellen Rückabwicklungsvorschriften existieren[239].

---

235 OLG Karlsruhe NJW-RR 1997, 708, 710.

236 Vgl. Staudinger/*Kanzleiter* BGB Einl. zu §§ 2274 ff. Rn. 34.

237 MüKoBGB/*Gaier* Vor § 346 Rn. 7; Staudinger/*Kaiser* Vorbem zu §§ 346-354 Rn. 23.

238 Staudinger/*Kaiser* Vorbem zu §§ 346-354 Rn. 23.

239 In dem Ausnahmefall, dass wegen einer Verfügungsunterlassungsverpflichtung ein Synallagma vorliegt, kann bei Unmöglichkeit eine Rückabwicklung nach § 346 BGB wegen des Rücktrittsrechts gemäß § 326 V BGB in Betracht kommen.

Nach überwiegender und zutreffender Ansicht in der Literatur folgt der Anspruch auf Wertersatz aus § 812 I 2 2. Fall BGB[240]. Die Pflegeleistung stellt eine bereicherungsrechtliche Leistung dar. Wird diese in Erwartung einer späteren Erbeinsetzung erbracht, die wegen des Rücktritts nicht erfolgt, ist dies eine Zweckverfehlung iSd § 812 I 2 2. Fall BGB[241]. Denn der Vertragserbe hat die Pflegeleistungen in der Erwartung erbracht, als Erbe eingesetzt zu werden. Rechtsfolge ist ein Anspruch auf Wertersatz, §§ 812 I 2 2. Fall, 818 II BGB.

Im Ergebnis kann der Vertragserbe Wertersatz für seine bereits erbrachten Pflegeleistungen verlangen.

7. Zwischenergebnis

Durch die bestehenden gesetzlichen Regelungen zum Rücktritt vom Erbvertrag und zur Anfechtung wegen Motivirrtums können Leistungsstörungen grundsätzlich interessengerecht gelöst werden.

Lediglich für den Fall der Schlechtleistung bieten die gesetzlichen Regelungen keine sachgerechte Lösung. Ein Rücktrittsrecht des Erblassers nach § 2295 BGB besteht nicht und auch eine Anfechtung wegen Motivirrtums ist mit Risiken behaftet. Aufgrund der dargelegten Kriterien zur Feststellung eines Motivirrtums kann kein allgemeiner Grundsatz bestimmt werden, wann ein Motivirrtum wegen Schlechtleistung vorliegt. Für den Vertragserben folgt daraus das Risiko, dass ein Motivirrtum schon bei geringen Schlechtleistungen angenommen wird, da das Anfechtungsrecht des Erblassers grundsätzlich weitreichend ist.

Diesen Unsicherheiten kann nur durch Ausschluss des Anfechtungsrechts wegen Motivirrtuns nach §§ 2281, 2278 II BGB begegnet werden[242]. Damit wird der gesetzliche Schutz des Erblassers in Fällen der Schlechtleistung allerdings stark eingeschränkt.

---

240 Z.B.: Palandt/*Weidlich* BGB § 2295 Rn. 3; Staudinger/*Kanzleiter* BGB 2295 Rn. 13; *Krebber*, DNotZ 2003, 20, 35; BeckOGK/*Müller-Engels* § 2295 Rn. 23. Aber offengelassen, um welche Kondiktionsart es sich handelt: OLG München ZEV 2009, 345, 347; MüKoBGB/*Musielak* § 2295 Rn. 9; Burandt/Rojahn/*Burandt* BGB § 2295 Rn. 9.

241 Palandt/*Sprau* BGB § 812 Rn. 88; Palandt/*Weidlich* BGB § 2295 Rn. 3; Soergel/*Wolf* BGB § 2295 Rn. 5; Staudinger/*Kanzleiter* BGB § 2295 Rn. 13.

242 So auch *Lange/Kuchinke*, § 25 X S. 526; MVHdB VI BürgerlR II/*Otto*, XII. 26.; *Lüke*, S. 74; *Hohmann*, S. 234.

Dieses Problem kann durch Vereinbarung eines Rücktrittsrechts gemäß § 2293 BGB gelöst werden[243]. Als Rücktrittsgrund wäre die Schlechtleistung des Vertragserben festzulegen. Haben die Vertragsparteien die pflegebezogenen Leistungspflichten hinreichend konkretisiert, kann auch bestimmt werden, unter welchen Voraussetzungen eine Schlechtleistung vorliegen soll. Dies verhindert Streitigkeiten und beugt dem Problem der enttäuschten Erwartungen vor.

Der Abschluss einer Verfügungsunterlassungsvereinbarung ist dann nicht mehr erforderlich. Diese Konstruktion kann dem Erblasser im Ergebnis den Rücktritt von seiner erbvertraglichen Verfügung ermöglichen. Dies ist aber nicht mehr notwendig, wenn der Erblasser wegen eines vereinbarten Rücktrittsrechts gemäß § 2293 BGB von seiner erbvertraglichen Verfügung zurücktreten kann.

C. Störungen im Zusammenhang mit dem Erbe

I. Störungsbeschreibung

Eine bedeutsame Gefahr für den Vertragserben ist, dass sich das Vermögen des Erblassers bis zum Eintritt des Erbfalls erheblich verringert. Dieses Risiko folgt aus § 2286 BGB. Gemäß § 2286 BGB wird das Recht des Erblassers, über sein Vermögen durch Rechtsgeschäft unter Lebenden zu verfügen, durch den Erbvertrag nicht beschränkt. Er kann also wirksam Vermögensgegenstände an Dritte übertragen, auch als unentgeltliche Zuwendungen[244]. Rechtlich bleibt der Vertragserbe dann zwar Erbe, faktisch ist das Erbe aber wertlos und stellt tatsächlich kein Entgelt für seine Leistung dar[245]. Dabei sollten sich vertragliche Erbeinsetzung und Pflegeverpflichtung bei einem entgeltlichen Erbvertrag grundsätzlich gleichwertig gegenüberstehen[246].

Es stellt sich die Frage, ob das Gesetz damit ausreichenden Schutz für den Vertragserben bietet. Neben aufzehrenden Verfügungen besteht das Risiko, dass der Erblasser grundsätzlich einen verschwenderischen Lebensstil hat und auf diese Weise sein Vermögen aufzehrt, sowie das allgemeine Lebensrisiko, dass ein Unglücksfall eintritt und dadurch das Vermögen wertlos wird oder ersatzlos

---

243 So auch *Lange/Kuchinke*, § 25 X S. 528; MVHdB VI BürgerlR II/*Otto*, XII. 26. Rn. 8; *Kanzleiter*, Anmerkung zu BGH, Beschluss v. 05.10.2010 - IV ZR 30/10, ZEV 2011, 256, 258; *Lüke*, S. 73; Nieder/Kössinger/*Kössinger*, § 21 Rn. 187.

244 Palandt/*Weidlich* BGB § 2286 Rn. 1.

245 *Hohmann*, S. 127.

246 Vgl. *Rothe*, S. 159; *Hohmann*, S. 127.

verschwindet[247]. Im Extremfall kann dies auch zu einer Verschuldung des Erblassers zu Lebzeiten führen, sodass er einen überschuldeten Nachlass hinterlässt[248].

Nicht verwehrt sind dem Erblasser auch familienrechtliche Handlungen wie eine Eheschließung oder Adoption[249]. Denkbar ist auch, dass der Erblasser noch Kinder bekommt oder eine Vaterschaft anerkennt, ohne genetischer Vater zu sein. Solche Handlungen vermindern das Nachlassvermögen zwar nicht unmittelbar, begründen jedoch insbesondere Pflichtteilsansprüche nach § 2303 I BGB, die dann mittelbar das künftige Erbe des Vertragserben beeinträchtigen[250].

1. *Der gesetzliche Schutz des Vertragserben*

a) Leistungsverweigerung

Zunächst könnte der Vertragserbe erwägen, die Pflegeleistungen einzustellen. Mit einer Leistungsverweigerung könnte er versuchen, den Erblasser zur Gegenleistung, hier in Form der Erhaltung der Erbmasse, zu bewegen.

Die Einrede des nichterfüllten Vertrages gemäß § 320 I BGB steht dem Vertragserben nicht zu, da es an einem synallagmatischen Verhältnis zwischen Pflegeverpflichtung und vertraglicher Erbeinsetzung fehlt. Auch ein Leistungsverweigerungsrecht gemäß § 273 I BGB passt in dieser Konstellation nicht, da der Schuldner, der Vertragserbe, zu Lebzeiten des Erblassers keinen fälligen Anspruch gegen diesen hat[251].

Der Vertragserbe kann die Leistung jedoch gemäß § 242 BGB wegen Treu und Glauben verweigern, sofern ihm die weitere Erbringung der Pflegeleistungen unzumutbar ist[252]. Denkbar wäre dies etwa, wenn die Erbmasse so gering ist, dass sie in wirtschaftlicher Hinsicht kein Entgelt mehr darstellt[253]. Das Handeln des Erblassers muss insgesamt einen Rechtsmissbrauch darstellen. Dies wird jedoch auf Ausnahmefälle beschränkt sein.

---

247 Vgl. *Hohmann*, 128.

248 Vgl. *Hohmann*, S. 128.

249 Nieder/Kössinger/*Kössinger/Zintl*, § 12 Rn. 42; Staudinger/*Kanzleiter* BGB § 2286 Rn. 11.

250 Staudinger/*Kanzleiter* BGB § 2286 Rn. 11.

251 *Lange/Kuchinke*, § 25 V S. 478, 479.

252 *Hohmann*, S. 137.

253 So etwa *Hohmann*, S. 137.

b) Kündigung der Pflegeverpflichtung

Ist das Vermögen des Erblassers erheblich ausgehöhlt und wurden bisher noch keine oder nur in geringem Umfang Pflegeleistungen erbracht, wäre es für den Vertragserben sinnvoll, sich von der Pflegeverpflichtung zu lösen. Dadurch kann er sicherstellen, dass er zukünftig keine Leistungen erbringen muss, für die er kein Entgelt bekommen wird.

In Betracht kommt eine außerordentliche Kündigung gemäß § 314 I BGB[254]. Entscheidend ist dafür, ob die Vertrauensgrundlage zwischen den Parteien erheblich gestört ist[255]. Dies ist etwa der Fall, wenn der Erblasser das Vermögen vollständig ausgehöhlt oder verschwendet hat[256]. Der Vertragserbe vertraut nämlich darauf, dass beim Eintritt des Erbfalls noch Vermögen vorhanden sein wird. Dies weiß der Erblasser auch, da ein entgeltlicher Erbvertrag ohne Kenntnis des Entgeltlichkeitscharakters sinnlos wäre. Nimmt er gleichwohl beeinträchtigende Handlungen vor, so stört er dieses Vertrauensverhältnis. Im Rahmen der Interessenabwägung ist dann zu prüfen, ob die Störung erheblich ist. Ist das Erblasservermögen groß und macht die schädigende Handlung nur einen kleinen Bestandteil aus, so kann nicht von einer erheblichen Störung gesprochen werden. Besteht das Vermögen jedoch nur aus einem einzigen Wertgegenstand, beispielsweise einer Immobilie, und wird dieser veräußert, so wird dies als erheblich anzusehen sein. Entscheidend sind hierbei stets die Umstände des Einzelfalls. Liegt eine erhebliche Störung vor, so besteht ein wichtiger Grund und der Vertragserbe kann die Pflegeverpflichtung kündigen.

Beim bloßen Verfall des Vermögens hingegen hat der Erblasser keine Handlung vorgenommen, die das Vertrauensverhältnis stört. Vielmehr handelt es sich hierbei um ein Risiko, das in die Risikosphäre des Vertragserben fällt[257]. Weiterhin liegt auch dann regelmäßig keine Störung durch den Erblasser vor, wenn das Vermögen auf sonstige Weise, etwa durch Unglücksfälle, gemindert oder wertlos wird, da der Erblasser dabei wiederum keine Handlung vorgenommen hat[258]. Folglich kann in diesen Fällen keine Kündigung erfolgen.

Nach erfolgter Kündigung kann der Erblasser gemäß § 2295 BGB vom Erbvertrag zurücktreten. Dies muss der Vertragserbe bedenken, bevor er die

---

254 So auch BGH ZEV 2011, 254, 256; OLG Karlsruhe NJW-RR 1997, 708, 709; LG Köln, Urteil v. 05.07.1978 - 13 S 171/77; MüKoBGB/*Musielak* § 2295 Rn. 5.

255 *Knieper*, DNotZ 1968, 331, 336; *Hohmann*, S. 114, 133.

256 Vgl. *Hohmann*, S. 133.

257 Vgl. *Hohmann*, S. 138.

258 *Hohmann*, S. 137.

Pflegeverpflichtung kündigt. Für die bis zu diesem Zeitpunkt geleisteten Pflegeleistungen kann er dann zumindest Ersatz gemäß § 812 I 2 2. Fall BGB verlangen.

Kann der Vertragserbe die Pflegeverpflichtung nicht kündigen, weil etwa die Voraussetzungen nicht vorliegen, so ist er weiterhin zur Erbringung von Pflegeleistungen verpflichtet. Im Übrigen kann es auch im Interesse des Vertragserben sein, trotz der schädigenden Handlung an der Pflegeverpflichtung festzuhalten, weil die noch vorhandene Erbmasse immer noch ein gleichwertiges Entgelt für die Pflegeleistungen darstellt oder das vorhandene Erblasservermögen groß genug ist. Allerdings kann sich die Frage stellen, ob und wie der Vertragserbe einen Ausgleich für den Verlust verlangen kann.

c) Rücktritt gemäß § 313 BGB

Es stellt sich die Frage, ob der Vertragserbe wegen Störung der Geschäftsgrundlage gemäß § 313 III BGB von der Pflegeverpflichtung zurücktreten kann. Problematisch und umstritten ist die Anwendbarkeit des § 313 BGB, insbesondere des Rücktritts nach § 313 III BGB, neben der Kündigung gemäß § 314 BGB bei Dauerschuldverhältnissen.

Nach neuerer Rechtsprechung[259] unterscheiden sich beide Rechtsinstitute im Anwendungsbereich und im Zumutbarkeitsmaßstab. Dies habe zur Folge, dass beide grundsätzlich nebeneinander anwendbar seien[260]. Die Kündigung nach § 314 BGB stelle ein vertragsimmanentes Mittel zur Auflösung eines Dauerschuldverhältnisses dar, während es sich beim Rücktritt nach § 313 III BGB wegen Wegfalls der Geschäftsgrundlage um eine von vornherein auf besondere Ausnahmefälle beschränkte rechtliche Möglichkeit handeln würde, die zur Vermeidung untragbarer, mit Recht und Gerechtigkeit schlechthin unvereinbarer Folgen unabweisbar erscheinen müsse. An die Vertragsauflösung auf Grund Wegfalls der Geschäftsgrundlage seien daher strengere Anforderungen zu stellen als an die außerordentliche Kündigung eines Dauerschuldverhältnisses.

Nach der Auffassung der herrschenden Meinung[261] ist § 313 BGB vorrangig, wenn es nach § 313 I BGB um die Vertragsanpassung geht. Für die Beendigung

---

259 BGH NZG 2014, 1036, 1037; OLG Dresden, Beschl. Beschluss v. 08.02.2017 – 5 U 1669/16. Bestätigend: BeckOGK/*Martens* BGB § 313 Rn. 190; MüKoBGB/*Finkenauer* § 313 Rn. 171; Erman/*Böttcher* BGB § 313 Rn. 32.

260 BeckOGK/*Martens* BGB § 313 Rn. 190.

261 BGH DtZ 1997, 50, 51; BeckOK/*Lorenz* BGB § 313 Rn. 21; Palandt/*Grüneberg* BGB § 313 Rn. 14.

eines Dauerschuldverhältnisses sei aber stets die Kündigung gemäß § 314 BGB vorrangig.

Ausführlichere Erörterungen zu dieser Problematik sind an dieser Stelle nicht erforderlich. Nach der herrschenden Meinung ist der Rücktritt nach § 313 III BGB neben der Kündigung nicht möglich. Nach der anderen Ansicht kommt der Rücktritt nach § 313 III BGB nur in Ausnahmefällen in Betracht. Da die Kündigung weniger strenge Voraussetzungen hat und ein wichtiger Grund idR auch bei einer Grundlagenstörung vorliegt, ist sie der einfachere Weg.

d) Schutz durch § 2287 BGB

Zum Schutz vor beeinträchtigenden Schenkungen gibt es die Regelung des § 2287 BGB. Gemäß § 2287 BGB kann der Vertragserbe das Geschenk nach den Vorschriften des Bereicherungsrechts von dem Dritten nach dem Erbfall herausverlangen, wenn der Erblasser in der Absicht, den Vertragserben zu beeinträchtigen, eine Schenkung gemacht hat. Voraussetzung für einen solchen Anspruch ist, dass es sich um eine Schenkung iSd § 516 BGB handelt[262], wobei auch ehebedingte Zuwendungen hiervon umfasst sind[263]. Die entscheidende Voraussetzung ist, dass der Erblasser mit Beeinträchtigungsabsicht gehandelt haben muss. Eine solche kann angenommen werden, wenn die Schenkung einen Missbrauch des Rechts aus § 2286 BGB darstellt[264]. Von einem Missbrauch kann in der Regel ausgegangen werden, wenn ein beachtenswertes, lebzeitiges Eigeninteresse des Erblassers nicht erkennbar ist[265]. Zur Beurteilung, ob ein solches vorliegt, müssen nicht die inneren Motive des Erblassers vollständig aufgeklärt werden, sondern es muss eine Interessenbewertung nach objektiven Kriterien erfolgen, die Rückschlüsse auf die subjektive Einstellung des Erblassers zulässt[266].

---

262 Palandt/*Weidlich* BGB § 2287 Rn. 4; *Lange/Kuchinke,* § 25 V S. 481; MüKoBGB/*Musielak* § 2287 Rn. 3.

263 BGH NJW 1992, 564; Palandt/*Weidlich* BGB § 2287 Rn. 4; MüKoBGB/*Musielak* § 2287 Rn. 4.

264 BGH ZEV 2016, 641, 643; NJW-RR 2012, 207, 208; NJW-RR 2005, 1462; NJW 1992, 2630, 2631; NJW 1980, 2307, 2308; NJW 1973, 240, 241; OLG Koblenz NJW-RR 2005, 883; OLG Celle FamRZ 2003, 1971, 1972; *Lange/Kuchinke,* § 25 V S. 488; Palandt/*Weidlich* BGB § 2287 Rn. 6; *Lemcke*, S. 105; *Spanke*, ZEV 2006, 485, 486.

265 BGH ZEV 2016, 641, 643; NJW-RR 2012, 207, 208; NJW-RR 2005, 1462; NJW 1992, 2630, 2631; OLG Düsseldorf ErbR 2018, 513, 514; OLG Düsseldorf, Urteil v. 27.01.2017 – I – 7 U 40/16; OLG Koblenz NJW-RR 2005, 883; OLG Celle FamRZ 2003, 1971, 1973; *Lange/Kuchinke,* § 25 V S. 488; *Hohmann*, S. 129; *Lemcke*, S. 105.

266 OLG Frankfurt NJW-RR 1991, 1157, 1158; Palandt/*Weidlich* BGB § 2287 Rn. 6; *Spanke*, ZEV 2006, 485, 486.

Demnach ist ein lebzeitiges Eigeninteresse dann anzunehmen, wenn nach dem Urteil eines objektiven Beobachters die Verfügung in Anbetracht der gegebenen Umstände auch unter Berücksichtigung der erbvertraglichen Bindung als billigenswert und gerechtfertigt erscheint[267]. Dies kann etwa in solchen Situationen angenommen werden, wenn es dem Erblasser darauf ankommt, durch die Schenkung seine Altersversorgung oder Pflege zu sichern oder zu verbessern[268], oder wenn er in der Erfüllung einer sittlichen Verpflichtung handelt, er etwa mit dem Geschenk einer Person, die ihm in besonderem Maße geholfen hat, seinen Dank abstatten will[269]. Auch wenn solche Anstandsschenkungen grundsätzlich durch einen geringen Wert charakterisiert sind[270], ist die Angemessenheit iSd § 2287 BGB nicht objektiv zu bestimmen. Entscheidend ist, dass das Geschenk in einem angemessenen Verhältnis zum verfolgten Zweck und zu den wirtschaftlichen Verhältnissen des Erblassers und seinem verbleibendem Vermögen steht[271]. Nach diesem subjektiven Maßstab können daher auch wertmäßig große Geschenke[272] oder auch viele kleinere Geschenke angemessen sein.

Dagegen liegt kein lebzeitiges Eigeninteresse vor, wenn der Erblasser ohne Änderung der bei Erbvertragsschluss gegebenen Umstände aufgrund eines Sinneswandels den Erbvertrag dahingehend korrigieren will, dass anstelle des Vertragserben eine andere Person wesentliche Vermögenswerte zugewendet bekommt, nur weil diese andere Person ihm jetzt genehmer ist[273]. Außerdem fehlt es auch in dem Fall, dass der Erblasser mit der Zuwendung für eine wertmäßige Gleichbehandlung seiner Abkömmlinge sorgen will[274]. Für den Fall des entgeltlichen Erbvertrages ist von Bedeutung, dass in einer solchen Situation auch dann kein lebzeitiges Eigeninteresse vorliegt, wenn der Erblasser die Zuwendung

267 BGH ZEV 2016, 641, 643; NJW-RR 2012, 207, 208; NJW 1980, 2307, 2308; OLG Düsseldorf ErbR 2018, 513, 514; OLG Hamm NJW-RR 2018, 454, 456; OLG Koblenz NJW-RR 2005, 883, 884.

268 BGH ZEV 2016, 641, 643; NJW-RR 2012, 207, 208; OLG Düsseldorf ErbR 2018, 513, 514; OLG Koblenz NJW-RR 2005, 883, 884.

269 BGH ZEV 2016, 641, 643; NJW-RR 2005, 1462, 1463.

270 Staudinger/*Chiusi* BGB § 534 Rn. 18.

271 OLG Düsseldorf, Urteil v. 27.01.2017 – I – 7 U 40/16.

272 Z.B. eine Motoryacht im Wert von 575.000 €; vgl. OLG Düsseldorf, Urteil v. 27.01.2017 – I – 7 U 40/16.

273 BGH NJW 1980, 2307, 2308; OLG Koblenz NJW-RR 2005, 883, 884; OLG Celle FamRZ 2003, 1971, 1973; OLG Frankfurt NJW-RR 1991, 1157, 1159; Palandt/*Weidlich* BGB § 2287 Rn. 7.

274 BGH NJW-RR 2005, 1462, 1463; OLG Celle FamRZ 2003, 1971, 1973.

vornimmt, weil er nun die (Pflege-) Leistung durch den beschenkten Dritten wünscht, der Vertragserbe die Leistung aber auch erbringt[275]. Insgesamt werden an das Vorliegen der Beeinträchtigungsabsicht nur geringe Anforderungen gestellt und der Begriff weit interpretiert[276].

Der Anspruch aus § 2287 BGB iVm § 818 BGB bietet dem Vertragserben letztlich nur geringen Schutz vor beeinträchtigenden Schenkungen. Zunächst kann die Vorschrift den Erblasser nicht von Verfügungen zu Lebzeiten abhalten, da er insoweit gemäß § 2286 BGB keinen Einschränkungen unterliegt und sein Handeln für ihn keine Folgen hat[277]. Der Anspruch besteht nämlich erst nach Eintritt des Erbfalls und richtet sich gegen den beschenkten Dritten.

Zudem fehlt dem Vertragserben oft die erforderliche Kenntnis. Insbesondere muss er wissen, an wen der Erblasser den Gegenstand verschenkt hat. Ferner muss der Vertragserbe bei der Durchsetzung des Anspruchs mit dem Einwand der Entreicherung gemäß § 818 III BGB rechnen, sofern der Beschenkte nicht wegen der Kenntnis der Motive des Erblassers gemäß § 819 I BGB verschärft haftet.

e) § 138 BGB

Im Ausnahmefall kann das Rechtsgeschäft des Erblassers mit dem Dritten, welches die Erbmasse beeinträchtigt, gemäß § 138 BGB sittenwidrig sein. Vorstellbar ist hier der Fall der sittenwidrigen Kollusion, wenn der Erblasser und der Dritte mit der Absicht zusammengewirkt haben, die Erbmasse zu entwerten und damit den Vertragserben zu schädigen[278]. Rechtsfolge ist dann die Unwirksamkeit der Schenkung; der entgeltliche Erbvertrag wird davon nicht berührt.

f) Schadensersatzansprüche gegen den Erblasser

Schadensersatzansprüche des Vertragserben gegen den Erblasser kommen nur selten in Betracht.

Aus dem Erbvertrag ergibt sich keine Verpflichtung des Erblassers gegenüber dem Vertragserben dahingehend, dass er nicht über sein Vermögen verfügen darf. Dies widerspräche § 2286 BGB. Daher kann die Verfügung keine vertraglichen Schadensersatzansprüche wegen Pflichtverletzung zur Folge haben.

---

275 OLG Koblenz NJW-RR 2005, 883, 884.

276 *Spanke*, ZEV 2006, 485, 486; *Schindler*, ZEV 2005, 334, 335.

277 Vgl. *Lange/Kuchinke*, § 25 V S. 479.

278 Vgl. *Hohmann*, S. 129.

Ein Schadensersatzanspruch gemäß §§ 280 I, 241 II BGB wegen Nebenpflichtverletzung könnte in Betracht kommen, sofern man die Pflicht, mit dem Nachlass so umzugehen, wie es die Sorgfalt in eigenen Angelegenheiten erfordert, zumindest für eine Nebenpflicht des Erbvertrages hielte[279]. Jedoch ist der Erbvertrag kein Schuldverhältnis iSd § 241 BGB[280], da kraft des Erbvertrages keine Leistungen gefordert werden können. Daher können auch keine Nebenpflichten bestehen, sodass ein solcher Schadensersatzanspruch abzulehnen ist.

g) Zwischenergebnis

Die lebzeitige Verfügungsfreiheit gemäß § 2286 BGB stellt ein erhebliches Risiko für den Vertragserben dar. Das Gesetz bietet ihm, außer in Ausnahmefällen, keinen Schutz.

2. Gestaltungsmöglichkeiten

Im Folgenden werden Gestaltungsmöglichkeiten dargestellt, mit denen die Aufzehrung des Erblasservermögens durch lebzeitige Veräußerungen möglicherweise verhindert werden kann.

a) Abschluss einer Verfügungsunterlassungsvereinbarung

Die Parteien können eine Verfügungsunterlassungsvereinbarung schließen, durch welche sich der Erblasser dazu verpflichtet, über einen bestimmten Gegenstand zu Lebzeiten nicht zu verfügen[281]. Gemäß § 137 S. 1 BGB hat dieser Vertrag, wie bereits dargelegt, keine dinglichen Wirkungen, sondern nur schuldrechtliche, sodass der Erblasser dennoch wirksam über den in der Vereinbarung bezeichneten Gegenstand verfügen kann. Wegen § 137 S. 2 BGB können aus dieser Vereinbarung allerdings Schadensersatzansprüche resultieren, insbesondere ein Schadensersatzanspruch nach § 280 I BGB.

In der Konstellation des entgeltlichen Erbvertrages ist dieser Schadensersatzanspruch allerdings uninteressant und ohne Bedeutung[282].

Ein Problem ergibt sich bei der Schadensermittlung. Nach der Differenzhypothese liegt grundsätzlich ein Schaden vor, wenn zwischen dem Vermögensstand

279 Vgl. *Rothe*, S. 163, wobei dort diese Pflicht eine Nebenpflicht des dem Erbvertrag zu Grunde liegenden Schuldverhältnisses ist.

280 Vgl. Staudinger/*Kanzleiter* BGB Einleitung zu §§ 2274 Rn. 7.

281 Nieder/Kössinger/*Kössinger/Zintl*, § 13 Rn. 29; NK-BGB Erbrecht/*Krug* § 1967 Rn. 43; MVHdB VI BürgerlR II/*Otto*, XII. 26. Rn. 6.

282 So auch *Lüke*, S. 63; Nieder/Kössinger/*Kössinger/Zintl*, § 13 Rn. 30.

ohne das schädigende Ereignis (hypothetischer Zustand) und dem tatsächlich gegebenen Vermögensstand (realer Zustand) eine Differenz liegt[283]. Zur Feststellung einer solchen Vermögenseinbuße ist jedoch erforderlich, dass die in Frage stehende Position auch zum Vermögen des Anspruchsstellers gehört. Vor dem Tod des Erblassers hat der Vertragserbe jedoch noch kein Recht an den Gegenständen des Erblassers[284]. In Betracht kommt daher nur eine Einbuße hinsichtlich der Erwerbsaussicht, die sich nun auf ein kleineres Vermögen bezieht[285]. Der Wert des Vermögens, welches der Vertragserbe erwerben wird, lässt sich zu Lebzeiten des Erblassers jedoch noch nicht bestimmen, da der Wert maßgeblich ist, welchen es zum Zeitpunkt des Erbfalls haben wird[286]. Da der künftige Eintritt des Erbfalls noch nicht vorhersehbar ist, kann auch der Wert des Vermögens zu diesem noch ungewissen Zeitpunkt nicht bestimmt werden. Bis zum Eintritt des Erbfalls können nämlich auch noch tatsächliche Vorkommnisse den Wert des Erblasservermögens beeinflussen, wie etwa Zerstörungen oder Wertverlust[287]. Weiterhin steht zu diesem Zeitpunkt auch noch nicht sicher fest, dass der Vertragserbe auch Erbe wird, da er sich für eine Ausschlagung der Erbschaft entschließen kann[288]. Der Wert des Vermögens ist demnach von der zukünftigen Entwicklung abhängig, sodass der Wert des Vermögensschadens zu Lebzeiten des Erblassers trotz der bereits feststehenden Pflichtverletzung noch nicht bestimmbar ist, sondern erst nach Eintritt des Erbfalls[289]. Ist der Erbfall schließlich eingetreten, so ist der Schaden der Wert der Differenz zwischen dem tatsächlichen Wert des Nachlasses und dem fiktiven Wert, den der Nachlass hätte, wenn die Verfügung unterblieben wäre[290].

Dies führt zu erheblichen Folgeproblemen. Zunächst besteht die Möglichkeit, dass der Erblasser sein Vermögen durch Verfügungen zu Lebzeiten derart entwertet, dass ein Schadensersatzanspruch wirtschaftlich ins Leere laufen würde[291].

---

283 MüKoBGB/*Oetker* § 249 Rn. 18.

284 OLG Köln NJW-RR 1996, 327; *Lange/Kuchinke,* § 25 V S. 499; *Wilsch*, ZEV 2014, 589 und 591.

285 *Hohmann*, S. 198.

286 *Lange/Kuchinke,* § 25 X S. 527; *Hohmann*, S. 199.

287 *Lange/Kuchinke,* § 25 X S. 527; *Hohmann*, S. 200.

288 Vgl. *Lüke*, S. 63; *Hohmann,* S. 200.

289 *Lange/Kuchinke,* § 25 X S. 527; *Hohmann*, S. 200.

290 *Lüke*, S. 63; *Hohmann*, S. 199.

291 Vgl. *Krebber*, AcP 204 (2004), 149, 153.

Das entscheidende Hindernis ist aber, dass der Schadensersatzanspruch erst zum Zeitpunkt nach Eintritt des Erbfalls durchgesetzt werden kann. Dieser Schadensersatzanspruch, der sich zunächst gegen den Erblasser richtet, wird nach dessen Tod eine Nachlassverbindlichkeit, für die die Erben gemäß § 1967 BGB haften[292]. Im Fall des entgeltlichen Erbvertrages ist der Vertragserbe als Alleinerbe eingesetzt. Stirbt also nun der Erblasser, wird der anspruchsstellende Pflegeverpflichtete Erbe des Vermögens, auf welches sich diese Nachlassverbindlichkeit bezieht. Er ist also gleichzeitig Anspruchssteller sowie Inhaber des haftenden Vermögens, sodass er von keinem anderen etwas verlangen kann; es besteht folglich kein Anspruch.

Die Verfügungsunterlassungsvereinbarung kann dem Vertragserben also keinen Schutz bieten, weil der Erblasser trotz des Unterlassungsanspruchs wirksam verfügen kann. Ein möglicherweise aus der Verfügung resultierender Schadensersatzanspruch wäre für den Vertragserben regelmäßig wertlos.

b) Vereinbarung einer Sicherungsschenkung

Neben der Verfügungsunterlassungsverpflichtung kann auch ein aufschiebend bedingter Übereignungsanspruch iSd § 158 I BGB für den Vertragserben vereinbart werden. Die Bedingung tritt ein, wenn der Erblasser entgegen dem Verbot über den jeweiligen Gegenstand anderweitig verfügt[293]. Damit entsteht für den Vertragserben ein Anspruch auf schenkweise Übertragung des betroffenen Gegenstandes. Als anspruchsbegründendes Verpflichtungsgeschäft sollte eine Schenkung vereinbart werden, damit der Übereignungsanspruch unentgeltlich ist[294]. Daher wird diese Konstruktion als *Sicherungsschenkung* bezeichnet[295].

Im aufschiebend bedingten Schenkungsvertrag sollte der Gegenstand, auf den sich das Verfügungsverbot bezieht, genau bezeichnet sein; auf den gesamten Nachlass darf er sich wegen § 311b II BGB nicht beziehen. Bezieht er sich auf ein Grundstück, muss die Form des § 311b I BGB gewahrt werden[296]. Ansonsten handelt es sich um eine Schenkung, sodass eine notarielle Beurkundung gemäß

---

292 NK-BGB Erbrecht/*Krug* § 1967 Rn. 43.

293 BGH ZEV 2011, 254; MVHdB VI BürgerlR II/*Otto*, XII. 26. Rn. 6; Palandt/*Weidlich* BGB § 2286 Rn. 3; MüKoBGB/*Musielak* § 2286 Rn. 13; *Krebber*, AcP 204 (2004) 149, 155; *Lüke*, S. 66.

294 Vgl. Staudinger/*Kanzleiter* BGB § 2286 Rn. 17; *Hohmann*, S. 212.

295 Nieder/Kössinger/*Kössinger/Zintl*, § 13 Rn. 34.

296 Staudinger/*Kanzleiter* BGB § 2286 Rn. 17; Nieder/Kössinger/*Kössinger/Zintl*, § 13 Rn. 34.

§ 518 I 1 BGB erforderlich ist. Grundsätzlich kann dabei nicht nur der Übertragungsanspruch bedingt ausgestaltet werden, sondern auch die Übereignungserklärung selbst, sodass bei einem Verstoß gegen das Verfügungsverbot das Eigentum an beweglichen Sachen sofort auf den Vertragserben (Unterlassungsgläubiger) übertragen wird, sofern die übrigen Voraussetzungen vorliegen[297]. Dies ist bei Grundstücken wegen § 925 II BGB jedoch nicht möglich. Weiterhin kann Inhalt der Bedingung nicht nur die rechtsgeschäftliche Verfügung an einen Dritten sein, sondern beispielsweise auch die Anordnung der Zwangsvollstreckung oder die Eröffnung eines Insolvenzverfahrens[298].

Der Schutz, den die Sicherungsschenkung bietet, ist grundsätzlich gering, weil erst die Verfügung an einen Dritten zum Eintritt der Bedingung und damit zum Entstehen des Anspruchs führt[299]. Da zu diesem Entstehungszeitpunkt die Verfügung schon erfolgt ist, kann der Übertragungsanspruch nicht mehr erfüllt werden[300]. Der Vertragserbe kann also keine Erfüllung verlangen, sondern lediglich einen Schadensersatzanspruch geltend machen. Daher kann ihm diese Vereinbarung auch keinen Schutz bieten.

c) Sicherung durch Vormerkung

Der Verfügungsunterlassungsanspruch selbst kann nicht durch eine Vormerkung gesichert werden, auch wenn es sich bei dem betroffenen Gegenstand um ein Grundstück handelt, da dieser kein Anspruch auf dingliche Rechtsänderung iSd § 883 BGB ist[301].

Durch Vormerkung gesichert werden kann jedoch der aufschiebend bedingte Übereignungsanspruch aus der Sicherungsschenkung[302]. Gemäß § 883 I 2 BGB ist nämlich auch die Eintragung einer Vormerkung zur Sicherung eines künftigen oder bedingten Anspruchs zulässig. Ein bedingt abgeschlossener Vertrag liefert in der Regel den erforderlichen „sicheren Rechtsboden" für die Entstehung

297 BGH NJW 1997, 861, 862; Nieder/Kössinger/*Kössinger/Zintl*, § 13 Rn. 34.

298 Vgl. *Hohmann*, S. 212.

299 Vgl. *Krebber*, AcP 204 (2004) 149, 155.

300 Vgl. *Krebber*, AcP 204 (2004) 149, 155.

301 OLG Köln MittRhNotK 1995, 100, 101; Palandt/*Ellenberger* BGB § 137 Rn. 6; MüKoBGB/*Musielak* § 2286 Rn. 13; Staudinger/*Kanzleiter* BGB § 2286 Rn. 16; *Lüke*, S. 65; *Hohmann*, S. 203.

302 BGH ZEV 2011, 254; NJW 1997, 861, 862; OLG Köln MittRhNotK 1995, 100, 101; MüKoBGB/*Musielak* § 2286 Rn. 13; Nieder/Kössinger/*Kössinger/Zintl*, § 13 Rn. 35; *Wilsch*, ZEV 2014, 589, 591.

des darin begründeten Anspruchs, da der Inhalt bereits bestimmt ist[303]. Verfügt nun der Erblasser über den bezeichneten Gegenstand an einen Dritten, so tritt die Bedingung ein und der Übereignungsanspruch wird wirksam. Durch die Verfügung an einen Dritten wird der Übereignungsanspruch vereitelt, sodass diese gegenüber dem Vertragserben gemäß § 883 II 1 BGB relativ unwirksam ist. Folglich kann der Erblasser über diesen Gegenstand dem Vertragserben gegenüber nicht wirksam verfügen, sodass die Vormerkung dem Vertragserben hinreichenden Schutz vor lebzeitigen Verfügungen des Erblassers bietet[304].

d) Vertragsstrafe

Die Parteien haben außerdem die Möglichkeit, eine Vertragsstrafe zu vereinbaren, durch welche ein Verstoß gegen die Verfügungsunterlassungspflicht mit einer Sofort-Zahlungspflicht sanktioniert wird. Zu empfehlen ist, die Verfügung über den in der Verfügungsunterlassungsvereinbarung bezeichneten Gegenstand unter Strafe zu stellen.

Eine Vertragsstrafe ist ein allgemein-zivilrechtliches Gestaltungsmittel, dessen Definition in § 339 BGB angedeutet wird[305]. Demnach ist eine Vertragsstrafe das Versprechen des Schuldners gegenüber dem Gläubiger für den Fall, dass er seine Verbindlichkeit nicht oder nicht in gehöriger Weise erfüllt, eine Geldsumme als Strafe zu zahlen. Folglich ist sie in der Regel eine Geldstrafe[306]. Inhalt der Vertragsstrafe kann auch die Sanktionierung der Nichterfüllung sein. Sinn und Zweck einer Vertragsstrafe ist es zum einen, den Schuldner davon abzuhalten, den Vertrag zu verletzen, und zum anderen, dem Gläubiger im Falle einer Vertragsverletzung den Beweis eines konkreten Schadens zu ersparen[307]. Genau diese Zwecke machen eine solche Vereinbarung im Falle des entgeltlichen Erbvertrags besonders bedeutsam, da sie sich gegen den Erblasser richtet und ihn schon zu Lebzeiten trifft. Im Gegensatz zu anderen möglichen Ansprüchen ist dieser der einzige, der schon gegen den Erblasser durchgesetzt werden kann. Dadurch droht dem Erblasser eine finanzielle Belastung, sodass dies eine geeignete Methode ist, ihn von der Vertragsverletzung abzuhalten. Auch der Zweck, dem Gläubiger den konkreten Schadensnachweis zu ersparen, ist in dieser

---

303 BGH NJW 1997, 861, 862.

304 Vgl. *Basty*, MittBayNot 2000, 73, 76.

305 BGH NJW 2010, 859, 860; EBJS/*Fest* HGB § 348 Rn. 2.

306 Palandt/*Grüneberg* BGB § 339 Rn. 1.

307 BGH NJW 2000, 2106, 2107; NJW 1998, 2600, 2602; EBJS/*Fest* HGB § 348 Rn. 2; Staudinger/*Rieble* BGB Vorbemerkungen zu §§ 339 ff. Rn. 17.

Konstellation besonders vorteilhaft. Die Schwäche des Schadensersatzanspruchs ist gerade, dass sich der Schaden erst nach Eintritt des Erbfalls feststellen lässt und mit erheblichen Ermittlungsschwierigkeiten verbunden ist. Da bei einer Vertragsstrafe wegen der vereinbarten Strafe gerade kein Schaden ermittelt werden muss, werden diese Schwächen umgangen. In der Vertragsstrafenvereinbarung muss lediglich das zu sanktionierende Verhalten genau bezeichnet werden. Dies ist vorliegend das Verfügen über einen bestimmten Gegenstand. Beachtlich ist auch, dass die anspruchsbegründende Voraussetzung der Unmöglichkeit des Rückerwerbs der veräußerten Sache nicht vorliegen muss, sodass diesbezüglicher Streit vermieden wird.

Weitere Voraussetzung ist das Verschulden; der Schuldner muss die Pflichtverletzung, also das sanktionierte Verhalten, gemäß § 276 BGB zu vertreten haben[308]. Das Verschuldenserfordernis kann von den Vertragsparteien aber auch vertraglich ausgeschlossen werden[309]. Dies ist im Falle des Verfügungsunterlassungsvertrag iVm einem entgeltlichen Erbvertrag jedoch unerheblich. Der Erblasser weiß, dass er über den bestimmten Gegenstand nicht verfügen darf, da er die Unterlassungsvereinbarung geschlossen und unterschrieben hat. Eine wirksame Verfügung kann nur vorsätzlich vorgenommen werden, denn sonst wäre sie nichtig oder anfechtbar. In dieser Konstellation liegt also grundsätzlich ein vorsätzlicher Verstoß des Erblassers vor, sodass das Verschuldenserfordernis nicht weiter berücksichtigt oder ausgeschlossen werden muss.

Verstößt der Erblasser gegen die Vereinbarung, so muss er als Folge eine Geldstrafe zahlen. Diese ist gemäß § 271 I BGB sofort fällig; also noch zu Lebzeiten des Erblassers[310]. Inhalt und Höhe der Strafe können die Vertragsparteien vereinbaren, wobei die Strafe bestimmt oder bestimmbar sein muss[311]. Es ist hier zu empfehlen, die Höhe der Vertragsstrafe sehr genau zu bestimmen, also die Geldsumme exakt festzulegen, wobei man sich nach dem objektiven Wert der betroffenen Sache richten sollte. Wird nur pauschal als Strafe etwa der Verkaufserlös bezeichnet, könnte dies den Erblasser dazu verleiten, den Gegenstand unter seinem Wert zu veräußern. Weiterhin würde die Strafe bei unentgeltlichen Veräußerungen ins Leere laufen. Nur durch die genaue Bezifferung wird der Erblasser davon abgehalten, den Gegenstand unterhalb seines objektiven Wertes zu veräußern, ihm aber gleichzeitig die Wahl gelassen, den Gegenstand

---

308 EBJS/Fest HGB § 348 Rn. 7; Palandt/*Grüneberg* BGB § 339 Rn. 15.
309 Palandt/*Grüneberg* BGB § 339 Rn. 15.
310 Vgl. *Hohmann*, S. 205.
311 Palandt/*Grüneberg* BGB § 339 Rn. 11, 17.

zu veräußern, wenn er einen höheren Kaufpreis erzielen kann. Bezieht sich die Vertragsstrafe auf ein Grundstück, das auch durch Eintragung einer Vormerkung zugunsten des Vertragserben gesichert ist, ist dies bei der Festsetzung der Strafhöhe zu berücksichtigen. Dem Vertragserben steht bereits ein dinglich gesicherter, unentgeltlicher Anspruch auf Übertragung zu. Da er das Grundstück im Ergebnis bekommt, sollte die Strafe niedriger als der Wert des Grundstücks sein, damit der Vertragserbe nicht übermäßige Vorteile aufgrund der Veräußerung erlangt.

Insgesamt ist die Vereinbarung einer Vertragsstrafe zu empfehlen und gegenüber einem möglichen Schadensersatzanspruch vorteilhaft, da sie als einzige Maßnahme präventive Wirkung hat. Kritisiert wird jedoch, dass diese präventive Wirkung nachlässt, wenn sich der Todeszeitpunkt des Erblassers nähert, da er dann die Verpflichtung wirtschaftlich nicht mehr selbst tragen müsse[312]. Dies ist durchaus zutreffend, jedoch betrifft dies nur Ausnahmekonstellationen, in denen der Tod des Erblassers „nahezu vorhersehbar" ist und unmittelbar bevorsteht. Da die rechtlichen Verhältnisse grundsätzlich auf eine längere Dauer hin angelegt sind, betrifft dieses Gegenargument allenfalls eine kurze Zeitphase. Richtig ist jedoch, dass eine Vertragsstrafe nicht in der Lage ist, einen sterbenden Erblasser von letzten Schenkungen abzuhalten.

Schließlich hat eine Vertragsstrafe den Vorteil, dass eventuelle Streitigkeiten und Verhandlungen über das Verfügen über einen Gegenstand bereits vor Vertragsschluss stattfinden und damit verbundene Konflikte ins Vorfeld verlagert werden. Dies wird für die persönliche Beziehung schonender sein, da beide von Anfang an wissen, dass bei einem solchen Verstoß eine bestimmte Strafe droht, und nicht erst um das Vorliegen der Anspruchsvoraussetzungen gestritten werden muss. Dies verstärkt im Ergebnis die präventive Wirkung der Vertragsstrafe.

e) Bürgschaft

Der Schadensersatzanspruch wegen Verstoßes gegen die Unterlassungspflicht kann auch durch eine Bürgschaft eines Dritten gesichert werden[313]. Dieses Sicherungsmittel erscheint zwar besonders geeignet; jedoch ist dies praktisch kaum realisierbar. Es ist nicht ersichtlich, warum eine dritte Person eine Bürgschaft für diesen Anspruch übernehmen sollte[314].

---

312 *Hohmann*, S. 205.

313 MüKoBGB/*Musielak* § 2286 Rn. 13; Palandt/*Ellenberger* BGB § 137 Rn. 6; *Lüke*, S. 65; *Hohmann*, S. 207.

314 So auch *Hohmann*, S. 207.

f) Verfügungsverbot durch einstweiligen Rechtsschutz

Sofern die Voraussetzungen vorliegen, kann ein Verfügungsunterlassungsanspruch im Wege des einstweiligen Rechtsschutzes durch ein Veräußerungsverbot gemäß §§ 135, 136 BGB, § 938 II ZPO gesichert werden[315]. Bezieht sich dieses Verbot auf ein Grundstück, so kann es auch in das Grundbuch eingetragen werden[316]. Verfügt der Erblasser dann über den bezeichneten Gegenstand, ist diese Verfügung dem Vertragserben gegenüber relativ unwirksam[317]. Dies bedeutet, dass derjenige, der entgegen dem relativen Veräußerungsverbot verfügt hat, in Erfüllung der ihm obliegenden Pflicht die ihm verbliebene Rechtsmacht dem geschützten Gläubiger zuwendet. Er bringt also zum Ausdruck, dass dieser die Rechtsstellung haben solle, die ihm zustünde, wenn zu seinen Gunsten in Erfüllung des durch §§ 135, 136 BGB geschützten Verschaffungsanspruchs und nicht verbotswidrig zugunsten des bösgläubigen Dritten über die Sache verfügt worden wäre[318]. Im Falle des entgeltlichen Erbvertrages iVm einer Verfügungsunterlassungsvereinbarung handelt es sich zwar nicht um einen Verschaffungsanspruch, sondern um einen Unterlassungsanspruch, doch ändert dies nichts: Der Vertragserbe hat gegen den Erblasser einen Anspruch auf Unterlassung der Verfügung; die Erfüllung dieser Pflicht ist ihm jedoch wegen Vornahme der wirksamen Verfügung an einen Dritten unmöglich geworden, da dieser nun Eigentümer ist. Das relative Verfügungsverbot gemäß §§ 135, 136 BGB bewirkt aber, dass diese Verfügung gegenüber dem Vertragserben unwirksam ist, sodass die Unterlassungspflicht des Erblassers ihm gegenüber noch möglich ist. Gemäß § 888 II, I BGB kann der Vertragserbe schließlich von dem Dritten die Zustimmung zur Eintragung oder Löschung verlangen, die zur Verwirklichung des durch das Veräußerungsverbot gesicherten Anspruchs erforderlich ist. Folglich kann der Vertragserbe von dem Dritten die Zustimmung zur Eintragung des Erblassers als Eigentümer verlangen, da dies zur Erfüllung des Unterlassungsanspruchs erforderlich ist.

---

315 OLG Köln MittRhNotK 1995, 100, 102; Nieder/Kössinger/*Kössinger/Zintl*, § 13 Rn. 33; MüKoBGB/*Musielak* § 2286 Rn. 13; Staudinger/*Kanzleiter* BGB § 2286 Rn. 16; Palandt/*Ellenberger* BGB § 137 Rn. 6; dagegen jedoch: *Lüke*, S. 69 ff.; *Hohmann*, S. 202 ff. mit der Begründung, dass dann das Ergebnis im einstweiligen Rechtsschutz weiterginge als das im Hauptsacheverfahren, da dieses Urteil nur nach den in § 890 ZPO aufgezählten Maßnahmen vollstreckt werden kann.

316 MüKoBGB/*Musielak* § 2286 Rn. 13; Nieder/Kössinger/*Kössinger/Zintl*, § 13 Rn. 33.

317 OLG Köln MittRhNotK 1995, 100, 102; Palandt/*Ellenberger* BGB § 136 Rn. 6.

318 BGH NJW 1990, 2459, 2460.

Weiterhin könnte man auf den Übertragungsanspruch aus der Sicherungsschenkung abstellen[319]. Jedoch ist hier die Erforderlichkeit gemäß § 938 I ZPO zu beachten. Die beantragte Anordnung ist nur dann erforderlich, wenn andere Maßnahmen keinen Schutz bieten, wenn also die Eintragung einer Vormerkung nicht möglich ist[320]. Die Sicherung des Anspruchs aus einer Sicherungsschenkung durch eine Vormerkung ist jedoch ein mögliches Mittel, sodass diesbezüglich ein Veräußerungsverbot nicht erforderlich ist.

Außerdem stellt sich die Frage, ob diese Maßnahme für den Vertragserben auch sinnvoll ist. Zu berücksichtigen ist nämlich, dass gemäß § 135 II BGB der gutgläubige Erwerb des Dritten möglich ist. Der gute Glaube muss sich dabei auf das Nichtbestehen des Verbotes beziehen[321]. Bei Grundstücken ist dies unproblematisch, da das Verbot in das Grundbuch eingetragen werden kann und dieser Eintrag dann den guten Glauben ausschließt[322]. Bei beweglichen Sachen ist dies jedoch nicht möglich, sodass in der Regel die Voraussetzungen des gutgläubigen Erwerbs vorliegen werden, es sei denn, der Dritte kennt das Verbot. Da bei beweglichen Sachen ein gutgläubiger Erwerb leicht möglich ist, ist ein Veräußerungsverbot keine empfehlenswerte Schutzmaßnahme. Bei unbeweglichen Sachen ist dieses Sicherungsmittel dagegen nicht erforderlich, da die Eintragung einer Vormerkung hinsichtlich der Sicherungsschenkung möglich ist.

Schließlich entfaltet dieses Veräußerungsverbot dagegen seine Schutzwirkung nur im einstweiligen Rechtsschutz bis zum Abschluss des Verfahrens in der Hauptsache[323]; im Hauptsacheverfahren können dann nur noch Maßnahmen nach § 890 ZPO Schutz bieten, sodass der Erblasser dann grundsätzlich wieder verfügen kann.

g) Zulässigkeit solcher Sicherungen

Die genannten Gestaltungsmöglichkeiten könnten im Hinblick auf § 2286 BGB bedenklich erscheinen[324]. Danach wird das Recht des Erblassers, über sein Vermögen durch Rechtsgeschäft unter Lebenden zu verfügen, durch den Erbvertrag

---

319 Damit könnte man der oben genannten Kritik entgehen, da hier der Erfolg im Hauptsachverfahren die Verurteilung zur Übertragung der Sache ist und damit das Ergebnis im einstweiligen Rechtsschutz nicht weiterginge.

320 MüKoZPO/*Drescher* § 938 Rn. 36; *Hohmann*, S. 203.

321 Erman/*Arnold* BGB § 136 Rn. 14; Palandt/*Ellenberger* BGB § 136 Rn. 9.

322 Palandt/*Ellenberger* BGB § 136 Rn. 9.

323 MüKoZPO/*Drescher* § 938 Rn. 8.

324 So *Krebber*, AcP 204 (2004), 149, 169 ff., der auf den im Erbrecht liegenden Schwerpunkt des Gesamtvorgangs abstellen will.

nicht beschränkt. Dies verhindert jedoch nicht, dass die Verfügungsfreiheit durch lebzeitige Verfügungen eingeschränkt werden kann[325]. Folglich liegt kein Verstoß gegen § 2286 BGB vor.

Es könnte jedoch ein Verstoß gegen § 137 BGB vorliegen, da es sich um eine Verdinglichung des schuldrechtlichen Verfügungsverbotes handeln könnte, was § 137 BGB gerade verhindern soll. Dies ist abzulehnen, da die Verfügungsunterlassungsverpflichtung und der aufschiebend bedingte Übereignungsanspruch eine unterschiedliche rechtliche Qualität aufweisen[326]. Es handelt sich um zwei Rechtsgeschäfte, welche nicht zwingend nebeneinander vereinbart werden müssen. Vielmehr steht es dem Erblasser frei, ob er neben der vertraglichen Erbeinsetzung und einer Verfügungsunterlassungsvereinbarung zusätzlich noch eine Sicherungsschenkung vereinbaren will, deren bedingter Übertragungsanspruch schließlich erst dinglich gesichert werden kann[327]. Da die Vereinbarung einer Sicherungsschenkung zumindest gemäß § 518 I 1 BGB der notariellen Beurkundung bedarf, bei Grundstücken außerdem der Form des § 311b I BGB, kann davon ausgegangen werden, dass der Erblasser über die Folgen durch den Notar hinreichend belehrt wird; zumindest wird eine übereilte, leichtfertige Eingehung einer solchen Verpflichtung verhindert[328].

Weiterhin widersprechen die Gestaltungsmöglichkeiten auch nicht dem Schutzzweck des § 137 BGB[329]. Hauptzweck des § 137 BGB ist nämlich der Schutz des *numerus clausus* der dinglichen Rechte[330]. Dagegen liegt jedoch kein Verstoß vor, da sich die Gestaltungsmittel nur solcher Möglichkeiten bedienen, die das Gesetz vorsieht[331]. Und dass solche schuldrechtlichen Verfügungsverbote vorgesehen sind, ist in § 137 S. 2 BGB erkennbar.

h) Vereinbarung eines ordentlichen Kündigungsrechts

Zu erwägen ist, ein ordentliches Kündigungsrecht bezüglich der Pflegeverpflichtung zu vereinbaren. Dies eröffnet beiden Parteien, insbesondere dem Vertragserben, die Möglichkeit, die Pflegeverpflichtung auch dann kündigen zu können, wenn kein wichtiger Grund iSd § 314 BGB vorliegt. Beide Parteien können sich

325 *Lüke*, S. 67; *Hohmann*, S. 216.
326 Vgl. *Rachuy*, MittRhNotK 1993, 81, 88, 89.
327 Vgl. *Rachuy*, MittRhNotK 1993, 81, 89.
328 Vgl. *Rachuy*, MittRhNotK 1993, 81, 89.
329 OLG Köln MittRhNotK 1995, 100, 102.
330 Staudinger/*Kohler* BGB § 137 Rn. 7; Palandt/*Ellenberger* BGB § 137 Rn. 1.
331 OLG Köln MittRhNotK 1995, 100, 102.

dadurch von dem Rechtsgeschäft lösen, wenn nur eine Partei das will. Dies ist für den Vertragserben etwa vorteilhaft, wenn der Erblasser einen verschwenderischen Lebensstil hat. Es hilft zudem weiter, wenn die persönliche Ebene betroffen ist und daher das Rechtsgeschäft einseitig beendet werden soll. Ein ordentliches Kündigungsrecht ist bei einer andauernden Pflegeverpflichtung grundsätzlich vorteilhaft, weil bei Abschluss des Rechtsgeschäfts nicht vorhergesehen werden kann, wie sich die persönlichen Lebensverhältnisse entwickeln werden.

Wird ein ordentliches Kündigungsrecht vereinbart, muss eine Fristenregelung getroffen werden. Die Parteien können die Dauer der Frist frei bestimmen. Eine Orientierung könnte hierfür § 621 BGB bieten, insbesondere § 621 Nr. 5 BGB, weil hier keine nach Zeitabschnitten bemessene Vergütung gegeben ist. Zu bedenken ist, dass die Frist so lang sein sollte, dass bis zum Fristablauf eine Ersatzpflegeperson gefunden werden kann.

IV. Kenntnis von der Verfügung

Ein erhebliches Problem für den Vertragserben besteht darin, dass er überhaupt Kenntnis von einer Veräußerung durch den Erblasser erlangt. Dabei ist zu differenzieren: Zunächst muss der Vertragserbe wissen, welche Gegenstände zum Vermögen des Erblassers gehören. Zudem muss er Kenntnis davon haben, dass über einen bestimmten Gegenstand verfügt wurde. Schließlich muss er wissen, wie der Gegenstand veräußert wurde, also entgeltlich oder unentgeltlich, und an wen. Ohne Kenntnis dieser Tatsachen kann der Vertragserbe keine Ansprüche geltend machen. Nach dem Tod des Erblassers dürfte es für den Vertragserben oft unmöglich sein, diese Informationen zu erlangen.

Hinreichende Sicherheit kann dem Vertragserben nur bei Grundstücken gewährt werden, weil diesbezügliche Rechtsänderungen in das Grundbuch einzutragen sind. Um durch das Grundbuch Kenntnis über die Rechts- und Vermögensverhältnisse zu erlangen, muss der Vertragserbe ein Grundbucheinsichtsrecht haben. Gemäß § 12 I 1 GBO ist die Einsicht des Grundbuchs jedem gestattet, der ein berechtigtes Interesse darlegt.

Unproblematisch ist dies nach Eintritt des Erbfalls, da der Vertragserbe dann Eigentümer des Nachlasses ist. Er muss dann nur den Nachweis der Erbfolge gemäß § 35 I GBO erbringen. Gemäß § 35 I 2 GBO hat er den notariell beurkundeten Erbvertrag sowie die Niederschrift über die Eröffnung der Verfügung vorzulegen.

Vor Eintritt des Erbfalls ist die einfachste Weise für den Vertragserben, ein Einsichtsrecht zu erlangen, einen vereinbarten Übertragungsanspruch durch eine Vormerkung zu sichern. Gemäß § 43 II, I GBV ist ein dinglich Berechtigter nämlich befugt, in das Grundbuch einzusehen, ohne dass es der Darlegung eines berechtigten Interesses bedarf. Auf ein berechtigtes Interesse kommt es also nur an, wenn der Übertragungsanspruch nicht dinglich gesichert ist. Besteht eine wirksame Verfügungsunterlassungsverpflichtung, so reicht dies für das Vorliegen eines berechtigten Interesses aus, da auch schuldrechtliche, grundstücksbezogene Beziehungen genügen[332]. Insbesondere spielt hier keine Rolle, dass die schuldrechtliche Verfügungsunterlassungsvereinbarung nur *inter partes* wirkt, da das Grundbuchamt kein Dritter ist[333]. Schwieriger dagegen ist die Frage zu beantworten, wenn weder eine dingliche Sicherung noch ein Verfügungsunterlassungsvertrag vorliegen. Da dem Vertragserben kein Recht am Vermögen des Erblassers, sondern eine bloße Erwerbsaussicht zusteht, dürfte ihm in der Regel das Darlegen eines berechtigten Interesses nicht gelingen; zumindest wäre dies mit Aufwand verbunden.

V. Zwischenergebnis

Die lebzeitige Verfügungsfreiheit des Erblassers stellt ein erhebliches Risiko für den Vertragserben dar. Das Gesetz bietet ihm diesbezüglich keinen hinreichenden Schutz. In seinem Interesse sollten daher neben dem entgeltlichen Erbvertrag zusätzliche Vereinbarungen getroffen werden. Bestmöglichen Schutz bietet die Vereinbarung einer Sicherungsschenkung bezüglich eines Grundstücks, weil dieser Anspruch dinglich durch eine Vormerkung gesichert werden kann. Da Rechtsänderungen an Grundstücken immer eine Eintragung in das Grundbuch erfordern, kann der Vertragserbe stets an die erforderlichen Informationen zur Durchsetzung möglicher Ansprüche kommen, sollte der Erblasser dennoch über das jeweilige Grundstück verfügt haben.

D. Ergebnis zu Kapitel 2

I. Rechtliche Probleme

Die rechtlichen Probleme des entgeltlichen Erbvertrags betreffen überwiegend die Pflegeverpflichtung und sind insoweit die Schlechtleistung sowie die Unmöglichkeit. Tritt Unmöglichkeit der Pflegeleistung ein, kann die Anwendung der gesetzlichen Regelungen zu interessengerechten Ergebnissen führen. Es konnte gezeigt werden, dass das Problem „Rein ins Heim – raus aus dem Erbvertrag?“

---

332 Vgl. *Wilsch*, ZEV 2014, 589, 591.
333 *Wilsch*, ZEV 2014, 589, 591.

in Bezug auf das Rücktrittsrecht nicht besteht. Denn der Erblasser kann nur in den Fällen der vollständigen Unmöglichkeit bei noch nicht in Vollzug gesetzter Pflegeverpflichtung, wenn also überhaupt keine Pflegeleistung erbracht wurde, gemäß § 2295 BGB vom Erbvertrag zurücktreten. Dadurch ist der Pflegeverpflichtete, der zunächst vertragstreu seine Leistung erbracht hat, hinreichend geschützt, wenn später ein Umzug ins Pflegeheim erforderlich wird. Auch eine Anfechtung wegen Motivirrtums ist in den Fällen der Teilunmöglichkeit, bei der in Vollzug gesetzten Pflegeverpflichtung, grundsätzlich nicht möglich. Der Umzug in ein Pflegeheim stellt ein Risiko dar, das in der Regel in der Sphäre des Erblassers liegt und mit dem man beim Abschluss einer Pflegevereinbarung rechnen muss.

Für den Fall der Schlechtleistung bieten die gesetzlichen Regelungen keinen ausreichenden Schutz. Die Schlechtleistung berechtigt den Erblasser nicht zum Rücktritt vom Erbvertrag gemäß § 2295 BGB. Eine Anfechtung wegen Motivirrtums ist grundsätzlich möglich, weil die Schlechtleistung einen Motivirrtum iSd § 2078 II BGB darstellen kann. Hier verbirgt sich allerdings das Risiko für den Vertragserben, dass der Erblasser bereits bei geringen Pflichtverletzungen anfechten kann, weil das Anfechtungsrecht grundsätzlich weitreichend ist und mit den definierenden Kriterien keine Eingrenzungen möglich sind. Daher ist es erforderlich, das Anfechtungsrecht nach §§ 2281, 2078 II BGB wegen Motivirrtums auszuschließen[334]. Als Folge muss dann das Problem gelöst werden, dass der Erblasser nun bei einer Schlechtleistung nicht hinreichend geschützt ist. Auch die Möglichkeit der Kündigung nach § 314 BGB wird dem Schutzbedürfnis nicht gerecht, weil diese die Hürden des wichtigen Grundes sowie einer Kündigungsfrist hat.

Diesbezüglich hilft die Vereinbarung eines Rücktrittsrechts nach § 2293 BGB weiter. Ein solches kann auch hinsichtlich des Problems hilfreich sein, dass der Erblasser Erwartungen an Art und Umfang der Pflegeleistungen hat, die der Vertragserbe dadurch enttäuscht, dass er die Pflege nicht erwartungsgemäß erbringt. Um diesen Komplikationen vorzubeugen, müssen die Vertragsparteien im Vorfeld die Leistungspflichten möglichst genau festlegen und dabei auch ihre Erwartungen thematisieren. Darauf aufbauend haben sie auch den Begriff der Schlechtleistung und damit das Rücktrittsrecht festzulegen. Nur so kann die jeweils andere Partei wissen, was genau von ihr erwartet wird.

Darüber hinaus können die Parteien die Rechtsfolgen des Rücktritts regeln. Die Rückabwicklung richtet sich grundsätzlich nach den Vorschriften des

334 Dazu S. 69.

Bereicherungsrechts, was zu einem Wertersatzanspruch des Vertragserben für die bereits erbrachten Pflegeleistungen führt. Um diesbezüglichen Konfliktpunkten vorzubeugen, empfiehlt es sich, die gegenseitigen Rückgewähransprüche festzuhalten. Dabei kann insbesondere auch ein bezifferter Anspruch als Abgeltung für bereits erbrachte Pflegeleistungen bestimmt werden. Das verhindert Probleme bei der nachträglichen Ermittlung des Ersatzanspruchs. Die Höhe dieses Anspruchs können die Parteien frei festlegen.

Durch die vorgeschlagenen Gestaltungsmöglichkeiten können die rechtlichen Probleme des entgeltlichen Erbvertrags interessengerecht gelöst werden.

II. Gefahr durch lebzeitige Verfügungen

Eine erhebliche Gefahr besteht für den Vertragserben durch die uneingeschränkte Verfügungsfreiheit des Erblassers. Dem kann am besten dadurch begegnet werden, dass die Vertragsparteien bezüglich einer Immobilie, die wertmäßig voraussichtlich ein angemessenes Entgelt darstellt, eine Sicherungsschenkung vereinbaren, deren Übereignungsanspruch durch Vormerkung gesichert wird.

Die Tatsache, dass nur hinsichtlich einer entsprechend gesicherten Immobilie ein Entgelt garantiert werden kann, stellt in der Regel kein unzumutbares Risiko dar. Es ist nämlich zu bedenken, dass eine Immobilie meist einen erheblichen Vermögenswert darstellt. Weiterhin besteht die Möglichkeit, dass der Vertragserbe aufgrund seiner Erbenstellung weitaus mehr Vermögenswerte als nur die eine gesicherte Immobilie erhalten wird. Es wird wohl auch gerade der Wunsch und vielleicht auch die Motivation des Vertragserben sein, für möglichst wenig erbrachte Pflegeleistungen ein großes Vermögen zu erben; jedoch sind solche weitreichenden Wünsche wenig schutzwürdig. Insgesamt handelt es sich nämlich um ein entgeltliches Rechtsgeschäft und eben nicht um einen bloßen Akt aus gegenseitiger Zuneigung. Auch die Gefahr, die für den Vertragserben aufgrund der lebzeitigen Verfügungsfreiheit des Erblassers besteht, kann durch die vorgeschlagenen Gestaltungen interessengerecht gelöst werden.

III. Abschließende Würdigung

Es verbleiben allgemeine Schwierigkeiten, die nicht durch entsprechende Gestaltungen gelöst werden können. Nicht geregelt werden können solche Probleme, die die Erwartungen beider Vertragsparteien sowie die persönliche Ebene betreffen. Der Erblasser kann die Befürchtung haben, dass der Vertragserbe seine Erbenstellung nicht verdient haben wird, etwa weil er bis zu seinem Tod gar nicht oder nur in geringem Maße pflegebedürftig wird, sodass der Vertragserbe keine Pflegeleistungen erbringen muss. Der Vertragserbe muss dagegen damit rechnen, dass er für sein Entgelt verhältnismäßig zu viel leisten muss. Das Problem ist, dass die Dauer der Pflege offen ist. Außerdem ist der erforderliche Pflegebedarf nicht vorhersehbar.

Der entgeltliche Erbvertrag ist für den Vertragserben nur dann attraktiv, wenn das Vermögen des Erblassers so groß ist, dass die Aussicht, sein Erbe zu werden, auch wirklich einen Anreiz schaffen kann, und zwar unter Berücksichtigung bestehender Pflichtteilsansprüche. Gleichzeitig muss der Vertragserbe wirtschaftlich in der Lage sein, dass er, möglicherweise über Jahre hinweg, für seinen Unterhalt aufkommen kann, ohne ein regelmäßiges Entgelt zu erhalten. Bei solchen Lebenssituationen wird es sich aber eher um Ausnahmefälle handeln. Der entgeltliche Erbvertrag ist daher nur im Einzelfall dazu geeignet, die häusliche Pflege zu stärken.

Schließlich dürfte der Aufwand, der mit dem Abschluss eines entgeltlichen Erbvertrages verbunden ist, für viele Menschen abschreckend sein. Denn aufgrund der persönlichen Beziehung zwischen Erblasser und Pflegeverpflichtetem steht in dem gesamten Verhältnis regelmäßig die Solidarität im Vordergrund. Daher dürften die Beteiligten eher davor zurückschrecken, die Pflegeverpflichtung durch notariellen Vertrag mit Verfügungsunterlassungsvereinbarung, Sicherungsschenkung und Vormerkung zu regeln.

Auch ein Blick auf die in der Einleitung geschilderten Fälle untermauert dieses Ergebnis. Denn trotz juristisch optimaler Gestaltung kann ein entgeltlicher Erbvertrag vielen Lebenssituationen nicht gerecht werden. Wie in den Beispielsfällen sind pflegebedürftige Erblasser oft in einen Familienverbund mit mehreren Angehörigen integriert. Hier erschiene es befremdlich, machte der Erblasser zum Zweck der Honorierung den pflegenden Angehörigen zum Alleinerben, während die übrigen Verwandten überhaupt nicht bedacht werden würden. Grundsätzlich wäre der Abschluss eines entgeltlichen Erbvertrages zwar in vielen Fällen möglich, wird den Interessen der Beteiligten aber häufig nicht gerecht.

E. Formulierungsvorschlag eines entgeltlichen Erbvertrages[335]

§ 1 Erbeinsetzung

Ich, E, setze V erbvertraglich bindend zu meinem Erben ein. Ich, V, nehme diese Erklärung hiermit als erbvertragliche an.

§ 2 Verfügungsunterlassungsanspruch und bedingter Übertragungsanspruch

335 Vorschlag basiert auf dem Formular „Erbvertrag mit Unterhalts- und Verfügungsunterlassungsvertrag" in: MVHdB VI BürgerlR II /*Otto* XII. 26.

(1) E verpflichtet sich gegenüber V, nicht über das Hausgrundstück x (Adresse, Eintragung im Grundbuch) zu verfügen oder sich zu einer solchen Verfügung zu verpflichten.
(2) Sollte E gegen diese Verpflichtung verstoßen oder sollten Zwangsvollstreckungsmaßnahmen gegen das Grundstück ergriffen werden, so ist E unverzüglich verpflichtet, das Eigentum unentgeltlich auf seine Kosten auf V zu übertragen. Zur Sicherung dieses bedingten Übertragungsanspruchs bewilligt E und beantragt V die Eintragung einer Vormerkung zu seinen Gunsten im Grundbuch an bereitester Rangstelle.
(3) Verstößt E gegen die Verpflichtung aus Abs. 1, ist er dazu verpflichtet, einen Betrag in Höhe von x an V zu zahlen. Diese Vertragsstrafe ist sofort fällig.
(4) Die Pflegeverpflichtung nach § 3 wird durch die Übertragung des Eigentums auf V nicht berührt. Zur Sicherung des Rückübertragungsanspruchs des E für den Fall des berechtigten Rücktritts ist bei der Übertragung des Eigentums am Grundstück eine Rückübertragungsvormerkung für ihn im Grundbuch einzutragen.

§ 3 Pflegeverpflichtung

(1) V verpflichtet sich, den E bis zu seinem Tod zu pflegen und zu verpflegen, und zwar auch bei dauernder Pflegebedürftigkeit. Die Leistungsverpflichtung beginnt zu dem Zeitpunkt, ab welchem E der Hilfe bei Tätigkeiten und Verrichtungen des Alltags bedarf. Leistungsort ist die Wohnung des E. Sofern es der Gesundheitszustand des E erfordert, hat V bei ihm Wohnung zu nehmen. Ferner hat V das von E bewohnte Haus in xx zu reinigen, die Wäsche zu waschen und dem E bei allen sonstigen Verrichtungen des alltäglichen Lebens Hilfe zu leisten. Dabei sind die von V, seinen Familienmitgliedern oder einer gemäß § 4 II gestellten Ersatzkraft geleisteten persönlichen Dienste für E unentgeltlich, während alle anderen Aufwendungen, insbesondere Kosten für Nahrungs- und Verbrauchsmittel, einschließlich der eigenen Verpflegung des V, wenn er bei E wohnt, sowie der Gegenstände des persönlichen Gebrauchs des E und seiner Arzt-, Arznei- und Krankenhauskosten von diesem zu tragen sind.
(2) Sollte der gesundheitliche und körperliche Zustand des E einen Umzug in ein Pflegeheim erforderlich machen, so bleiben diese Pflichten, mit Ausnahme der Pflicht zur Pflege, bestehen. Im Übrigen ist V dann verpflichtet, den E regelmäßig, mindestens an x Tagen in der Woche, zu besuchen.

§ 4 Verbindung der Verträge

Der Pflegevertrag unter § 3 erfolgt im Hinblick auf die unter §§ 1 und 2 getroffenen Vereinbarungen.

§ 5 Rücktrittsrechte

(1) Sollte V seine unter § 3 übernommenen Verpflichtungen trotz erfolgter, schriftlicher Abmahnung nicht ordnungsgemäß erfüllen, ist E zum Rücktritt vom Erbvertrag und den unter § 2 eingegangenen Verpflichtungen berechtigt. Dieses Rücktrittsrecht steht ihm auch zu, wenn V als Pflegeperson wegfällt oder infolge von Krankheit zur Leistung der unter § 3 übernommenen Verpflichtungen unfähig wird und V keine dem E genehme Ersatzkraft stellt.

(2) Beide Parteien können die Pflegeverpflichtung ohne Angabe eines Grundes jederzeit mit einer Frist von xx kündigen[336]*.*

(3) Nach Zugang der Rücktrittserklärung des E von seiner erbvertraglichen Verfügung verpflichtet sich V, die Löschung der zu seinen Gunsten eingetragenen Vormerkung nach § 2 (2) zu bewilligen. E verpflichtet sich, an V einen Betrag in Höhe von x für jeden vollen Kalendermonat zu zahlen, in dem V seine Pflegepflicht nach § 3 erbracht hat. Für den Fall, dass bereits eine Eigentumsübertragung nach § 2 (2) erfolgt ist, verpflichtet sich V, das Eigentum an E zurück zu übertragen. Diese Verpflichtungen bestehen auch, wenn die in den §§ 1, 2 und 3 getroffenen Vereinbarungen aus sonstigen Gründen unwirksam sind.

(4) E verzichtet auf sein Anfechtungsrecht nach §§ 2281, 2078 II BGB.

---

336 Diese Regelung ist optional.

3. Kapitel: Erbeinsetzung unter einer Potestativbedingung

A. Einführung

Dem Erblasser steht es grundsätzlich frei, die Pflegeperson durch Testament als Erben einzusetzen und damit die Pflegeleistungen zu honorieren. Ob er im Testament erwähnt, dass er damit die Pflegeleistungen des Erben honorieren will oder nicht, ist unerheblich. Seinen Willen und seine Motivation muss er nicht begründen. Diese Möglichkeit der Honorierung besteht jedoch nur, wenn der Erblasser schon pflegebedürftig ist und die Pflegeperson feststeht. Will der Erblasser vor dem Eintritt der Pflegebedürftigkeit testieren, so wird er in der Regel noch gar nicht wissen, wer ihn zu einer späteren Zeit pflegen und ihm beistehen wird[337]. Weiterhin weiß er auch noch nicht, ob er zu einem späteren Zeitpunkt überhaupt pflegebedürftig werden wird und wenn ja, wie lange und in welchem Umfang. Da er diese Umstände noch nicht kennt, kann er die Erbeinsetzung nur an ein bestimmtes Verhalten, nämlich das Erbringen der Pflegeleistung, knüpfen.

Der Erblasser hat die Möglichkeit, die Geltung eines Testaments vom Eintritt oder Ausbleiben einer Bedingung abhängig zu machen[338]. Der Erbe ist als solcher dann bedingt eingesetzt. Die Zulässigkeit einer bedingten Erbeinsetzung wird in den gesetzlichen Regelungen der §§ 2074, 2075 BGB vorausgesetzt[339]. Dabei kann es sich grundsätzlich um eine aufschiebende (§ 158 I BGB) sowie um eine auflösende Bedingung (§ 158 II BGB) handeln[340]. Handelt es sich um ein nach dem Erbfall eintretendes, ungewisses Ereignis, welches die Wirkung der Verfügung erst beginnen lassen soll, liegt eine aufschiebende Bedingung gemäß § 158 I BGB vor. Handelt es sich dagegen um eine solche Bedingung, durch welche mit dem Ereignis die Wirkung der Verfügung beendet werden soll, liegt eine

337 Vgl. *Keim*, ZEV 2014, 72.

338 BGH NJW-RR 2009, 1455, 1456; OLG Schleswig FamRZ 2016, 664; OLG Hamm NJW-RR 2002, 1372, 1373; BayObLG FamRZ 1993, 1494, 1495; FamRZ 1983, 1226, 1228; *Lange/Kuchinke*, § 34 VI S. 810; *Brox/Walker*, § 16 Rn. 19; Staudinger/*Otte* BGB § 2074 Rn. 27; Soergel/*Loritz* BGB § 2074 Rn. 1.

339 So auch MAH Erbrecht/*Stahl*, § 15 Rn. 2; Soergel/*Loritz* BGB § 2074 Rn. 1, 2; MüKoBGB/*Leipold* § 2065 Rn. 12; *Leipold*, § 13 Rn. 447; *Lange/Kuchinke*, § 27 VI S. 557.

340 Palandt/*Weidlich* BGB § 2065 Rn. 5; *Leipold*, § 13 Rn. 447.

auflösende Bedingung gemäß § 158 II BGB vor[341]. Um welche Art von Bedingung es sich handelt, muss durch Auslegung ermittelt werden[342]. Bei der Auslegung ist insbesondere der Wille des Erblassers zu erforschen[343]. Hierbei hilft grundsätzlich die Auslegungsregel des § 2075 BGB weiter, wonach im Zweifel eine auflösende Bedingung vorliegt, wenn die Bedingung ist, dass der Bedachte während des Zeitraums einer bestimmten Dauer etwas fortgesetzt tut. Diese Auslegungsregel ist jedoch nur erforderlich, sofern die Handlung eine Zeit nach Eintritt des Erbfalls betrifft; die Bedingung also beim Erbfall noch nicht eingetreten ist. Denn in diesem Fall steht erst zum Zeitpunkt des Todes des Bedachten endgültig fest, ob die Bedingung eingetreten ist oder nicht[344]. Dieses Problem stellt sich bei der Honorierung von Pflegeleistungen jedoch nicht, da die Handlung, nämlich die Pflege des Erblassers, nur zu dessen Lebzeiten, also vor Eintritt des Erbfalls, erbracht werden kann. Damit steht zum Zeitpunkt des Erbfalls bereits fest, ob die Handlung vorgenommen wurde oder nicht, und somit, ob die Bedingung eingetreten ist. Die Bedingung, dass Pflegeleistungen an den Erblasser zu erbringen sind, ist damit eine aufschiebende Bedingung[345].

Eine Potestativbedingung liegt vor, wenn der Erblasser die Zuwendung davon abhängig macht, dass ein Dritter nach seinem Belieben eine Handlung durchführt oder etwas unterlässt[346]. Gemeint ist hier, dass die Erbeinsetzung unter der Bedingung steht, dass der Erbe etwas tut (oder unterlässt) und dieses Verhalten vom Willen des Bedachten abhängig ist[347]. Dies ist im Fall der honorierenden Erbeinsetzung der Fall. Hier schreibt der Erblasser als Bedingung fest, dass der potentielle Erbe die Pflegeleistungen erbringt.

B. Problemkreise

"Ich setze E als meinen Erben ein, wenn er mich pflegen wird."

---

341 Burandt/Rojahn/*Czubayko* BGB § 2075 Rn. 5.

342 Burandt/Rojahn/*Czubayko* BGB § 2075 Rn. 5.

343 BGH NJW 1983, 672, 673; BayObLG FamRZ 1983, 1226, 1228; Burandt/Rojahn/*Czubayko* BGB § 2075 Rn. 5.

344 *Leipold,* § 13 Rn. 450; *Brox/Walker,* § 16 Rn. 21.

345 Vgl. OLG Frankfurt ZEV 2012, 542, 547; *Keim,* ZEV 2014, 72, 75; Horn/Kroiß/*Horn,* § 16 Rn. 6.

346 Nieder/Kössinger/*Kössinger,* § 8 Rn. 38; Horn/Kroiß/*Horn,* § 16 Rn. 5.

347 BGH NJW-RR 2009, 1455, 1456; Nieder/Kössinger/*Kössinger,* § 8 Rn. 38; Palandt/*Weidlich* BGB § 2065 Rn. 5; Staudinger/*Otte* BGB § 2074 Rn. 27.

I. Bedingung oder Motiv?

Im Fall einer Bedingung ist Rechtsfolge, dass E nur Erbe wird, wenn er den Erblasser gepflegt hat. Dafür muss die Pflege erforderlich gewesen sein. E wird daher nicht Erbe, wenn der Erblasser stirbt, ohne jemals pflegebedürftig gewesen zu sein. Wegen dieser strikten Rechtsfolge muss im Einzelfall ermittelt werden, ob es sich wirklich um eine Bedingung oder bloß um die Angabe eines Motivs handelt. In diesem Fall würde nämlich auch dann eine wirksame Erbeinsetzung des E vorliegen, wenn der Erblasser nicht pflegebedürftig war.

Entscheidend für die Abgrenzung ist der Wille des Erblassers[348]. Dieser muss durch Auslegung der Erklärung erforscht werden[349]. Es muss der gesamte Inhalt der Erklärung einschließlich aller Nebenumstände, auch solcher, die außerhalb der Testamentsurkunde liegen, gewürdigt werden[350]. Eine Bedingung liegt dann vor, wenn die Erfüllung der testamentarisch niedergelegten Erwartung des Erblassers Voraussetzung für die Geltung der Verfügung sein soll[351], also eine unmittelbare Verknüpfung zwischen angegebenem Ereignis und dem Eintritt der testamentarisch angeordneten Erbfolge bestehen soll[352]. Der Wortlaut spricht für das Vorliegen einer Bedingung, wenn der Erblasser die Abhängigkeit der Erbeinsetzung von der Pflegeleistung mit einem „wenn" oder „falls" ausdrückt[353]. Formuliert der Erblasser dagegen *„Ich setze E zum Erben ein, weil er mich pflegt"*, so begründet er damit nur sein Motiv, setzt aber keine Bedingung.

Jedoch muss bei der Verwendung von Konditionalsätzen differenziert werden: Nimmt der Erblasser durch die Verwendung eines solchen lediglich Bezug auf die Umstände der Testamentserrichtung, so handelt es sich eher um den Ausdruck seiner Motivation der Errichtung und damit nicht um eine Bedingung[354]. Errichtet der Erblasser also anlässlich eines besonderen Ereignisses, bei welchem er seinen eigenen Tod für möglich hält, das Testament und wird dieses Ereignis durch einen Konditionalsatz benannt, so wird in der Regel von

---

348 BayObLG NJWE-FER 1997, 180; FamRZ 1993, 1494, 1495; FamRZ 1983, 1226.

349 KG FamRZ 2019, 1893; BayObLG NJWE-FER 1997, 180; FamRZ 1983, 1226, 1228.

350 BGH NJW 2019, 2317, 2318; NJW-RR 2009, 1455, 1457; NJW 1983, 672, 673; OLG Hamm, Beschluss v. 01.04.2020 – 15 W 479/19; BayObLG NJWE-FER 1997, 180; FamRZ 1983, 1226, 1228; *Roth,* NJW-Spezial 2019, 167.

351 *Roth,* NJW-Spezial 2019, 167.

352 KG FamRZ 2019, 1893, 1894.

353 BayObLG NJWE-FER 1997, 180; FamRZ 1993, 1494, 1495; *Roth,* NJW-Spezial 2019, 167.

354 OLG München FamRZ 2012, 1976, 1977.

einer bloßen Motivangabe und nicht von einer Bedingung ausgegangen werden können[355]. Dies ist beispielsweise der Fall, wenn der Erblasser seine Verfügung folgendermaßen formuliert: *„Wenn ich bei meiner anstehenden Reise sterbe, soll E mein Erbe werden“*[356]. Hingegen spricht für die Annahme einer Bedingung, wenn die in Rede stehende Formulierung am Ende des Testaments steht und nicht bloß einen Einleitungssatz darstellt[357].

II. Hinreichende Bestimmtheit des Begriffs „Pflege“

Bei der Errichtung des Testaments steht der Erblasser häufig vor dem Problem, dass ihm viele Umstände noch unbekannt sind. Solche Umstände sind insbesondere, ob der Erblasser überhaupt pflegebedürftig wird, welche Person sich um ihn kümmern wird, wie lange und in welchem Umfang die Pflege erbracht werden muss. Zentraler Anknüpfungspunkt der honorierenden Potestativbedingung ist die Tätigkeit „Pflege“. Es stellt sich aber die Frage, ob diese Bezeichnung die Tätigkeit hinreichend eindeutig beschreibt und was darunter zu verstehen ist.

1. Erfordernis der Bestimmtheit

Probleme hinsichtlich der Zulässigkeit von Potestativbedingungen werden sich häufig wegen § 2065 BGB ergeben. Gemäß § 2064 BGB darf das Testament nur höchstpersönlich errichtet werden, sodass die Stellvertretung ausgeschlossen ist. § 2065 BGB wiederum legt den Grundsatz der materiellen Höchstpersönlichkeit fest[358]. Dadurch soll verhindert werden, dass der Erblasser das Testament zwar formell höchstpersönlich errichtet, die Entscheidung über Geltung und Inhalt aber einem Dritten überlässt[359]. Demnach ist nur eine solche Bedingung zulässig, in welcher der Erblasser weder die Bestimmung darüber, ob sie gelten oder nicht gelten soll gemäß § 2065 I BGB, noch gemäß § 2065 II BGB die Bestimmung der Person des Zuwendungsempfängers oder des Gegenstands der Zuwendung einem anderen überlässt[360].

Enthält eine Verfügung von Todes wegen eine unklare Bestimmung, so muss zunächst versucht werden, den erklärten Willen des Erblassers durch Auslegung

355 Vgl. KG FamRZ 2019, 1893; Soergel/*Loritz* BGB § 2074 Rn. 13. So auch *Roth*, NJW-Spezial 2019, 167.

356 Z.B. OLG Hamm ZEV 1996, 468.

357 KG FamRZ 2019, 1893, 1894; OLG Schleswig FamRZ 2016, 664, 665.

358 Staudinger/*Otte* BGB § 2065 Rn. 1; Palandt/*Weidlich* BGB § 2065 Rn. 1.

359 Staudinger/*Otte* BGB § 2065 Rn. 2; *Keim*, FamRZ 2003, 137.

360 *Keim*, FamRZ 2003, 137.

zu ermitteln, § 2084 BGB. Gelingt dies, liegt kein Fall der unzulässigen Bestimmung der Person des Bedachten durch einen Dritten vor, weil das Gericht kein Dritter iSd § 2065 BGB ist[361]. Ist der Wortlaut so unklar, dass die Auslegung zu keinem Ergebnis kommt, ist die Verfügung nichtig[362]. Bezüglich der Nichtigkeit wird vertreten, dass diese unmittelbar aus § 2065 BGB folgt[363], aber auch, dass sie aus dem der Vorschrift zugrunde liegenden Bestimmtheitserfordernis resultiert[364]. Welche der beiden Ansichten überzeugender ist, kann dahinstehen, weil beide im Ergebnis zur Nichtigkeit einer unbestimmten Bestimmung führen[365].

Um dem Bestimmtheitserfordernis gerecht zu werden ist erforderlich, dass die bedachte Person anhand des Inhalts der Verfügung und unter Berücksichtigung von außerhalb der Urkunde liegenden Umständen zuverlässig festgestellt werden kann[366]. Entscheidend ist, dass die Bedingung nicht auf eine Vertretung im Willen hinausläuft[367] und jede Willkür eines Dritten ausgeschlossen ist[368]. Dies ist der Fall, wenn der Erblasser seinen Willen hinreichend bestimmt hat und durch Auslegung eindeutig festgestellt werden kann, wer die im Testament genannten Voraussetzungen erfüllt[369].

2. *Pflege als Bedingung*

Fraglich ist, ob mit dem Begriff „Pflege" allein klar wird, welche Tätigkeiten umfasst sein sollen. Vorstellbar ist, dass Pflegeleistungen aufgrund einer Pflegebedürftigkeit iSd SGB XI gemeint sind, oder aber auch sonstige geringfügige

---

361 OLG Braunschweig NJW-RR 2019, 583, 585; OLG Köln NJW-RR 2017, 648, 649; FamRZ 2015, 442; BeckOGK/*Gomille* BGB § 2065 Rn. 12; Staudinger/*Otte* BGB § 2065 Rn. 16.

362 OLG Braunschweig NJW-RR 2019, 583, 585.

363 OLG Köln NJW-RR 2017, 648, 649; OLG Köln FamRZ 2015, 442; OLG München ZEV 2013, 617, 618; OLG Frankfurt NJW-RR 1995, 711.

364 BayObLG NJW 1999, 1118, 1119; *Keim*, ZEV 2014, 72, 73; *Otte*, Anmerkung zu OLG München, Beschluss v. 22.05.2013 - 31 Wx 55/13, ZEV 2013, 619; MüKoBGB/*Leipold* § 2065 Rn. 6.

365 So auch OLG Braunschweig NJW-RR 2019, 583, 585.

366 OLG Köln NJW-RR 2017, 648; FamRZ 2015, 442, 443.

367 Palandt/*Weidlich* BGB § 2065 Rn. 5.

368 OLG Braunschweig NJW-RR 2019, 583, 585; OLG Köln NJW-RR 2017, 648; FamRZ 2015, 442, 443.

369 OLG Braunschweig NJW-RR 2019, 583, 585; *Otte*, Anmerkung zu OLG München, Beschluss v. 22.05.2013 - 31 Wx 55/13, ZEV 2013, 619; *Roth*, NJW-Spezial 2019, 167.

Pflegeleistungen[370]. Bei geringfügigen Pflegeleistungen besteht das Problem, dass diese nicht mit einem Wort genau bezeichnet werden können.

Die Gerichte neigen eher zu einer strengen Handhabung der Auslegungsproblematik. Verwendet der Erblasser Tätigkeitsbeschreibungen wie beispielsweise „sich kümmern"[371], „Beistand leisten"[372], „aufpassen"[373] oder „begleiten"[374], werden diese grundsätzlich für zu unbestimmt beurteilt. Dies ist zutreffend. Bei diesen Kriterien bleibt nämlich unklar, was genau sich der Erblasser unter den Begriffen konkret vorgestellt hat[375], ob er damit körperliche Pflege, Hilfe im Haushalt oder seelische Unterstützung gemeint hat[376]. Da der Wille des Erblassers durch Auslegung nicht eindeutig ermittelt werden kann, sind solche Bestimmungen unwirksam.

Der Begriff „Pflege" wird in der Rechtsprechung teilweise als eine genauere Bezeichnung als die eben genannten Tätigkeiten wie „sich kümmern" oder „Beistand leisten" verstanden[377]. Es gibt aber auch Rechtsprechung die den Begriff „Pflege" als unbestimmt wertet[378]. Unklar bliebe nämlich, ob der Erblasser Pflege iSd SGB XI meine oder bereits sonstige geringfügige Pflegeleistungen ausreichend seien[379]. Die Bestellung eines Pflegedienstes und rein psychische Unterstützung des Erblassers seien von der Tätigkeitsbeschreibung „Pflege" jedenfalls nicht erfasst[380].

Demzufolge ist der Begriff „Pflege" in der Regel zu unbestimmt. Es ist nicht eindeutig festzustellen, welche Kriterien der Bedachte erfüllen muss, um dem Willen des Erblassers zu entsprechen. Ungeklärt bleibt, ob der Erblasser körperliche Pflege iSd SGB XI meint, Hilfe im Haushalt oder sonstige Unterstützungshandlungen. Die Auslegung führt hier zu keinem eindeutigen Ergebnis.

Fraglich ist, ob sich an diesem Verständnis etwas ändert, wenn der Erblasser vor seinem Tod tatsächlich pflegebedürftig war.

---

370 Vgl. OLG Köln NJW-RR 2017, 648, 649.
371 OLG München ZEV 2013, 617, 618.
372 BayObLG FamRZ 1991, 610.
373 OLG Braunschweig NJW-RR 2019, 583, 585.
374 OLG Köln NJW-RR 2017, 648, 649.
375 Vgl. OLG Köln NJW-RR 2017, 648, 649.
376 Vgl. OLG Köln FamRZ 2015, 442, 443; OLG München ZEV 2013, 617, 618; BayObLG FamRZ 1991, 610.
377 Vgl. OLG München ZEV 2013, 617, 618.
378 OLG Köln NJW-RR 2017, 648.
379 Vgl. OLG Köln NJW-RR 2017, 648, 649.
380 OLG Köln NJW-RR 2017, 648, 649.

Teilweise wird vertreten, dass die Bezeichnung „Pflege“ hinreichend bestimmt sei, wenn der Erblasser tatsächlich pflegebedürftig war und die Pflegeperson selbst bestimmt hat[381]. Dafür spricht, dass unbestimmte Begriffe sowohl Randebereiche als auch Kernbereiche haben[382]. Mit Bereichen sind konkrete Sachverhalte gemeint und die Frage, ob ein Begriff mehr oder weniger zweifelhaft auf diesen Sachverhalt zutrifft[383]. Der Kernbereich eines unbestimmten Begriffs meint eine solche Handlung, die jeder nach allgemeinem Sprachverständnis unter diesem Begriff verstehen würde. Demzufolge könne man davon ausgehen, dass bei Pflegebedürftigkeit iSd SGB XI die erbrachten Hilfeleistungen von jedermann als „Pflege“ verstanden werden würden.

Problematisch erscheint dabei, dass es bei der Auslegung von Testamenten nicht auf einen allgemeinen Empfängerhorizont ankommt, sondern nur auf den Willen des Erblassers. Zutreffend ist, dass man nach allgemeinem Verständnis bestimmte Handlungen als „Pflege“ bezeichnen würde. Doch sind dennoch verschiedene Handlungen darunter vorstellbar. Auch bei „Pflege“ iSd SGB XI handelt es sich nicht nur um eine Art der Pflege, sondern um viele verschiedene Erscheinungsformen. Daher dürfte es schwer zu ermitteln sein, was sich der Erblasser vorgestellt hat und welches genaue Verhalten er honorieren wollte. Zudem dürfte fraglich sein, wie es sich verhält, wenn sich der Bedachte „nur“ helfen lässt oder die „Pflege” nur von sehr kurzer Dauer ist[384]. Es sind also einige Fälle denkbar, in denen Zweifel verbleiben, ob die erbrachten Handlungen der konkreten Vorstellung des Erblassers von „Pflege” entsprechen.

3. *Keine Bezeichnung der Person*

Zum Zeitpunkt des Testierens weiß der Erblasser eventuell noch gar nicht, wer ihn künftig pflegen wird. In dem Fall hat er nur die Möglichkeit, denjenigen als Erben einzusetzen, der ihn pflegen wird, z.B. „wer mich pflegen wird, soll mein Erbe werden“

Es ist allgemeine Meinung, dass eine Verfügung wie *„Wer mich pflegt, soll mein Erbe werden“*[385] wirksam ist, wenn der Erblasser pflegebedürftig war und

381 OLG Frankfurt NJW-RR 1995, 711; Palandt/*Weidlich* BGB § 2065 Rn. 11. Bestätigung aber offengelassen: OLG Köln FamRZ 2015, 442. Dazu ausführlich S. 91, 102 f.

382 Vgl. *Otte*, Anmerkung zu OLG München, Beschl. Beschluss v. 22. Mai 2013 – 31 Wx 55/13, ZEV 2013, 619.

383 Vgl. Staudinger/*Otte* BGB § 2065 Rn. 19b.

384 Das Problem des unklaren Zeitraums der Pflege auch thematisierend: OLG Braunschweig NJW-RR 2019, 583, 585.

385 OLG Frankfurt NJW-RR 1995, 711.

die Pflegeperson noch zu Lebzeiten selbst bestimmt hat[386]. Allerding erscheinen drei Aspekte problematisch: Zunächst besteht hier wiederum die Problematik der Bestimmtheit des Begriffs „Pflege". Weiterhin ist kritisch zu betrachten, dass der Bedachte nicht namentlich bezeichnet ist. Schließlich muss die selbstbestimmte Auswahl der Pflegeperson gewürdigt werden.

Wegen der Probleme, die der Begriff „Pflege" als Bedingung bereitet, gibt es keine Unterschiede zu dem bereits Erläuterten.

Dass die Person des Bedachten nicht namentlich benannt ist, steht der Wirksamkeit der testamentarischen Verfügung nicht entgegen. Eine namentliche Bezeichnung ist grundsätzlich nicht erforderlich. Die Person des Erben muss lediglich bestimmt sein; die Bezeichnung, nicht aber die Bestimmung darf einem Dritten überlassen werden[387]. Dies bedeutet, dass der Erblasser im Hinblick auf die Individualisierung des Bedachten seinen Willen nicht so äußern darf, dass es einem Dritten überlassen bleibt, nach Belieben oder Ermessen den Erblasserwillen in wesentlichen Teilen zu ergänzen[388]. Dafür ist erforderlich, dass die Person des Bedachten anhand des Inhalts der Verfügung und unter Berücksichtigung von außerhalb der Urkunde liegenden Umständen zuverlässig festgestellt werden kann[389].

Grundsätzlich kann die Person des Bedachten also auch ohne namentliche Bezeichnung ermittelt werden. Allerdings steht das Problem der eindeutigen Bestimmung im engen Zusammenhang mit der testierten Bedingung. Ist die Bedingung zu unbestimmt, kann auch nicht bestimmt werden, welche Person sie erfüllt. Das führt im Ergebnis also wiederum zu der Frage, ob der Begriff „Pflege" eine bestimmte Bedingung ist.

Schließlich ist entscheidend, dass die Pflegeperson vom Erblasser in freier Selbstbestimmung ausgewählt wurde. Dies ist der Fall, wenn die Auswahl der Pflegeperson nicht fremdbestimmt erfolgt ist[390]. Ob dies der Fall ist, kann nur im Einzelfall festgestellt werden.

Im Übrigen können dann noch Probleme entstehen, wenn der Erblasser von mehreren Personen gepflegt wurde oder etwa in verschiedenen zeitlichen

---

386 OLG Frankfurt NJW-RR 1995, 711; Palandt/*Weidlich* BGB § 2065 Rn. 11. Ferner OLG München ZEV 2013, 617, 618; OLG Hamm NJW-RR 2002, 1372, 1373. AA: LG Stuttgart BWNotZ 2005, 170.

387 OLG Braunschweig NJW-RR 2019, 583, 585; OLG München ZEV 2013, 617, 618.

388 OLG München ZEV 2013, 617, 618.

389 OLG Braunschweig NJW-RR 2019, 583, 585; OLG Köln NJW-RR 2017, 648; FamRZ 2015, 442, 443.

390 OLG Hamm NJW-RR 2002, 1372, 1373, 1374.

Abschnitten seines Lebens. Kommen mehrere Pflegepersonen in Betracht, so ist nicht klar, ob der zuletzt Pflegende eingesetzt sein soll oder derjenige, der am längsten gepflegt hat[391].

III. Sittenwidrigkeit nach § 138 BGB

Bedingungen dürfen nicht iSd § 138 BGB sittenwidrig sein. Sittenwidrigkeit liegt vor, wenn ein Rechtsgeschäft gegen das Anstandsgefühl aller billig und gerecht Denkenden verstößt[392]. Die Sittenwidrigkeit einer testamentarischen Bedingung kann grundsätzlich nur in besonders schwerwiegenden Ausnahmefällen angenommen werden[393]. Ein solcher Ausnahmefall liegt vor, wenn die vom Erblasser erhobene Bedingung unter Berücksichtigung der höchstpersönlichen und auch wirtschaftlichen Umstände die Entschließungsfreiheit des bedingten Zuwendungsempfängers unzumutbar unter Druck setzt[394] und durch das Inaussichtstellen von Vermögensvorteilen Verhaltensweisen bewirkt werden sollen, die regelmäßig eine freie, innere Überzeugung des Handelnden voraussetzen[395]. Entscheidend sind jeweils die Umstände des Einzelfalls[396]. Es muss eine derartige Drucksituation für den Bedachten bestehen, mit welcher der Erblasser versucht, sich ein bestimmtes Verhalten zu „erkaufen"[397]. Von Bedeutung ist dafür auch, dass die Zuwendung in wirtschaftlicher Hinsicht geeignet ist, die Entscheidung des Bedachten zu beeinflussen[398]. Eine unzumutbare Drucksituation wurde beispielsweise in einem Fall angenommen, in dem der Erblasser unter Ausübung von Druck den regelmäßigen Besuch seiner minderjährigen Enkel zur Bedingung gemacht hat, dass diese ihn beerben würden[399].

---

391 Vgl. LG Stuttgart BWNotZ 2005, 170.

392 BGH NJW 2014, 1380; OLG Frankfurt ZEV 2019, 212, 214; BeckOK/*Wendtland* BGB § 138 Rn. 16.

393 OLG Frankfurt ZEV 2019, 212, 214; *Roth*, NJW-Spezial 2019, 167; BeckOGK/*Gomille* BGB § 2074 Rn. 55.

394 BVerfG NJW 2004, 2008.

395 OLG Frankfurt ZEV 2019, 212, 214; BeckOGK/*Gomille* BGB § 2074 Rn. 55; Staudinger/*Otte* BGB § 2074 Rn. 39.

396 OLG Frankfurt ZEV 2019, 212, 214; NK-BGB/*Selbherr* § 2074 Rn. 23; Staudinger/*Otte* BGB § 2074 Rn. 41.

397 OLG Frankfurt ZEV 2019, 212, 214; MüKoBGB/*Leipold* § 2074 Rn. 21; BeckOGK/*Gomille* BGB § 2074 Rn. 55.

398 Vgl. BVerfG NJW 2004, 2008, 2011; OLG Frankfurt ZEV 2019, 212, 214; Staudinger/*Otte* BGB § 2074 Rn. 44 f.

399 OLG Frankfurt ZEV 2019, 212.

Bei der Übernahme von Pflege handelt es sich um eine Handlung, die regelmäßig die innere, freie Überzeugung der Pflegeperson voraussetzt. Damit ist grundsätzlich möglich, dass eine solche Bedingung sittenwidrig ist, wenn die übrigen Voraussetzungen im Einzelfall gegeben sind. Zu berücksichtigen ist, dass dies nicht in Betracht kommt, wenn der Bedachte von der testamentarischen Verfügung nichts weiß[400]. Da er von dem möglichen Vorteil keine Kenntnis hat, kann dies seine Entscheidung zur Übernahme der Pflege nicht beeinflussen.

Im Übrigen kommt eine Sittenwidrigkeit einer Bedingung dann in Betracht, wenn grundrechtlich geschützte Freiheitsrechte des Bedachten betroffen sind[401]. Diese kann aber nur in besonders schwerwiegenden Ausnahmefällen angenommen werden[402].

IV. Bedeutung für die Honorierung von Pflegeleistungen

Die testamentarische Einsetzung der Pflegeperson stellt grundsätzlich kein geeignetes Mittel zur Honorierung von Pflegeleistungen dar. Der Nachteil liegt vor allem in der Unbestimmtheit des Begriffs „Pflege". Dies hat zur Folge, dass Erbeinsetzungen unter der Bedingung der Pflegeleistung idR unwirksam sein werden.

V. Vermächtnis zu Gunsten einer Pflegeperson

1. *Rechtlich mögliche Gestaltung*

Der Erblasser hat die Möglichkeit, die Pflegeperson durch Anordnung eines Vermächtnisses zu honorieren. Die Anordnung des Vermächtnisses kann er von der Bedingung abhängig machen, dass die begünstigte Person ihn pflegt. Dabei ergeben sich keine Probleme mit dem Drittbestimmungsverbot. Denn gemäß § 2151 BGB kann bei Vermächtnissen ein Dritter bestimmen, wer von mehreren das Vermächtnis erhalten soll. Für Vermächtnisse besteht also die Möglichkeit, diese von einer Drittbestimmung abhängig zu machen[403]. Es handelt sich hier um eine Ausnahme vom Grundsatz des § 2065 BGB[404].

---

400 MükoBGB/*Leipold* § 2074 Rn. 21.

401 Vgl. BGH NJW 1999, 566; MüKoBGB/*Leipold* § 2074 Rn. 18; BeckOK/*Litzenburger* BGB § 2074 Rn. 10.

402 BGH NJW 1999, 566, 568.

403 *Helms*, ZEV 2007, 1, 6; Palandt/*Weidlich* BGB § 2151 Rn. 1.

404 Soergel/*Wolf* BGB § 2151 Rn. 1; Staudinger/*Otte* BGB § 2151 Rn. 1; *Helms*, ZEV 2007, 1.

§ 2151 BGB betrifft den Fall, dass die Person des Vermächtnisnehmers noch nicht feststeht, der Vermächtnisgegenstand aber bezeichnet ist[405]. Es ist ausreichend, wenn der Erblasser den Vermächtnisnehmer nur allgemein als Personenkreis festlegt und die endgültige Auswahl daraus einem anderen überlässt[406]. Auch Auswahlkriterien als Voraussetzung kann der Erblasser bestimmen[407]. Damit besteht die Möglichkeit, dass er das Erbringen der Pflegeleistung als Auswahlkriterium festlegt. Dies ist gemäß § 2151 I BGB rechtlich zulässig. Die Berechtigung zur Bestimmung kann der Erblasser auf den Beschwerten oder einen Dritten übertragen. Hat er dies nicht getan, so entscheidet wegen § 2152 BGB der Beschwerte[408].

2. *Bedeutung für die Honorierung von Pflegeleistungen*

Diese Gestaltung stellt grundsätzlich ein geeignetes Mittel zur Honorierung von Pflegeleistungen dar. Vorteil ist, dass dabei die Vermächtnisanordnung unter der Bedingung der Pflegeleistung erfolgen kann. Dies ist trotz Unbestimmtheit eine zulässige Anordnung, weil das Drittbestimmungsverbot nicht gilt, § 2151 BGB. Wie bei der Erbeinsetzung ist der Begünstigte des Vermächtnisses an der Errichtung nicht beteiligt. Auch kann das Vermächtnis jederzeit wieder aufgehoben werden, womit die Anreizwirkung für die Pflegeperson eher gering sein dürfte.

C. Sinnvolles Mittel zur Stärkung der häuslichen Pflege?

I. Interessen des Erblassers

Grundsätzlich wird die Honorierung durch testamentarische Erbeinsetzung oder die Vermächtnisanordnung dem Interesse des Erblassers gerecht. Der Erblasser kann sich zunächst seine potentielle Pflegeperson aussuchen. Geht seine Vorstellung später nicht auf, weil er nicht pflegebedürftig wird oder diese Person die Pflege nicht erbringt, so wird sie auch nicht Erbe. Der Erblasser muss dafür nichts weiter tun. Im Gegensatz zum Erbvertrag ist er an das Testament nicht gebunden. Ändert er seinen Willen oder ist er mit der Pflegeleistung nicht zufrieden, kann er das Testament jederzeit gemäß §§ 2253 ff. BGB widerrufen. Dadurch umgeht er die Risiken, die mit einem bindenden Erbvertrag zusammenhängen.

---

405 Vgl. *Mayer*, MittBayNot 1999, 447, 449.

406 Palandt/*Weidlich* BGB § 2151 Rn. 1; Soergel/*Wolf* BGB § 2151 Rn. 2; NK-BGB Erbrecht/*Horn*/*Mayer* § 2151 Rn. 3; *Mayer*, MittBayNot 1999, 447, 449.

407 Erman/*Nobis* BGB § 2151 Rn. 1a; *Mayer*, MittBayNot 1999, 447, 449.

408 Palandt/*Weidlich* BGB § 2151 Rn. 2; *Mayer*, MittBayNot 1999, 447, 449.

Es besteht aber für den Erblasser das Problem, zu einem Zeitpunkt, in dem noch keine Pflegebedürftigkeit vorliegt, eine Regelung zu treffen, die das künftige, tatsächliche Pflegeverhältnis abbildet.

Zudem besteht das Risiko der Unwirksamkeit wegen einer unbestimmten Verfügung. Davon ist bei der Bedingung „Pflege" regelmäßig auszugehen, wenn es sich um eine Erbeinsetzung handelt. Dieses Risiko besteht bei der Anordnung eines Vermächtnisses unter der Bedingung der Pflegeleistung nicht.

II. Interessen des Erben

Für den Erben ist eine bedingte Erbeinsetzung von eher geringem Interesse. Da das Testament keine Bindungswirkung hat, kann er sich nie sicher sein, dass er auch tatsächlich Erbe wird. Außerdem ist er bei der Errichtung des Testaments nicht beteiligt, weshalb er auch nicht zwingend von der Erbeinsetzung Kenntnis haben muss. Insofern kann eine mögliche Erbeinsetzung nur einen geringen Anreiz für ihn bieten.

Wie für den Erblasser selbst ist auch für die Pflegeperson von Nachteil, dass ein bedingtes Testament häufig für unwirksam erklärt wird. Für den Erben ist es jedoch noch nachteilhafter, da er derjenige ist, der nach dem Erbfall die gerichtlichen Auseinandersetzungen führen muss. Wird das Testament für unwirksam erklärt, dürfte das eine große Enttäuschung für die Pflegeperson darstellen. Letztlich wird regelmäßig allen Beteiligten klar sein, dass dies nicht dem wirklichen Willen des Erblassers entspricht[409].

Ein Risiko besteht für den Erben oder Vermächtnisnehmer auch darin, dass sich die gesetzlichen Erben möglicherweise übergangen fühlen. Wenn die Wirksamkeit des Testaments feststeht, könnten sie auf die Idee kommen, das Testament anzufechten. In Betracht kommt die Anfechtung wegen Motivirrtums nach § 2078 II BGB. Ein solcher liegt vor, wenn der Erblasser das Testament in der irrigen Erwartung des Eintritts eines Umstandes errichtet hat und dieser nicht eingetreten ist. Problematisch erscheint der Fall, dass die Pflege nur von kurzer Dauer war, weil der Erblasser etwa nach einem Monat Pflege gestorben ist. Die gesetzlichen Erben könnten behaupten, dass der Erblasser bei Errichtung des Testaments die Erwartung hatte, dass die Pflegebedürftigkeit von längerer Dauer als einem Monat sein werde und er daher nur die Langzeitpflege gemeint habe. Dieser Umstand der langzeitigen Pflege sei aber nicht eingetreten. Ob

409 So auch LG Stuttgart BWNotZ 2005, 170, 173.

damit die Voraussetzungen des Motivirrtums nach § 2078 II BGB erfüllt sind, muss im Einzelfall ermittelt werden, kann aber unter Umständen denkbar sein.

Gleiches gilt, wenn die gesetzlichen Erben vortragen, der Erblasser habe eine genaue Vorstellung von Art und Umfang der Pflege gehabt und der Erbe habe diese Vorstellung mit seiner Pflege nicht erfüllt.

Zu bedenken ist schließlich noch der Fall, dass zwischen erbrachter Pflegeleistung und honorierender Zuwendung ein großes Missverhältnis besteht, weil die Pflege nur in geringfügigem Umfang und von kurzer Dauer war, während die Erbmasse oder das Vermächtnis groß ist. Die gesetzlichen Erben könnten dann behaupten, es liege ein Motivirrtum vor, da der Erblasser die Vorstellung hatte, dass der Wert der Zuwendung dem Wert der Pflege entsprechen werde. Eine solche Annahme ist jedoch kritisch zu sehen, weil es sich bei Testamenten grundsätzlich nicht um entgeltliche Rechtsgeschäfte handelt. Auch in den Fällen der pflegebedingten Erbeinsetzung steht mehr der honorierende und anerkennende Aspekt der Leistung und nicht deren Entlohnung im Vordergrund. Nur wenn im Einzelfall konkrete Umstände dafür vorliegen, kann anzunehmen sein, dass der Erblasser mit der Verfügung eine wertmäßig angemessene Entlohnung der Pflege bezwecken wollte. Diese Umstände wären dann von den anfechtungsberechtigten gesetzlichen Erben darzulegen und zu beweisen. Gelingt dies, können sie das Testament anfechten.

III. Ergebnis

Die bedingte Erbeinsetzung ist möglicherweise in Einzelfällen, aber generell kein geeignetes Mittel, um Pflegeleistungen zu honorieren. Es besteht ein großes Risiko, dass die Erbeinsetzung unter der Bedingung der Pflegeleistung, unwirksam ist. Grundsätzlich ist der Begriff „Pflege" nämlich unbestimmt, sodass eine entsprechende Verfügung wegen fehlender Bestimmtheit unwirksam ist. Dies gilt im Fall einer honorierenden Vermächtnisanordnung nicht. Folglich stellt dies eine grundsätzlich geeignete Möglichkeit dar, erbrachte Pflegeleistungen erbrechtlich zu honorieren.

Spricht der Erblasser nicht über den Inhalt seines Testamentes, so können entsprechende Gestaltungen keinen Anreiz für potenzielle Pflegepersonen bieten. Die testamentarische Erbeinsetzung oder Vermächtnisanordnung passt eher auf den Fall, dass eine Person aus Solidarität die Pflege übernimmt, ohne irgendeine Form der Belohnung zu erwarten. Dann kann der Erblasser jedoch auch einfach die Person, die ihn pflegt, namentlich als Erben einsetzen (oder ein entsprechendes Vermächtnis anordnen), auch mit der expliziten Begründung *„weil mich E gepflegt hat"*.

Dies wäre schließlich auch zu empfehlen, da nur so sicher gewährleistet ist, dass der wirkliche Wille des Erblassers umgesetzt wird. Da die formalen Anforderungen an die Errichtung eines Testaments gering sind, kann er auf diese Weise ohne großen Aufwand nach Eintritt der Pflegebedürftigkeit die Pflegeperson belohnen.

4. Kapitel:Die Regelung des § 2057a I 2 BGB

In § 2057a I 2 BGB ist eine Ausgleichsregelung normiert, nach welcher ein Abkömmling bei der Auseinandersetzung der Miterben von den anderen Abkömmlingen einen Ausgleich verlangen kann, wenn er den Erblasser während längerer Zeit gepflegt hat.

A. Notwendigkeit einer gesetzlichen Regelung

Ein Bedarf für eine gesetzliche Regelung zur Honorierung von Pflegeleistungen besteht insbesondere dann, wenn der Erblasser die Pflegeperson, die zu Lebzeiten nicht entlohnt wurde, nicht in einer Verfügung von Todes wegen bedacht hat. Das wirft die Frage auf, in welchem Umfang überhaupt Verfügungen von Todes wegen getroffen werden. Da es hierzu keine Erhebungen des Statistischen Bundesamtes gibt, müssen private Einschätzungen herangezogen werden[410].

Überwiegend wird die Testierquote auf 20-25% geschätzt[411], sodass sich die Mehrzahl der Erbfälle, nämlich ca. 75% nach den Regelungen des gesetzlichen Erbrechts richtet. Allein an dieser Zahl lässt sich ein Regelungsbedarf ablesen. Zu berücksichtigen ist zudem, dass überwiegend in fortgeschrittenem Alter testiert wird[412]. Es besteht dann das Problem einer etwaigen Testierunfähigkeit.

Erhebungen dazu, inwieweit durch Verfügungen von Todes wegen an den Erblasser erbrachte Pflegeleistungen honoriert werden, existieren nicht. Die Häufigkeit von entgeltlichen Erbverträgen könnte zwar grundsätzlich festgestellt werden[413], insgesamt sind Erbverträge aber trotz regionaler Schwankungen selten. Die Anzahl entgeltlicher Erbverträge dürfte noch geringer sein[414].

---

410 So auch *Röthel,* A 14.

411 Vgl. *Röthel,* A 14. So auch *Hommerich/Hommerich,*. Zu diesen Zahlen kommen auch die Auswertungen von *Metternich,* S. 32, 33 für die Amtsgerichtsbezirke Potsdam, Neuruppin und Lübben im Jahrgang 2002.

412 Vgl. *Metternich,* S. 46, 47: Etwa 75% der Verfügungen wurden ab einem Alter von 70 Jahren getroffen in den Amtsgerichtsbezirken Potsdam, Neuruppin und Lübben im Jahrgang 2002. Im Ergebnis auch *Hommerich/Hommerich.*

413 So *Metternich,* S. 37, 38: Im Jahr 2002 wurden in den Amtsgerichtsbezirken Potsdam, Neuruppin und Lübben sehr selten Erbverträge geschlossen; von dieser geringen Anzahl waren zwei entgeltliche Erbverträge.

414 *Metternich,* S. 37.

Bei Testamenten dürfte der inhaltliche Zusammenhang zwischen Zuwendung und Pflegeleistung oft nicht feststellbar sein. Die Anzahl von bedingten Erbeinsetzungen könnte theoretisch ermittelt werden, jedoch liegen hierzu keine Erhebungen vor. Abgesehen davon ist die strenge gerichtliche Praxis bezüglich bedingter Erbeinsetzungen zu berücksichtigen[415]. Findet sich in einem Testament eine bedingte Erbeinsetzung, mit der die Pflegeperson belohnt werden soll, so wird diese Verfügung häufig durch das Gericht wegen Unbestimmtheit für unwirksam erklärt[416].

Die geringe Anzahl an Verfügungen von Todes wegen und die schätzungsweise niedrige Anzahl solcher Verfügungen, die im Zusammenhang mit einer Pflegeleistung stehen, verdeutlichen, dass es einer gesetzlichen Regelung bedarf, da sonst Pflegeleistungen durch das Erbrecht nicht honoriert würden. Dass Erblasser die Option der Honorierung der Pflegeleistung durch Testament eher selten in Betracht ziehen, hat auch der Gesetzgeber erkannt[417]. Durch die Schaffung von § 2057a I 2 BGB sollte unter anderem bezweckt werden, dass sich ein Erblasser mit der Thematik auseinandersetzt und gegebenenfalls eine entsprechende Verfügung vornimmt[418].

Zu beachten ist weiterhin, dass der Eintritt der Pflegebedürftigkeit ein nicht kalkulierbares Risiko ist. Die meisten Menschen werden es eher verdrängen und hoffen, dass dieser Zustand nie eintreten wird. Das hat zur Folge, dass die Möglichkeit der Pflegebedürftigkeit bei der Testamentserrichtung häufig nicht mit bedacht wird[419]. Tritt die Pflegebedürftigkeit schließlich doch ein, so ist es für eine honorierende Verfügung von Todes wegen unter Umständen schon zu spät. Gründe hierfür können sein, dass etwa bereits eine bindende Verfügung vorliegt, oder dass mit der Pflegebedürftigkeit zusätzlich Testierunfähigkeit eintritt[420]. Auch aus diesen Gründen besteht Bedarf für eine gesetzliche Regelung.

---

415 Dazu Kap. 3.

416 Z.B. OLG Köln NJW-RR 2017, 648; LG Stuttgart BWNotZ 2005, 170. Ferner OLG Köln FamRZ 2015, 442; OLG München ZEV 2013, 617; BayObLG FamRZ 1993, 854.

417 BT-Drs. 16/8954 S. 18.

418 BT-Drs. 16/8954 S. 18.

419 Stellungnahme des BR, BT-Drs. 16/8954 S. 31.

420 Vgl. *Windel*, ZEV 2008, 305; *Odersky*, MittBayNot 2008, 2, 6; Stellungnahme des BR, BT-Drs. 16/8954 S. 31.

B. Regelungsbedarf neben § 37 SGB XI

Überwiegend wird davon ausgegangen, dass die Pflegeperson leer ausgeht, wenn der Erblasser sie nicht in einer Verfügung von Todes wegen bedenkt oder die Pflegeleistungen zu Lebzeiten vergütet[421]. Doch diese Annahme ist nicht gänzlich richtig[422]. Gemäß § 37 I SGB XI besteht ein Anspruch auf Zahlung eines Pflegegeldes. Die Höhe des Pflegegeldes ist in § 37 I 3 SGB XI festgelegt. Die Gewährung setzt voraus, dass der Pflegebedürftige damit die erforderliche Grundpflege und hauswirtschaftliche Versorgung in geeigneter Weise selbst sicherstellt. Nach § 37 I 1 SGB XI steht dieser Anspruch jedoch dem Pflegebedürftigen zu und damit nicht der Pflegeperson. Zweck dieser Leistung ist, die Eigenverantwortlichkeit und Selbstbestimmung des Pflegebedürftigen zu stärken[423] sowie einen Anreiz zur Pflegebereitschaft der Angehörigen oder sonstigen nahestehenden Personen zu setzen[424]. Über die Verwendung dieses Geldes kann der Pflegebedürftige selbst entscheiden; er kann es an die Pflegeperson weiterleiten, muss dies jedoch nicht[425]. Ob die Pflegeperson das nach § 37 I SGB XI gewährte Geld erhält, hängt allein von den privaten Vereinbarungen zwischen Erblasser und Pflegeperson ab[426]. Ein eigener Anspruch der Pflegeperson auf Gewährung von Pflegegeld oder auf Weiterleitung des Pflegegeldes ergibt sich nicht aus § 37 I SGB XI[427].

Wird das Pflegegeld nicht an die Pflegeperson weitergeleitet, stellt sich die Frage der Honorierung besonders dringlich. Hat der Erblasser das ihm gewährte Geld weitergeleitet, so ist die Pflegeperson zwar nicht gänzlich leer ausgegangen[428]; gleichwohl kann noch ein ergänzender Bedarf für eine erbrechtliche Honorierung der Pflegeleistungen bestehen.

Dem Sinn und Zweck des Pflegegeldes entsprechend soll dieses kein Entgelt für die erbrachten Pflegeleistungen darstellen[429]. Vielmehr ist Grundgedanke

---

421 So BT-Drs. 16/8954 S. 9; *Meyer*, FPR 2008, 537, 540.

422 So auch *Köbl*, in: FS Frank, S. 164.

423 BVerfG FamRZ 2014, 911; LSG München FamRZ 2013, 582, 583; BT-Drs. 12/5262 S. 112.

424 KassKomm/*Leitherer* SGB XI § 37 Rn. 2; Udsching/Schütze/*Wahl* SGB XI § 37 Rn. 2; BT-Drs. 12/5262 S. 112.

425 LSG München FamRZ 2013, 582, 583; *Rothgang, Staber*, FPR 2012, 48, 49; Udsching/Schütze/*Wahl* SGB XI § 37 Rn. 3.

426 *Köbl*, in: FS Frank, S. 166.

427 LSG München FamRZ 2013, 582, 583; *Köbl*, in: FS Frank, S. 166.

428 So auch *Köbl*, in: FS Frank, S. 166.

429 BT-Drs. 12/5262 S. 112; BVerfG FamRZ 2014, 911.

dieser Leistung, dass die Pflege unentgeltlich erbracht wird[430]. Das Pflegegeld soll lediglich eine materielle Anerkennung für den Einsatz und die Opferbereitschaft darstellen[431]. Da der Gesetzgeber bereits das Pflegegeld nicht als Entgelt gesehen hat, kann es folglich auch in anderen Rechtsgebieten als dem Sozialrecht nicht als Entgelt aufgefasst werden. Damit wird klar, dass das weitergeleitete Pflegegeld keine vollständige Honorierung der Pflegeleistung darstellen kann, da es den Wert der erbrachten Leistung nicht im Sinne eines Entgelts widerspiegelt.

Dennoch muss im gesamten Kontext beachtet werden, wie das Pflegegeld berücksichtigt wird, da es aufgrund der zu erbringenden Pflegeleistungen gezahlt wird.

C. Der Ausgleichsanspruch gemäß § 2057a I 2 BGB

I. Historische Entwicklung

§ 2057a BGB wurde ursprünglich eingeführt, um für eine Gleichstellung aller Abkömmlinge eines Erblassers zu sorgen, bzw. um eine Schlechterstellung des pflegenden Kindes zu verhindern[432]. Hintergrund war die Einführung eines gesetzlichen Erbrechts nichtehelicher Kinder gegenüber ihrem Vater durch das Nichtehelichengesetz[433]. Den gesellschaftlichen Verhältnissen in bäuerlichen und kleingewerblichen Familien entsprach es, dass häufig ein Kind uneigennützig in der Familie oder in einem familiären Betrieb mitgearbeitet oder Pflegeleistungen erbracht hat, während die anderen Kinder dies nicht taten[434]. Durch seine Leistungen trug das Kind dazu bei, das Vermögen des künftigen Erblassers zu erhalten oder zu vergrößern[435]. In der Regel kam diese Mithilfe jedoch nur von den ehelichen Kindern, da die nichtehelichen Kinder selten im Familienverbund des Vaters aufwuchsen[436]. Insoweit wurde eine Benachteiligung der ehelichen gegenüber den nichtehelichen Kindern erkannt, die nun in gleichem Maße erbberechtigt waren (und sind)[437]. Sollten sie dennoch in gleichem Maße an dem Nachlass beteiligt werden, ohne dass sie zu dessen Vermehrung

430 BVerfG FamRZ 2014, 911; BSG NJW 2000, 1813, 1814.

431 BT-Drs. 12/5262 S. 112; BVerfG FamRZ 2014, 911; BSG NJW 2000, 1813, 1814.

432 MüKoBGB/*Ann* § 2057a Rn. 1; Burandt/Rojahn/*Flechtner* BGB § 2057a Rn. 1.

433 *Paetel,* S.13.

434 BT-Drs. V/4179, S. 6, Zu Nr. 83a; *Werwitzki,* S. 26.

435 BT-Drs. V/4179, S. 6, Zu Nr. 83a; *Paetel,* S. 16.

436 Burandt/Rojahn/*Flechtner* BGB § 2057a Rn. 1.

437 BT- Drs. V/4179, S. 6, Zu Nr. 83a; Burandt/Rojahn/*Flechtner* BGB § 2057a Rn. 1.

oder Erhaltung beigetragen haben, so wurde dies als unverhältnismäßig empfunden[438]. Um dieses Ungleichgewicht auszugleichen, wurde die Regelung des § 2057a BGB eingeführt.

II. Sinn und Zweck der Norm

Grundgedanken des § 2057a BGB sind der vermutete Erblasserwille[439] und der Gleichstellungsgedanke[440]. Dies folgt aus dem systematischen Zusammenhang mit den §§ 2050 ff. BGB. Dem mutmaßlichen Erblasserwillen zufolge ist es nicht gerechtfertigt, den Nachlass unter den Abkömmlingen gleichmäßig zu verteilen, wenn einzelne Abkömmlinge durch besondere Leistungen an den Erblasser zu einem Erhalt oder einer Vermehrung des Nachlassvermögens beigetragen haben und andere nicht[441]. Die gleiche Aufteilung würde zu einer Benachteiligung führen, die durch die Regelung beseitigt werden soll[442]. Die anderen Abkömmlinge, die keine Pflegeleistung erbracht haben, sollen von dieser Sonderleistung nicht profitieren[443].

III. Anspruchsvoraussetzungen

1. Anwendungsbereich

Der Anwendungsbereich von § 2057a I 2 BGB ist eröffnet, wenn gesetzliche Erbfolge vorliegt oder wenn die Abkömmlinge testamentarisch auf ihre gesetzlichen Erbteile oder im Verhältnis derselben eingesetzt sind[444].

2. Pflegeleistung während längerer Zeit

Gemäß § 2057a I 2 BGB muss der Anspruchssteller den Erblasser während längerer Zeit gepflegt haben. Der Begriff „Pflege" beinhaltet dabei in der Regel Dienstleistungen in Form von Betreuung für den pflegebedürftigen Erblasser[445]. Umfasst werden aber auch Leistungen im Haushalt des Erblassers, die

---

438 *Paetel*, S. 16.

439 Staudinger/*Löhnig* BGB § 2057a Rn. 5; Soergel/*Wolf* BGB § 2057a Rn.1; *Paetel*, S. 18; *Werwitzki*, S. 102.

440 MüKoBGB/*Ann* § 2057a Rn. 1; NK-BGB Erbrecht/*Eberl-Borges* § 2057a Rn. 1.

441 NK-BGB Erbrecht/*Eberl-Borges* § 2057a Rn.1; Soergel/*Wolf* BGB § 2057a Rn. 1.

442 *Werwitzki*, S. 26.

443 Soergel/*Wolf* BGB § 2057a Rn.1.

444 Palandt/*Weidlich* BGB § 2057a Rn. 1.

445 Soergel/*Wolf* BGB § 2057a Rn. 7; *Paetel*, S. 86; *Schneider*, ZEV 2018, 380, 381.

diesem als Person zu Gute kommen[446]. Gemeint ist damit die häusliche Pflege[447], jedoch werden die besonderen Tätigkeitsmerkmale des zivilrechtlichen Pflegebegriffs nicht weiter definiert[448]. Ein Hinweis auf Art und Umfang der erbrachten Pflegedienstleistungen kann sich aus der Einordnung des Erblassers in einen bestimmten Pflegegrad ergeben[449]; in diesem Fall kann unproblematisch davon ausgegangen werden, dass eine Pflegeleistung iSd § 2057a I 2 BGB vorliegt[450]. Das zivilrechtliche Verständnis des Pflegebegriffs geht nämlich weiter als der sozialrechtliche Begriff der Pflegebedürftigkeit iSd § 14 SGB XI[451]. Als Teil der Pflegeleistung umfasst § 2057a I 2 BGB auch die bloße Anwesenheit, wenn die Pflegeperson für Gespräche und die Sicherheit des Pflegebedürftigen zur Verfügung steht[452]. Insgesamt muss die Leistung aber über das hinausgehen, was Kinder ihren Eltern wegen der familiären Fürsorge- und Beistandspflicht gemäß § 1618a BGB schulden[453].

Die Pflege muss an den Erblasser in Person erbracht werden[454]. Allerdings muss der Ausgleichsberechtigte die Pflegeleistung nicht selbst, also nicht höchstpersönlich, erbracht haben. Er kann sich dazu auch eigener Familienangehöriger oder sonstiger Hilfskräfte bedienen[455].

Weiterhin muss die Pflege über eine längere Zeit erfolgt sein. Entscheidend für die maßgebliche Dauer sind jedoch die Umstände des Einzelfalls, also Art,

---

446 OLG Schleswig ZEV 2017, 400, 402; OLG Frankfurt, Urteil v. 19.03.2013 – 11 U 134/11.

447 Palandt/*Weidlich* BGB § 2057a Rn. 7.

448 Vgl. *Köbl,* in: FS Frank, S. 170; *Paetel,* S. 86; *Schneider,* ZEV 2018, 380, 381; *Teschner,* ZErb 2017, 61, 64.

449 Staudinger/*Löhnig* BGB § 2057a Rn. 23; so in den Fällen OLG Schleswig ZEV 2017, 400; ZEV 2013, 86, 90; OLG Frankfurt, Urteil v. 19.03.2013 – 11 U 134/11.

450 OLG Frankfurt ZEV 2020, 357, 359; OLG Schleswig ZEV 2017, 400, 402; OLG Frankfurt, Urteil v. 19.03.2013 – 11 U 134/11 Rn. 37; *Schneider,* ZEV 2018, 380, 381; *Teschner,* ZErb 2017, 61, 64.

451 Vgl. *Paetel,* S. 86; *Schneider,* ZEV 2018, 380, 381. Im Ergebnis wohl auch *Köbl,* in: FS Frank, S. 170. Dagegen jedoch *Werwitzki,* S. 81 ff., der auf die Definition des § 14 III SGB XI (a.F.) abstellt.

452 OLG Frankfurt ZEV 2020, 357, 359; OLG Schleswig ZEV 2017, 400, 403; *Kollmeyer,* NJW 2017, 1849, 1850.

453 OLG Frankfurt ZEV 2020, 357, 360; OLG Schleswig ZEV 2017, 400, 401; LG Magdeburg, Urteil v. 20.10.2010 – 9 O 1070/01.

454 Soergel/*Wolf* BGB § 2057a Rn. 7; *Teschner,* ZErb 2017, 61, 64.

455 OLG Schleswig ZEV 2013, 86, 90; Soergel/*Wolf* BGB § 2057a Rn. 7; Palandt/*Weidlich* BGB § 2057a Rn. 7; *Kollmeyer,* NJW 2017, 1849, 1850.

Umfang und Wert der Pflege[456]. Die Pflegeleistung muss in zeitlicher Hinsicht deutlich über das übliche Maß hinausgehen, was die anderen Erben erbracht haben[457]. Eine diesbezügliche Mindestgrenze für die Dauer der Pflegezeit kann nicht festgelegt werden[458]. Es ist insbesondere auch die Intensität der Pflegeleistung zu berücksichtigen[459]. Das hat zur Folge, dass etwa bei einer sehr aufwendigen Pflege ein eher kurzer Gesamtzeitraum ausreicht, während bei leichterer Pflegetätigkeit ein längerer Zeitraum zu verlangen ist[460].

3. *In besonderem Maße*

Aus dem Verweis auf § 2057a I 1 BGB ergibt sich, dass es sich um eine Leistung von erheblichem Ausmaß gehandelt haben muss[461]. Gemeint ist damit, dass die auszugleichende Pflegeleistung in besonderem Maße zur Mehrung oder Erhaltung des Erblasservermögens beigetragen haben muss. Dies ist gegeben, wenn die erbrachte Leistung deutlich über das hinausgeht, was die anderen Abkömmlinge erbracht haben[462]. Auszugleichen sind damit nur überobligatorische Leistungen, das im Rahmen einer normalen Eltern-Kind-Beziehung Geleistete kann nicht zurückgefordert werden[463]. Die Leistungen haben zur Mehrung oder Erhaltung des Erblasservermögens beigetragen, wenn dadurch solche Beträge eingespart werden, die – auch bei fiktiver Gegenrechnung von Leistungen der Pflegeversicherung – zusätzlich aus dem Erblasservermögen für eine professionelle Pflege oder gar für eine Heimunterbringung hätten ausgegeben werden müssen[464].

4. *Ausgleichsbeteiligte*

Am Ausgleich beteiligt sind als Berechtigte und als Verpflichtete nur die Abkömmlinge des Erblassers. Gemäß § 2051 I BGB analog ist im Fall des

456 Burandt/Rojahn/*Flechtner* BGB § 2057a Rn. 26; Soergel/*Wolf* BGB § 2057a Rn. 7.

457 OLG Schleswig ZEV 2017, 400, 401; OLG Frankfurt, Urteil v. 19.03.2013 – 11 U 134/11 Rn. 29.

458 Staudinger/*Löhnig* BGB § 2057a Rn. 24; *Schneider*, ZEV 2018, 380, 382.

459 Vgl. *Teschner*, ZErb 2017, 61, 65; MüKoBGB/*Ann* § 2057a Rn. 23.

460 Burandt/Rojahn/*Flechtner* BGB § 2057a Rn. 26; *Teschner*, ZErb 2017, 61, 65.

461 Palandt/*Weidlich* BGB § 2057a Rn. 7; Staudinger/*Löhnig* BGB § 2057a Rn. 20.

462 OLG Frankfurt ZEV 2020, 357, 360; *Teschner*, ZErb 2017, 61, 65.

463 OLG Frankfurt ZEV 2020, 357, 360; OLG Schleswig ZEV 2017, 400, 401; LG Magdeburg, Urteil v. 20.10.2010 – 9 0 1070/01; *Teschner*, ZErb 2017, 61, 65.

464 OLG Frankfurt ZEV 2020, 357, 360; OLG Schleswig ZEV 2017, 400, 401; *Schneider*, ZEV 2018, 380, 383.

Vorversterbens der Abkömmling des ausgleichsberechtigten Abkömmlings ausgleichsberechtigt, der an dessen Stelle tritt[465]. Dies meint ein Enkelkind des Erblassers, wenn dessen Elternteil den Erblasser gepflegt hat und dieser Elternteil vor dem Erbfall ebenfalls stirbt.

5. *Kein Entgelt, § 2057a II 1 BGB*

Gemäß § 2057a II BGB kann eine Ausgleichung nicht verlangt werden, wenn für die Pflegeleistungen ein angemessenes Entgelt gewährt oder vereinbart worden ist. Der Anspruch aus § 2057a I BGB ist gegenüber anderen möglichen Ansprüchen auf Leistungsentgelt subsidiär[466]. Wurde ein Pflegegeld nach § 37 I SGB XI gewährt und an die Pflegeperson weitergeleitet, so stellt dies kein angemessenes Entgelt iSd § 2057a II 1 BGB dar und führt damit nicht zu einem Anspruchsausschluss[467].

6. *Ermittlung des Ausgleichsbetrags*

Für die Ermittlung des Ausgleichsbetrags ist § 2057a III BGB maßgeblich. Demgemäß ist die Ausgleichung so zu bemessen, wie es mit Rücksicht auf die Dauer und den Umfang der Leistungen und auf den Wert des Nachlasses der Billigkeit entspricht. Dazu sind jedoch keine minutiösen Einzelfeststellungen und mathematischen Berechnungen erforderlich; vielmehr ist eine Gesamtschau vorzunehmen[468]. Dies ist damit zu bergründen, dass eine Aufrechnung aller Einzelposten zu unüberwindlichen praktischen Schwierigkeiten führen würde[469]. Zur Ermittlung hat sich in der Rechtsprechung eine vorzunehmende Prüfung in drei Stufen entwickelt[470]:

Auf der ersten Stufe sind Dauer und Umfang der Pflegeleistung zu berücksichtigen, insbesondere der Leistungszeitraum insgesamt, der tägliche Aufwand und die Höhe der dem Erblasser überlassenen Geldmittel[471]. Weiterhin

---

465 MüKoBGB/*Ann* § 2057a Rn. 7; Palandt/*Weidlich* BGB § 2057a Rn. 3.

466 Staudinger/*Löhnig* BGB § 2057a Rn. 30; MüKoBGB/*Ann* § 2057a Rn. 30.

467 LG Konstanz ZErb 2010, 93, 94; ferner OLG Frankfurt, Urteil v. 19.03.2013 -11 U 134/11.

468 OLG Frankfurt ZEV 2020, 357, 360; OLG Schleswig ZEV 2017, 400, 401, 402; ZEV 2013, 86, 91; OLG Frankfurt, Urteil v. 19.03.2013 - 11 U 134/11; Staudinger/*Löhnig* BGB § 2057a Rn. 36; *Kollmeyer,* NJW 2017, 1849, 1851.

469 BGH NJW 1993, 1197, 1198.

470 Vgl. OLG Schleswig ZEV 2017, 400, 402 ff.; ZEV 2013, 86, 91.

471 OLG Frankfurt ZEV 2020, 357, 360; OLG Schleswig ZEV 2017, 400, 402; ZEV 2013, 86, 91.

ist einzubeziehen, in welchem Umfang der Nachlass durch die Leistung erhalten oder vermehrt wurde[472].

In einem zweiten Schritt sind Billigkeitsaspekte zu berücksichtigen[473]. Auf der einen Seite ist der immaterielle Wert der Pflege für den Erblasser einzustellen[474]. Auf der anderen Seite müssen die Nachteile sowie gegebenenfalls auch die Vorteile für den pflegenden Abkömmling einberechnet werden.

Auf der dritten Stufe müssen die Interessen der übrigen Erben und der Pflichtteilsberechtigten beachtet werden[475]. Zum Schutz dieser darf der Ausgleichungsbetrag nicht den Wert des gesamten Nachlasses erreichen und die anderen Abkömmlinge dürfen nicht leer ausgehen[476]. An dieser Stelle ist jedoch ein gegebenenfalls weitergeleitetes Pflegegeld nach § 37 I SGB XI zu berücksichtigen. Da es für die Feststellung des Ausgleichsbetrages insgesamt keine feste Berechnungsmethode gibt, gibt es auch für die Berücksichtigung des Pflegegeldes keine einheitliche Lösung[477].

Zur Verdeutlichung soll folgender Beispielsfall dienen[478]:

Der verwitwete Erblasser E war die letzten 10 Jahre vor seinem Tod pflegebedürftig, die ersten fünf Jahre in Pflegegrad 2 und die letzten fünf Jahre in Pflegegrad 4. Er hinterlässt die drei Kinder A, B und C. A hat den E die gesamte Zeit zu Hause gepflegt und ist zu diesem Zweck auch bei seinem Vater eingezogen. Der Wert des Nachlasses beträgt 300.000 €. Ein Testament liegt nicht vor.

Die Anspruchsvoraussetzungen nach § 2057a I 2 BGB sind erfüllt. Fraglich erscheint, wie hoch die Summe des Ausgleichsbetrages ist, den A von seinen Geschwistern B und C verlangen kann.

---

472 OLG Schleswig ZEV 2017, 400, 402; ZEV 2013, 86, 91; OLG Frankfurt, Urteil v. 19.03.2013 - 11 U 134/11.

473 Vgl. OLG Schleswig ZEV 2017, 400, 402.

474 OLG Frankfurt ZEV 2020, 357, 360.

475 Vgl. OLG Schleswig ZEV 2017, 400, 402; Staudinger/*Löhnig* BGB § 2057a Rn. 40.

476 BGH NJW 1993, 1197, 1198; OLG Frankfurt ZEV 2020, 357, 360; OLG Schleswig ZEV 2013, 86, 91; MüKoBGB/*Ann* § 2057a Rn. 37; Staudinger/*Löhnig* BGB § 2057a Rn. 40.

477 Vgl. LG Konstanz ZErb 2010, 93: Dort wird das Pflegegeld lediglich bei der Berechnung des monatlichen Pflegeaufwandes berücksichtigt. OLG Frankfurt, Urteil v. 19.03.2013 - 11 U 134/11: Hier wird das Pflegegeld nicht abgezogen, da es bei Inanspruchnahme eines externen Pflegedienstes nicht gezahlt worden wäre, und eine mögliche tatsächliche Minderung durch zusätzlich angefallene Kosten kompensiert worden wäre.

478 Orientiert an OLG Schleswig ZEV 2017, 400.

In Stufe 1 geht es um die Dauer und den Umfang der erbrachten Leistung einerseits und die Frage, in welchem Umfang der Nachlass dadurch erhalten wurde, andererseits. Die Dauer der Pflege beträgt hier 10 Jahre. Bezüglich des Umfangs kann auf die Einordnung in die Pflegegrade nach SGB XI abgestellt werden. Darüber hinaus ist aber auch zu berücksichtigen, dass A stets verfügbar und fast durchgehend anwesend war, sodass eine Beaufsichtigung des E immer gewährleistet war[479].

Bei der Ermittlung, in welchem Umfang der Nachlass erhalten wurde, kann auf die fiktiven Kosten einer Heimunterbringung abgestellt werden[480]. Dazu wird sich an den Pflegekosten für eine ortsnahe Pflegeeinrichtung orientiert und die aktuellen Monatssätze für den entsprechenden Pflegegrad in Rechnung gestellt[481]. Maßgeblich ist ein Pflegeheim von durchschnittlichem Standard[482]. Davon werden dann die fiktiven Leistungen der Pflegeversicherung bei stationärer Unterbringung abgezogen. Ferner werden ein Eigenbedarf des E sowie seine Einnahmen berücksichtigt. Kommt nach den Umständen des Einzelfalls ein Umzug in ein Pflegeheim nicht in Betracht, so kann im Zweifelsfall nur auf die Pflegegeldansprüche des Erblassers zurückgegriffen werden[483]. Daraus folgt aber auch, dass kein Betrag festgesetzt werden und damit kein Ausgleich verlangt werden kann, wenn der Erblasser nicht nach SGB XI in einen Pflegegrad eingestuft worden ist[484].

In Stufe 2 geht es um die Billigkeitsaspekte. Hier ist insbesondere der immaterielle Wert der Pflege für den Erblasser zu berücksichtigen[485]. Dies umfasst Gesichtspunkte wie die Sorgfältigkeit und Gründlichkeit der Pflege, die Wichtigkeit für den Erblasser, zu Hause bleiben zu können, die zeitliche Ausdehnung der Pflege und inwieweit die Pflegeperson ihre Eigeninteressen zurückstellen musste[486]. Im Hinblick auf diese Aspekte kann es angemessen sein, den in Stufe 1 ermittelten Betrag zu verdoppeln[487]. Dabei ist jedoch auch der Wert des Nachlasses zu berücksichtigen[488].

Weiterhin sind noch sonstige Vor- und Nachteile des pflegenden Abkömmlings in die Berechnung einzustellen. Vorteile sind etwa die Ersparnis eigener

---

479 Vgl. OLG Schleswig ZEV 2017, 400, 403; ZEV 2013, 86, 91.

480 Vgl. OLG Frankfurt ZEV 2020, 357, 360, 361; OLG Schleswig ZEV 2017, 400, 404.

481 OLG Schleswig ZEV 2017, 400, 404.

482 Vgl. OLG Schleswig ZEV 2013, 86, 91.

483 OLG Frankfurt, Urteil v. 19.03.2013 – 11 U 134/11 Rn. 50, 55.

484 Vgl. OLG Schleswig ZEV 2017, 400, 406, 407.

485 *Teschner*, ZErb 2017, 89, 90.

486 Vgl. OLG Schleswig ZEV 2017, 400, 405.

487 So OLG Schleswig ZEV 2017, 400, 405; OLG Frankfurt, Urteil v. 19.03.2013 – 11 U 134/11 Rn. 56, 57.

488 Vgl. OLG Frankfurt ZEV 2020, 357, 360; Urteil v. 19.03.2013 – 11 U 134/11 Rn. 57; Staudinger/*Löhnig* BGB § 2057a Rn. 39.

Mietkosten, wenn der Abkömmling bei seinem pflegebedürftigen Elternteil wohnt[489]. Dabei kommt es auf die tatsächlich vor dem Umzug entrichtete Miete des Abkömmlings an, nicht auf einen möglichen Nutzungsvorteil, wenn das Elternhaus weitaus großzügiger ist[490]. Als weiterer Vorteil muss der Pflegeperson ein Vorteilsbetrag für Lebenserhaltungskosten angerechnet werden, wenn diese auf Kosten des Erblassers lebt. Demgegenüber ist der Nachteil zu berücksichtigen, dass der Abkömmling Einschränkungen in der Freizeit und bei der Arbeit hinnehmen muss. Einkommensverlust und Verzicht auf Mehrverdienst sind häufig jedoch nicht genau feststellbar[491]. Dies ist aber unerheblich, da es nicht um den Ersatz des Verdienstausfalls geht, sondern um einen Ausgleich nach Billigkeit[492]. Ferner kann dem pflegenden Abkömmling als Nachteil angerechnet werden, wenn er durch eigene Reparatur- und Baumaßnahmen zum Erhalt des Elternhauses beigetragen hat[493].

In Stufe 3 schließlich sind die Vermögensinteressen der übrigen Erben und der Pflichtteilsberechtigten zu berücksichtigen. Die Interessen der anderen Abkömmlinge sind dann gewahrt, wenn ihnen bei der Auseinandersetzung nach Abzug des nach Stufen 1 und 2 ermittelten Betrages mehr als der Pflichtteil verbleibt[494]. Im Beispielsfall würde ein Pflichtteilsanspruch der Abkömmlinge in Höhe von 50.000 € bestehen. Um die Interessen von B und C zu wahren, darf der Ausgleichsbetrag also maximal nur so hoch sein, dass ihnen jeweils 50.000 € verbleiben.

7. Durchführung der Ausgleichung

Besteht ein Anspruch nach § 2057a I 2 BGB, so wird dieser erst bei der Auseinandersetzung berücksichtigt[495]. Der Ausgleichsanspruch ist keine Nachlassverbindlichkeit iSd § 1967 BGB, der vor der Auseinandersetzung zu erfüllen wäre[496]. Die Erbenstellung an sich wird nicht berührt. Es wird lediglich eine Abweichung der Teilungsquote von der Erbquote bewirkt[497]. Der Ausgleich erfolgt so, dass

---

489 OLG Schleswig ZEV 2017, 400, 405.

490 Vgl. OLG Schleswig ZEV 2017, 400, 405, 406.

491 Vgl. OLG Schleswig ZEV 2017, 400, 406; ZEV 2013, 86, 91.

492 OLG Schleswig ZEV 2013, 86, 91.

493 OLG Schleswig ZEV 2017, 400, 405; ZEV 2013, 86, 91.

494 Vgl. OLG Schleswig ZEV 2017, 400, 406.

495 MüKoBGB/*Ann* § 2057a Rn. 40; Burandt/Rojahn/*Flechtner* BGB § 2057a Rn. 39; Staudinger/*Löhnig* BGB § 2057a Rn. 42.

496 OLG Frankfurt, Urteil v. 19.03.2013 – 11 U 134/11 Rn. 22; Burandt/Rojahn/*Flechtner* BGB § 2057a Rn. 39.

497 *Teschner*, ZErb 2017, 89, 94; Staudinger/*Löhnig* BGB § 2057a Rn. 42.

von der Erbmasse zunächst der Ausgleichsbetrag abgezogen wird. Im Anschluss wird das verbleibende Vermögen durch die Anzahl der Abkömmlinge dividiert. Der pflegende Abkömmling erhält dann den Ausgleichsbetrag und den Teil, der jedem Abkömmling zusteht.

Auf den Beispielsfall bezogen bedeutet dies: A steht als Kind des E grundsätzlich gemäß §§ 1922, 1924 IV BGB ein Erbteil in Höhe von 100.000 € zu, ebenso den Geschwistern B und C. Wird wegen der geleisteten Pflege ein Ausgleichsbetrag gemäß § 2057a I 2 BGB in Höhe von 100.000 € ermittelt, so ist dieser Wert vom Nachlass iHv 300.000 € abzuziehen. Die verbleibenden 200.000 € sind dann durch die drei Abkömmlinge zu teilen. Somit bekommt A im Ergebnis 166.666 € und seine Geschwister jeweils nur 66.666 €.

Wäre E im Beispielsfall nicht verwitwet, sondern würde er auch eine Ehefrau hinterlassen, so wäre ihr Anteil vorher noch abzuziehen[498]. Die Ehefrau erhielte nach §§ 1931 I, III, 1371 I BGB die Hälfte des Nachlasses, hier also 150.000 €. Von den restlichen 150.000 € würden ohne Ausgleich auf jedes Kind 50.000 € fallen. Der Pflichtteilsanspruch der Kinder würde nun 25.000 € betragen. An dieser Stelle ist § 2057a I 2 BGB zu berücksichtigen. Sofern es die Umstände des Einzelfalls rechtfertigen, könnte also ein Ausgleichsanspruch in Höhe von 50.000 € des A bestehen. Von den verbleibenden 150.000 € wären die 50.000 € Ausgleichsanspruch abzuziehen und die restlichen 100.000 € durch die drei Abkömmlinge zu teilen. A erhielte dann 83.333 €, B und C jeweils 33.333 €.

8. *Verhältnis zum Pflichtteilsrecht*

Grundsätzlich ergeben sich keine Probleme des Ausgleichsanspruchs im Verhältnis zum Pflichtteilsrecht. § 2057a I 2 BGB findet nämlich nur bei gesetzlicher Erbfolge zwischen den Abkömmlingen Anwendung, die auch gleichzeitig die Pflichtteilsberechtigten sind.

Werden die Abkömmlinge nicht Erben, so bleibt die Regelung in § 2316 BGB zu beachten. § 2316 I 1 BGB schreibt vor, dass bei Vorhandensein mehrerer Abkömmlinge bei der Pflichtteilsberechnung die bei gesetzlicher Erbfolge geltenden Vorschriften über die Ausgleichung von Zuwendungen zu berücksichtigen sind[499]. Für die Berechnung bedeutet dies, dass gemäß § 2316 I 1 BGB zu unterstellen ist, dass gesetzliche Erbfolge eingetreten wäre, und demgemäß die hypothetischen gesetzlichen Erbteile der Abkömmlinge unter Berücksichtigung

498 Vgl. Staudinger/*Löhnig* BGB § 2057a Rn. 49.
499 Palandt/*Weidlich* BGB § 2316 Rn. 1.

des § 2057a I 2 BGB zu ermitteln sind[500]. Der Pflichtteil beträgt dann die Hälfte des hypothetisch ermittelten gesetzlichen Erbteils.

Der Verdeutlichung dient folgender Beispielsfall[501]:

Erblasser E setzt durch Testament seine nichteheliche Lebensgefährtin N zur Alleinerbin ein und hinterlässt drei Kinder A, B und C. E war vor seinem Tod pflegebedürftig und wurde von A gepflegt. Da die Kinder keine Erben sind, wollen sie ihren Pflichtteil geltend machen. Der Nachlass beträgt 9000 €.

Zunächst muss der hypothetische gesetzliche Erbteil der Kinder ermittelt werden. Bei gesetzlicher Erbfolge würde der Erbteil der Kinder gemäß § 1924 I, IV BGB jeweils ein Drittel betragen, hier also 3000 €. A hat den E jedoch gepflegt, sodass ihm im Fall gesetzlicher Erbfolge ein Ausgleichsanspruch gemäß § 2057a I 2 BGB zustehen würde. Dieser sei hier (ohne weitere Angaben) auf 3000 € festzusetzen. Dessen Berücksichtigung mindert den Wert des Nachlasses auf 6000 €. Somit stünden B und C gesetzliche Erbteile von jeweils 2000 € (ein Drittel von 6000 €) zu, bzw. Pflichtteile iHv 1000 €. Für A wäre bei der Pflichtteilsberechnung ein Betrag von 5000 € zugrunde zu legen, bestehend aus dem gesetzlichen Erbteil in Höhe von 2000 € und dem Ausgleichsbetrag nach § 2057a I 2 BGB in Höhe von 3000 €, § 2316 I BGB. Der Pflichtteil beträgt davon die Hälfte, § 2303 I 2 BGB. Also hat A einen Pflichtteilsanspruch in Höhe von 2500 €.

Die Anrechnung der Ausgleichsforderung auf den Pflichtteil ist auch in der Konstellation möglich, dass ein Erblasser mehrere Kinder hat, von denen eines ihn gepflegt hat. Dieses pflegende Kind setzt er als Alleinerben ein. Machen die enterbten Geschwister ihren Pflichtteilsanspruch gegenüber dem Alleinerben-Kind geltend, so kann dieses einen Ausgleich seiner Leistungen nach §§ 2057a I 2, 2316 I 1 BGB gegenüber den Pflichtteilsansprüchen seiner Geschwister geltend machen[502].

IV. Regelungsdefizite hinsichtlich des Ziels der Stärkung der häuslichen Pflege

Die Norm des § 2057a I 2 BGB weist nach überwiegender Ansicht erhebliche Regelungsdefizite auf.

---

500 Vgl. BGH NJW 1993, 1197.

501 In Anlehnung an Beispielsfall bei Palandt/*Weidlich* BGB § 2316 Rn. 5.

502 BGH NJW 1993, 1197; OLG Schleswig ZEV 2013, 86, 90.

1. Begrenzter Kreis der Ausgleichsbeteiligten

Das offensichtlichste Defizit ist der enge Kreis der Ausgleichsbeteiligten[503], der sich auf die Abkömmlinge beschränkt. Diese Unstimmigkeit betrifft beide Seiten des Ausgleichs: Zum einen erscheint es nicht sinnvoll, dass nur Abkömmlinge überhaupt einen Ausgleich erhalten können, während andere Personen gar nichts erhalten, wenn sie die gleiche Leistung erbracht haben. Zum anderen überzeugt nicht, dass andere Personen bzw. Miterben nicht als Verpflichtete in den Ausgleich miteinbezogen werden, wenn auch ihr Erbteil durch die unentgeltliche Leistung des Abkömmlings erhalten oder vermehrt wurde. Daher bietet die Regelung des § 2057a I 2 BGB keinen Anreiz zur Erbringung häuslicher Pflegeleistungen für solche Personen oder Miterben, die keine Abkömmlinge des Erblassers sind.

2. Unsicherheit in der Rechtsanwendung aufgrund zu vieler unbestimmter Rechtsbegriffe

Als weiteres Defizit werden die vielen unbestimmten Rechtsbegriffe („*während längerer* Zeit", „*in besonderem* Maße", „*Billigkeit*") gesehen[504]. In Fällen, in denen eine Einordnung in einen der Pflegegrade nach § 15 III SGB XI vorliegt, dürften diese Begriffe wenig Bedeutung haben. Insbesondere die Begriffe „*während längerer Zeit*" und „*in besonderem Maße*" dürften dann in der Regel keine Probleme bereiten, weil ein Gutachten bezüglich der Feststellung der Pflegebedürftigkeit vorliegt. Die Einordnung in einen Pflegegrad setzt nämlich ein bestimmtes und besonderes Maß an erforderlicher Pflege voraus: Bei Pflegegrad 2 müssen gemäß § 15 III Nr. 2 SGB XI erhebliche Beeinträchtigungen der Selbstständigkeit oder der Fähigkeiten vorliegen.

Von Bedeutung sind diese unbestimmten Rechtsbegriffe jedoch in den Fällen, in denen keine Leistungen aus der Pflegeversicherung erbracht worden sind und daher keine Einordnung vorliegt. Dies kann etwa der Fall sein, weil (noch) keine Pflegebedürftigkeit nach §§ 14, 15 SGB XI vorlag oder weil die Betroffenen keinen Antrag gestellt haben, aus welchen Gründen auch immer. Doch für genau diese Fälle sind die unbestimmten Rechtsbegriffe von Vorteil, da

---

503 Vgl. *Otte,* ZEV 2008, 260, 261; *Windel,* ZEV 2008, 305; *Ludyga,* ZErb 2009, 289, 292; *Reimann,* FamRZ 2009, 1633, 1634; *Kroppenberg,* NJW 2010, 2609, 2611; Staudinger/*Löhnig* BGB § 2057a Rn. 2; *Windel,* ErbR 2010, 241, 242, 243.

504 So auch Burandt/Rojahn/*Flechtner* BGB § 2057a Rn. 2; *Ludyga,* ZErb 2009, 289, 291; *Kollmeyer,* NJW 2017, 1849; *Teschner,* ZErb 2017, 61, 64.

sie den Ausgleichsanspruch auch ermöglichen, wenn keine Leistungen aus der Pflegeversicherung in Anspruch genommen wurden[505]. Dadurch kann auch der Tatsache Rechnung getragen werden, dass sich der Umfang der erforderlichen Pflegeleistungen in dem gesamten Zeitraum erheblich verändern kann[506].

Problematisch sind die Unsicherheiten, die bei der Ermittlung der Höhe des Ausgleichsanspruchs bestehen[507]. Schwierig ist vor allem die Bewertung der Pflegeleistungen, da der Umfang im Nachhinein nur schwer feststellbar ist[508], sofern keine Einordnung in einen Pflegegrad vorliegt. Das dürfte in der Praxis ein erheblicher Streitpunkt sein.

Zudem ist schwierig zu beurteilen, inwieweit durch die Pflegeleistung der Nachlass erhalten wurde, wenn eine Pflegebedürftigkeit nach § 14 SGB XI vorliegt. Hätte der Abkömmling den Erblasser nicht gepflegt, so wäre in der Regel ein Pflegedienst in Anspruch genommen worden, für dessen Kosten die Pflegeversicherung gemäß § 36 SGB XI aufgekommen wäre[509]. Allerdings kann eventuell auf Mehrkosten bei einer Heimunterbringung als Kriterium für eine Ersparnis abgestellt werden[510]. Doch ist dieses Kriterium kein sicherer Anhaltspunkt; denn die alternativen Pflegeheimkosten als Bemessungsgrundlage können dann nicht überzeugen, wenn der Erblasser unter allen Umständen zu Hause bleiben wollte[511]. In den meisten Fällen wird es aber grundsätzlich dem Willen und Wunsch des Erblassers entsprechen, zu Hause zu bleiben. Anderenfalls hätten sich die Beteiligten nicht für die häusliche Pflege entschieden. Die Grenze, ab der man zur Berechnung auf alternative Heimkosten oder auf den Pflegegeldanspruch abstellt, ist nicht deutlich. Die Bestimmung der hypothetischen Aufwendungen im Fall der professionellen oder institutionellen Pflege ist zudem mit erheblichen Unsicherheiten verbunden. Das Kriterium der Ersparnis ist daher kritisch zu sehen.

---

505 So z.B. OLG Schleswig ZEV 2013, 86, 90: Hier wurde die Erblasserin bereits 17 Monate gepflegt, bevor eine Einordnung in Pflegestufe 1 (SGB XI a.F.) erfolgte.

506 OLG Schleswig ZEV 2013, 86, 90.

507 So auch *Keim,* ZEV 2008, 161, 166; *Paetel,* S. 224; *Windel,* ErbR 2010, 241, 243; *Kollmeyer,* NJW 2017, 1849, 1851.

508 *Keim*, ZEV 2008, 161, 166; *Paetel,* S. 225.

509 So auch *Paetel,* S. 35.

510 So z.B. OLG Schleswig ZEV 2017, 400; ZEV 2013, 86, 91.

511 So OLG Frankfurt, Urteil v. 19.03.2013 – 11 U 134/11 Rn. 50.

3. *Zu kurz greifender Regelungszweck*

Festzuhalten ist, dass die Stärkung der häuslichen Pflege grundsätzlich nicht Sinn und Zweck von § 2057a I 2 BGB ist. Auch wenn im Ergebnis die Pflegeleistung eines Abkömmlings honoriert wird, ist es nicht Ziel der Norm, hierfür einen Anreiz zu schaffen. Der ursprüngliche Grundgedanke der im Jahr 1969 eingeführten Norm ist heute auch nicht mehr zeitgemäß. Der Gedanke, eine Ungleichbehandlung ehelicher und nichtehelicher Kinder zu kompensieren, mag allenfalls im Einzelfall noch eine Rolle spielen. Außerdem hat der Gesetzgeber bei Erlass der Norm die Leistungen der Pflegeversicherung noch nicht berücksichtigen können. Solche Leistungen dürfen aber bei einer entsprechenden erbrechtlichen Regelung nicht außer Betracht bleiben.

D. Möglichkeit der Erweiterung der bestehenden Regelung

Es ist nun zu prüfen, ob die häusliche Pflege bereits dadurch gestärkt werden kann, dass Änderungen an der bestehenden Ausgleichsregelung vorgenommen werden. Zu betrachten sind dabei insbesondere die Vorschläge, die im Laufe der Erbrechtsreform 2009 gemacht wurden.

I. Verbesserung durch die Erbrechtsreform 2009?

Seit der Kodifizierung des Erbrechts am Ende des 19. Jahrhunderts haben sich die gesellschaftlichen Rahmenbedingungen und Wertvorstellungen geändert[512]; die für die häusliche Pflege maßgeblichen Änderungen wurden bereits erläutert. Die Grundkonzeption hat sich bewährt, nur in einzelnen Bereichen passt das Erbrecht des BGB nicht mehr mit den gewandelten Rahmenbedingungen und Wertvorstellungen zusammen[513]. In diesen Bereichen Lösungen durch neue erbrechtliche Regelungen zu finden, war Anlass der Reform im Jahr 2009[514]. Eines dieser Ziele war, den erbrechtlichen Ausgleich von Pflegeleistungen zu stärken, um damit die häusliche Pflege zu fördern[515]. Außerdem sollte der Erblasser dazu motiviert werden, sich mit diesem Thema zu beschäftigen, um dann selbst durch eine entsprechende Verfügung von Todes wegen die an ihn erbrachten Pflegeleistungen zu honorieren[516].

---

512 BT-Drs 16/8954 S. 8.

513 Vgl. *Meyer,* FPR 2008, 537; *Röthel,* A 10; BT-Drs. 16/8954 S. 9.

514 BT-Drs. 16/8954 S. 9.

515 BT-Drs. 16/8954 S. 10; Burandt/Rojahn/*Flechtner* BGB § 2057a Rn. 3.

516 BR-Drs. 96/08 S. 37.

Im Ergebnis fielen die Änderungen hinsichtlich des Ziels, die häusliche Pflege zu stärken, jedoch gering aus. Lediglich die Voraussetzung „Verzicht auf berufliches Einkommen“ in § 2057a I 2 BGB a.F. wurde mit der Erbrechtsreform gestrichen. Als Folge kann ein Abkömmling einen Ausgleich nun auch dann verlangen, wenn er die Pflegeleistung nicht unter Verzicht auf berufliches Einkommen erbracht hat. Damit waren die häufigen Fälle, dass etwa eine Hausfrau die Pflegeleistung erbringt oder dass die Pflege neben einer Berufstätigkeit ausgeübt wird, mitberücksichtigt[517]. Diese Änderung war zu begrüßen[518] und wurde nicht kritisiert. Weitere Änderungen des § 2057a I 2 BGB wurden indes nicht beschlossen.

II. Vorschlag der Einführung eines § 2057b BGB

Im Rahmen der Erbrechtsreform 2009 wurde diskutiert, einen § 2057b BGB einzuführen, der den Ausgleich von Pflegeleistungen selbstständig regeln sollte. § 2057a I 2 BGB wäre dann zu streichen gewesen. Der entsprechende Gesetzentwurf der Bundesregierung lautete folgendermaßen[519]:

> *§ 2057b Ausgleichungspflicht bei Pflegeleistungen eines gesetzlichen Erben*
>
> *(1) Ein gesetzlicher Erbe, der den Erblasser während längerer Zeit gepflegt hat, kann bei der Auseinandersetzung die Ausgleichung dieser Leistung verlangen. § 2052 und § 2057a II und IV gelten entsprechend.*
> *(2) Die Höhe des Ausgleichsanspruchs bemisst sich in der Regel nach den zur Zeit des Erbfalls in § 36 III des Elften Buches Sozialgesetzbuch vorgesehenen Beträgen.*

1. Vergleich mit der aktuellen Regelung in § 2057a I 2 BGB

a) Die zu erbringende Leistung

Beide Vorschriften nennen als vorausgesetzte Leistung „Pflege“, ohne diesbezügliche weitere Merkmale zu konkretisieren. Daher erfassen sie beide grundsätzlich den zivilrechtlichen Pflegebegriff. Allerdings wird in § 2057b III-E BGB für die Höhe der Ausgleichsbeträge konkret auf das SGB XI verwiesen. Daraus muss sinngemäß und systematisch folgen, dass auch die zugrundeliegenden Kriterien

517 Vgl. Burandt/Rojahn/*Flechtner* BGB § 2057a Rn. 2; BT-Drs. 16/8954 S. 10, 17. Zur frauendiskriminierenden Wirkung *Paetel*, S. 101 ff.

518 So auch Burandt/Rojahn/*Flechtner* BGB § 2057a Rn. 2; *Otte*, ZEV 2008, 260; *Paetel*, S. 104 f.

519 RegE, BT-Drs. 16/8954 S. 6.

der Pflegebedürftigkeit der §§ 14, 15 SGB XI hier zu berücksichtigen sind[520]. Eine andere Bewertung der gleichen Leistung würde systemwidrig erscheinen. Selbst wenn man über diesen Widerspruch hinwegsehen würde, dürfte es einem Anspruchsteller schwerfallen, einen entsprechenden Anspruch gerichtlich geltend zu machen, wenn eine Ablehnung der Einordnung in einen Pflegegrad vorliegt. Nach der Formulierung des § 2057b-E BGB liegt es daher nahe, dass es sich um Pflege iSd SGB XI handeln und der Erblasser pflegebedürftig nach § 14 SGB XI gewesen sein muss. Bei § 2057a I 2 BGB ist dies nicht zwingend notwendig, da es keinen expliziten Verweis auf das SGB XI gibt. Der Kreis der umfassten Leistungen ist demnach weiter[521]. Entscheidend dürfte dies (zum Zeitpunkt der Erbrechtsreform) vor allem bei Erblassern mit psychischen Störungen oder einer Demenzerkrankung gewesen sein[522]. Seit der Neueinführung des Pflegebedürftigkeitsbegriffes zum 01.01.2017 ist dieses Problem behoben.

Ähnlich liegt es mit dem Kriterium der Dauer der Leistungserbringung. Beide Normen fordern zwar eine „längere Zeit". Doch bei § 2057b-E BGB ist dieses Erfordernis aufgrund des Verweises auf § 36 III SGB XI gegenstandslos, da sich die dort aufgeführten Beträge hinreichend klar auf den Zeitraum von einem Monat beziehen[523]. Folgerichtig müsste dann auch die einmonatige Erbringung von Pflegeleistungen einen Ausgleichsanspruch begründen können.

b) Erweiterter Kreis der Ausgleichsbeteiligten

Mit § 2057b-E BGB sollte der Kreis der am Ausgleich beteiligten Personen von den Abkömmlingen auf die gesetzlichen Erben ausgeweitet werden[524]. Die entscheidende Personengruppe, die dadurch in den Ausgleich mit einbezogen worden wäre, wären die Ehegatten gewesen. Dies wurde damit begründet, dass eine Begrenzung auf die Abkömmlinge im Hinblick auf die steigende Zahl kinderloser Menschen nicht mehr sinnvoll erscheine[525]. Primär sind es auch die Ehegatten, die sich um ihren pflegebedürftigen Partner kümmern. Kinder pflegen ihren Elternteil in der Regel erst dann, wenn der Ehegatte die Rolle der Pflegeperson nicht mehr übernehmen kann. Den Ehegatten als primäre Pflegeperson in den Beteiligtenkreis aufzunehmen, erscheint daher sinnvoll. Auch wenn die

---

520 Vgl. *Köbl,* in: FS Frank, S. 170.
521 So z.B. OLG Schleswig ZEV 2013, 86, 90, jedoch noch für § 2057a BGB a.F.
522 Vgl. *Köbl,* in: FS Frank, S. 170.
523 So auch *Köbl,* in: FS Frank, S. 171; BT-Drs. 16/8954 S. 35.
524 BT-Drs. 16/8954 S. 17.
525 BT-Drs. 16/8954 S. 17.

Erweiterung auf die gesetzlichen Erben beschränkt ist und damit nicht alle Pflegepersonen erfasst, so wäre es dennoch eine Erweiterung, die grundsätzlich zu befürworten ist[526].

c) Vorgaben zur Ermittlung des Ausgleichsbetrages

§ 2057b-E BGB beinhaltete einen Verweis auf § 36 III SGB XI und wollte damit konkrete Regelungen für die Höhe des Ausgleichungsbetrages in Bezug nehmen. Bei einem Ausgleich nach § 2057a I 2 BGB hingegen ist der Betrag nach der Billigkeit zu bemessen. Eine solche Änderung wäre grundsätzlich begrüßenswert[527]. Die Festsetzung des Ausgleichsbetrages nach Billigkeit ist mit praktischen Problemen verbunden, die durch die Vorgabe konkreter Kriterien vermieden werden können[528].

Der Entwurf sah vor, auf die Kostenbeträge in § 36 III SGB XI zu verweisen, die für die fremde Pflege durch eine professionelle Pflegekraft gelten, nicht auf die Beträge in § 37 I SGB XI, die für selbst beschaffte Pflegehilfen gelten[529]. Die Anknüpfung an die höheren Sätze des § 36 III SGB XI hielt der Regierungsentwurf für angemessen[530]. In der Tatsache, dass die Pflegeleistung derselben Person somit im Sozialrecht und im Erbrecht unterschiedlich bewertet werden würde, wurde kein Widerspruch gesehen, da es sich bei Leistungen aus der Pflegeversicherung um staatliche Leistungen handelte, während die erbrechtliche Ausgleichung das Privatrecht betreffe[531].

Insoweit ist jedoch Kritik anzuführen. Hintergrund der höheren Beträge des § 36 III SGB XI für beruflich tätige Pflegekräfte ist, dass diese Beträge das Brutto-Entgelt sind; davon müssen also noch Lohnsteuer und Sozialabgaben abgezogen werden[532]. Das Entgelt, welches die Pflegekraft schließlich erhält, ist daher niedriger. Bei pflegenden Angehörigen fallen solche Kosten jedoch gerade nicht an, sodass das Entgelt im Ergebnis höher wäre als das, welches eine berufliche Pflegekraft nach Abzug aller Kosten erhält. Diese Tatsache kann die Anwendung der höheren Beträge kaum rechtfertigen. Dies könnte auch eine abschreckende

526 So auch *Otte*, ZEV 2008, 260, 261; *Kroppenberg*, NJW 2010, 2609, 2610; *Windel*, ZEV 2008, 305; *Ludyga*, ZErb 2009, 289, 292; *Werwitzki*, S. 110.

527 *Meyer*, FPR 2008, 537, 541; *Otte*, ZEV 2008, 260.

528 BT-Drs. 16/8954 S. 18.

529 BT-Drs. 16/8954 S. 18.

530 BT-Drs. 16/8954 S. 18.

531 BT-Drs. 16/8954 S. 18.

532 *Werwitzki*, S. 113; *Otte*, ZEV 2008, 260.

Wirkung auf den Erblasser haben. Denn die höheren Kostensätze des § 36 III SGB XI wären aus dem Vermögen des Erblassers zu begleichen. Insofern wäre es für diesen sinnvoller, eine beruflich tätige Pflegekraft in Anspruch zu nehmen, da für diese die höheren Beträge von der Pflegeversicherung gezahlt werden, für den pflegenden Angehörigen jedoch nicht[533]. Das widerspräche dem Ziel, die häusliche Pflege zu stärken.

Weiterhin ist kritisch zu sehen, dass hier eine Ersparnis für die öffentlichen Kassen durch Einsatz von Privatvermögen herbeigeführt werden soll[534]. Dem Erblasser steht grundsätzlich auch ein Anspruch auf die höheren Leistungen nach § 36 SGB XI zu, auch wenn er nur die Gewährung von Pflegegeld nach § 37 SGB XI verlangt und sich von seinen Angehörigen pflegen lässt. Indem der Gesetzgeber durch den Einsatz des privaten Erblasservermögens die häusliche Pflegebereitschaft stärkt, hat dies zur Folge, dass möglicherweise weniger Leistungen nach § 36 SGB XI in Anspruch genommen werden könnten. Zwar geht es gerade darum, Pflegeleistungen durch das Erbrecht zu honorieren. Die „Belohnung" über das Erbrecht dürfte jedoch nicht zu großzügig ausfallen.

Auf der anderen Seite wird vertreten, dass die Bewertung der Pflegeleistungen anhand der Kostenbeträge des § 36 III SGB XI im Einzelfall möglicherweise zu niedrig ausfallen könne[535]. Diese Beträge entlohnen solche Pflege, die unabdingbar notwendig ist, und orientieren sich dabei an der finanziellen Lage der Pflegeversicherung[536]. Dieser Gedanke könne nicht auf die häusliche Pflege übertragen werden, da diese häufig über das unabdingbar notwendige Maß hinausgehe. Dagegen kann jedoch wieder vorgebracht werden, dass Angehörige, die die häuslichen Pflegeleistungen erbringen, in der Regel keine ausgebildeten Pflegekräfte sind, für welche die Kostenbeträge des § 37 I SGB XI gedacht sind[537].

d) Wegfall des Ersparnisgedankens

Ein erheblicher Vorteil der Regelung des § 2057b-E BGB ist der Wegfall des Ersparnisgedankens. Aufgrund des eindeutigen Wortlauts des § 2057a I 2 BGB

533 Vgl. *Otte*, ZEV 2008, 260.

534 *Köbl*, in: FS Frank, S. 168.

535 So der Erbrechtsausschuss des Deutschen Anwaltsvereins, Stellungnahme zum Entwurf des Gesetzes zur Änderung des Erb- und Verjährungsrechtes, S. 6.

536 Erbrechtsausschuss des Deutschen Anwaltsvereins, Stellungnahme zum Entwurf des Gesetzes zur Änderung des Erb- und Verjährungsrechtes, S. 6.

537 So Bundesrechtsanwaltskammer, Stellungnahme zum Referentenentwurf eines Gesetzes zur Änderung des Erb- und Verjährungsrecht, S. 12.

besteht ein Zusammenhang mit § 2057a I 1 BGB, sodass auch diese Voraussetzungen vorliegen müssen. Folglich muss das Vermögen des Erblassers erhalten oder vermehrt worden sein, und zwar durch die Pflegeleistung. Bei strikter Normanwendung dürften diese Voraussetzungen in Zeiten der Pflegeversicherung jedoch idR nicht vorliegen. Denn hätte der Anspruchsteller den Erblasser nicht gepflegt, so hätte dieser die wertmäßig höheren Pflegesachleistungen nach § 36 SGB XI in Anspruch nehmen können[538]. Hierüber kann natürlich hinweggeholfen werden, wenn man hypothetisch auf einen Umzug in ein Pflegeheim abstellt und die (nun nicht angefallenen) erforderlichen Mehrkosten als Ersparnis wertet[539]. Inwieweit man jedoch den Umzug in ein Pflegeheim hypothetisch unterstellen kann, erscheint fraglich, nachdem die Entscheidung für die häusliche Pflege getroffen wurde.

Inwieweit § 2057a I 2 BGB strikt angewendet wird, kann hier dahinstehen. Entscheidend ist, dass eine zeitgemäße Vorschrift, die den Ausgleich von Pflegeleistungen regelt, berücksichtigen muss, dass für diese Leistungen grundsätzlich auch die Pflegeversicherungen teilweise aufkommen.

Jedenfalls hat die Regelung des § 2057b-E BGB insoweit einen klaren Vorteil; denn durch die eigenständige Regelung gibt es keinen Verweis mehr auf § 2057a I 1 BGB, sodass das Vermögen des Erblassers nicht mehr erhalten oder vermehrt worden sein muss.

III. Gründe für die Ablehnung des Vorschlags

Der vorgeschlagene § 2057b-E BGB wurde gemäß der Beschlussempfehlung des Rechtsausschusses jedoch nicht Gesetz. § 2057a I 2 BGB wurde lediglich dahingehend geändert, dass die Voraussetzung „Verzicht auf berufliches Einkommen“ gestrichen wurde.

1. Ablehnung der Erweiterung der Ausgleichsbeteiligten

Die Beschlussempfehlung richtete sich primär gegen die Ausweitung des Beteiligtenkreises[540]. Es sollte nur die Erbringung von Pflegeleistungen durch Abkömmlinge gestärkt werden[541]. Zur Begründung wurde vorgebracht, dass die

538 Vgl. auch *Paetel*, S. 104.

539 So OLG Schleswig ZEV 2013, 86, 91.

540 BT-Drs. 16/13543 S. 1.

541 BT-Drs. 16/13543 S. 1.

Erweiterung auf die gesetzlichen Erben zu einer Vielzahl von Folgeproblemen und Abgrenzungsfragen führen würde[542].

2. *Nachteil bezüglich des Leistungsumfangs*

Der Vorteil, den der Verweis auf § 36 III SGB XI für die Berechnung bietet, ist jedoch zugleich ein Nachteil bezüglich der ausgleichsfähigen Leistung. Es müssen nämlich dann konsequenterweise eine Einordnung in einen Pflegegrad nach SGB XI vorliegen sowie die hierfür maßgeblichen Kriterien des SGB XI berücksichtigt werden[543]. Das Verhältnis der sozialrechtlichen Vorschriften zu dem erbrechtlichen Ausgleich wurde im Gesetzgebungsverfahren nicht weiter thematisiert, jedoch lässt sich ein gewisses Konfliktpotenzial erkennen. Würde nämlich ein Abkömmling (oder gesetzlicher Erbe) nach § 2057b-E BGB einen Ausgleichanspruch geltend machen wollen und läge eine ausdrückliche Ablehnung der Einordnung in einen Pflegegrad vor, so würde dies nur zu Streitigkeiten innerhalb der Ausgleichsbeteiligten führen. Ob ein solcher Anspruch gemäß § 2057b-E BGB möglich wäre oder nicht, ist dafür grundsätzlich unerheblich. Es könnte zu Ergebnissen führen, die im Sinne einer Rechtseinheit nicht konsequent wären. Weiterhin würde die Geltendmachung in solchen Fällen erheblich erschwert und besonders anfällig für Streitigkeiten sein. Die Regelung hat daher Probleme zur Folge in Fällen, in denen keine Einordnung in einen Pflegegrad vorliegt, eine Einordnung in Pflegegrad 1 erfolgt ist oder in denen eine Einordnung abgelehnt wurde.

3. *Nachteil bei den Vorgaben zur Berechnung des Ausgleichsbetrages*

Die konkreten Vorgaben zur Ermittlung des Ausgleichsbetrages waren zwar grundsätzlich zu befürworten[544]. Die Festlegung auf die Kostenbeträge des § 36 III SGB XI wurde jedoch zu Recht kritisch betrachtet[545] und konnte im Ergebnis nicht überzeugen.

---

542 BT-Drs. 16/13543 S. 12.

543 So auch *Köbl,* in: FS Frank, S. 170.

544 So auch *Windel,* ZEV 2008, 305, 307; *Otte,* ZEV 2008, 260; *Köbl,* in: FS Frank, S. 169; *Paetel,* S. 245.

545 Vgl. auch *Ludyga,* ZErb 2009, 289, 291; *Windel,* ZEV 2008, 305, 307; *Otte,* ZEV 2008, 260.

IV. Alternative Regelungsmöglichkeiten, insbesondere die Erweiterung des Kreises der Ausgleichsbeteiligten

1. *Erweiterung des § 2057a BGB auf alle Pflegepersonen*

Zunächst könnte angedacht werden, den Kreis der Beteiligten auf alle Pflegepersonen, ohne weitere Einschränkung, auszuweiten. Damit würde ein Anreiz für alle Personen geschaffen werden, die Pflege zu übernehmen.

Alle Personen in den Ausgleich nach § 2057a I 2 BGB miteinzubeziehen ist jedoch nicht sinnvoll. Es würden dann nämlich Personen am Ausgleich beteiligt, die nur auf der geschützten Seite des Ausgleichs stehen können. Bei der bestehenden Regelung ist es so, dass die Beteiligten sowohl auszahlungssberechtigt als auch -verpflichtet sein können. Ein Beteiligtenkreis ohne Einschränkung umfasst auch solche Personen, die gar keine Erben sind. Da ihnen an dem Nachlass nichts zusteht, können sie nicht als Verpflichtete in den Beteiligtenkreis miteinbezogen werden.

Schließlich würde die Einbeziehung auch nicht immer für alle Personen eine befriedigende Lösung darstellen. Voraussetzung für den Anspruch ist, aufgrund des Verweises auf § 2057a I 1 BGB, dass dieser bei der Auseinandersetzung verlangt werden kann. Findet aber keine Auseinandersetzung statt, weil es nur einen Erben gibt, so können die Personen, die keine Erben sind, keinen Anspruch geltend machen. Liegt also Alleinerbschaft vor, so würden diese Personen keinen Ausgleich verlangen können[546]. Dieser Widerspruch, dass ein Anspruch nur bei Miterbschaft, nicht aber bei Alleinerbschaft bestehen kann, führt dazu, dass diese Art der Erweiterung nicht ernsthaft zu erwägen sein sollte.

2. *Erweiterung auf alle Erben*

Bereits bei dem Vorschlag des § 2057b-E BGB war die Erweiterung des Kreises der Ausgleichsbeteiligten auf alle gesetzlichen Erben vorgesehen. Darüber hinaus ist die Möglichkeit anzudenken, den Beteiligtenkreis auf alle Erben auszudehnen[547]. Damit wären auch solche Erben am Ausgleich beteiligt, die ihre Erbenstellung erst aufgrund einer Verfügung von Todes wegen erlangt haben.

Relevanz könnte das für Pflegepersonen wie Schwiegerkindern oder nichtehelichen Lebensgefährten haben, welche nicht zu den gesetzlichen Erben zählen. Allerdings werden diese, insbesondere die Schwiegerkinder, auch eher selten

546 So auch *Windel*, ZEV 2008, 305, 306.

547 So auch Stellungnahme des BR, BT-Drs. 16/8954 S. 31.

durch letztwillige Verfügung als Erben eingesetzt[548]. Eine Erweiterung auf alle Erben würde ihnen daher nicht weiterhelfen. Bei intakten Familienverhältnissen bzw. einer Ehe zwischen Abkömmling und Schwiegerkind wird der Erblasser in der Regel davon ausgehen, dass die Erbeinsetzung des Abkömmlings zumindest mittelbar auch dessen Ehegatte zu Gute kommt[549]. Der Gedanke, auch pflegende Schweigerkinder zu berücksichtigen, ist zwar grundsätzlich begrüßenswert, lässt sich aber nicht über eine Ausgleichsregelung realisieren.

Nicht übersehen werden darf der Sinn und Zweck der Ausgleichsregelungen der §§ 2050 ff. BGB, die davon ausgehen, dass die jeweils geregelten Ausgleichsfälle dem Erblasserwillen entsprechen[550]. Hat der Erblasser jedoch eine Verfügung von Todes wegen getroffen, so liegt eine ausdrückliche Äußerung seines Willens vor. Es besteht dann idR keine Notwendigkeit, auf eine Vermutung zurückzugreifen. Mit dem Sinn und Zweck der Norm ist eine Erweiterung des Beteiligtenkreises auf Fälle der gewillkürten Erbfolge folglich nicht vereinbar.

3. Erweiterung auf Schwiegerkinder und nichteheliche Lebensgefährten

Schwiegerkinder und nichteheliche Lebensgefährten sind Personengruppen, die häufig Pflegeleistungen erbringen, für die vom Gesetz jedoch kein finanzieller Ausgleich vorgesehen ist. Um diese Regelungslücke zu schließen, könnte der Anwendungsbereich der Norm dahingehend erweitert werden, dass auch diese Personen ausdrücklich aufgenommen werden[551]. Doch gilt auch bei diesen Personengruppen das bereits Erläuterte. Sowohl Schwiegerkinder als auch nichteheliche Lebensgefährten gehören nicht zu den gesetzlichen Erben. Die Beteiligung an einem Ausgleich nach § 2057a I 2 BGB setzt aber eine Erbenstellung voraus.

Außerdem würde eine ausdrückliche Erweiterung des Beteiligtenkreises nicht zu einer lückenlosen Lösung führen. Es ließen sich immer weitere Personengruppen finden, die einen Erblasser pflegen, aber weder Schwiegerkinder noch nichteheliche Lebensgefährten sind. Der Kreis müsste demgemäß noch weiter ausgedehnt werden.

548 Gegenäußerung der BReg, BT-Drs. 16/8954 S. 35.

549 *Meyer,* FPR 2008, 537.

550 BR-Drs. 96/1/08, S. 37.

551 So auch die Empfehlung der Ausschüsse, BR-Drs. 96/1/08 S. 8.

4. *Einbeziehung der Ehegatten?*

Zu überlegen wäre, zumindest den Ehegatten als gesetzlichen Erben neben den Abkömmlingen an dem Ausgleich zu beteiligen. Dies würde der Tatsache gerecht, dass Pflegeleistungen sehr häufig von Ehegatten übernommen werden. Außerdem spricht dafür, dass der Ehegatte dann auch für den Ausgleich in Anspruch genommen wird, wenn nicht er seinen Partner pflegt, sondern ein Abkömmling.

Die Frage ist jedoch, ob man die Pflegeleistungen eines Ehegatten überhaupt besonders honorieren will, bzw. ob es sinnvoll wäre, den Ehegatten an dem Ausgleich nach § 2057a I 2 BGB zu beteiligen.

Schwierigkeiten bei der Ermittlung des Ausgleichsbetrages könnten sich aufgrund der gesetzlichen Fürsorge- und Beistandspflichten von Ehegatten ergeben[552], die im BGB als echte Rechtspflichten ausgestaltet sind[553]. Diese Pflichten sind unentgeltlich zu erfüllen[554]. Für den Ehegatten ergibt sich eine Beistandspflicht aus § 1353 I 2 BGB dahingehend, dass er seinem hilfebedürftigen Partner Beistand schuldet[555]. Dies umfasst grundsätzlich auch die Pflicht, den Ehegatten zu pflegen, wenn er pflegebedürftig wird[556], solange dies nach Art und Umfang zumutbar erscheint[557]. Nicht zuzumuten wäre die Pflege eines schwerstbehinderten Ehegatten, sodass eine solche Leistung über die Beistandspflicht des § 1353 I 2 BGB hinausginge[558].

Kinder trifft ebenfalls eine Beistandspflicht aus § 1618a BGB sowie eine Pflicht zu Elternunterhalt aus § 1601 BGB. Daraus kann sich unter Umständen auch eine Pflicht der Kinder ergeben, ihre pflegebedürftigen Eltern zu pflegen[559]. Die Fürsorge- und Beistandspflichten sind an dieser Stelle von Bedeutung, weil im Rahmen des Ausgleichs nach § 2057a I 2 BGB nur überobligatorische Leistungen ausgeglichen werden sollen[560]. Das Erfüllen einer Fürsorge- oder Beistandspflicht soll demnach keinen Anspruch begründen.

---

552 Vgl. *Köbl*, in: FS Frank, S. 172. Ferner *Windel*, ErbR 2010, 241, 244.

553 BVerfG FamRZ 2014, 911; BSG NJW 2000, 1813, 1814.

554 BSG NJW 2000, 1813, 1814; *Schiemann*, in: FS Brudermüller, S. 549, 556.

555 Staudinger/*Voppel* BGB § 1353 Rn. 53; ferner BVerfG FamRZ 2014, 911; BSG NJW 2000, 1813, 1814.

556 OLG Hamm FamRZ 1999, 166, 167; Staudinger/*Voppel* BGB § 1353 Rn. 53.

557 Palandt/*Brudermüller* BGB § 1353 Rn. 9.

558 BGH NJW 1995, 1486, 1488; OLG Hamm FamRZ 1999, 166, 167; Palandt/*Brudermüller* BGB § 1353 Rn. 9; Staudinger/*Voppel* BGB § 1353 Rn. 53.

559 BVerfG FamRZ 2014, 911; BSG NJW 2000, 1813, 1814.

560 OLG Schleswig ZEV 2017, 400, 401.

Zur Ermittlung des Ausgleichsbetrags werden die Fürsorge- und Beistandspflichten nicht thematisiert. Bei einem Ausgleich nur unter den Kindern ist dies unproblematisch, da alle im Rahmen ihrer Beistandspflicht dem Elternteil das Gleiche schulden. Die Fürsorge- und Beistandspflichten der Kinder unterscheiden sich aber von denen des Ehegatten[561]. Deutlich wird dies beispielsweise an der nächtlichen Betreuung bzw. Hilfe. Für den Ehegatten dürften kleine Hilfestellungen während der Nacht aufgrund der ehetypischen Anwesenheit eher weniger problematisch[562] und daher im Rahmen der Beistandspflicht meist zumutbar sein. Für erwachsene Kinder gilt das regelmäßig nicht in gleicher Weise, insbesondere wenn sie selbst Kinder zu betreuen haben und nicht im selben Haus leben. Folglich sind die Pflichten von Ehegatte und Kind hinsichtlich der Zumutbarkeit jeweils unterschiedlich zu bewerten.

Da alle Kinder gegenüber ihrem Elternteil die gleichen Pflichten treffen, muss auf diese bei der Ausgleichsberechnung nicht weiter eingegangen werden. Würde man nun den Ehegatten mit in die Rechnung einbeziehen, müsste ein weiterer Rechenschritt durchgeführt werden, der sich mit den unterschiedlichen Fürsorge- und Beistandspflichten beschäftigt. Es müsste zum einen festgestellt werden, welche einzelne Leistung noch von der jeweiligen Beistandspflicht umfasst ist und zum anderen, wie diese zu bemessen wäre. Dies erscheint jedoch sowohl tatsächlich als auch rechnerisch unmöglich. Der diesbezügliche Ermittlungsaufwand würde die ohnehin schon schwierige Berechnung unverhältnismäßig erschweren, wenn nicht sogar unmöglich machen. Ein Ausgleich zwischen ungleichen Ausgleichsbeteiligten ist daher nicht sinnvoll[563].

5. Zwischenergebnis

Es erscheint nicht sinnvoll, andere Personen als die Abkömmlinge des Erblassers an dem Ausgleich nach § 2057a I 2 BGB zu beteiligen. Die Honorierung von Pflegeleistungen aller anderen Personen kann nicht durch eine Erweiterung von § 2057a I 2 BGB erreicht werden.

V. Regelungsdefizite

Das entscheidende Regelungsdefizit ist der enge Kreis der Ausgleichsbeteiligten. Gerade vor dem Hintergrund der steigenden Kinderlosigkeit und

561 Vgl. *Ludyga*, FPR 2012, 54, 55; *Windel*, ErbR 2010, 241, 244.
562 OLG Hamm FamRZ 1999, 166, 168.
563 Im Ergebnis so auch *Otte*, ZEV 2008, 260, 262.

erhöhten Mobilität sollte ein Anreiz zur häuslichen Pflege auch für solche Personen geschaffen werden, die keine Abkömmlinge des Erblassers sind.

Wie festgestellt wurde, ist eine Erweiterung des personellen Anwendungsbereichs der Norm nicht sinnvoll und nicht möglich. Über den Ausgleichsanspruch kann keine Honorierung von Pflegeleistungen anderer Personen als den Abkömmlingen ermöglicht werden. Sinn und Zweck einer entsprechenden Norm sollte sein, die häusliche Pflege durch Honorierung der Pflegeleistung zu stärken. Sinn und Zweck des § 2057a BGB ist dagegen die Ausgleichungsgerechtigkeit unter den Abkömmlingen. Diese Zweckrichtungen sind völlig verschieden. Die bestehenden Regelungsdefizite im Hinblick auf die bessere Honorierung von Pflegeleistungen können durch eine Erweiterung der Regelung in § 2057a BGB nicht gelöst werden.

Deutlich werden die Regelungsdefizite durch die eingangs erläuterten Beispielsfälle. In keiner Konstellation kann § 2057a I 2 BGB zur Anwendung kommen und die erbrachte Pflegeleistung abgelten.

In Fall 2[564] könnte man einen Ausgleichsanspruch gemäß § 2057a I 2 BGB der F gegen ihre Geschwister konstruieren, indem man ihr die Pflegeleistung des M zurechnet. Eine eigene Honorierung für M ist damit aber nicht gewährleistet.

Selbst in Fall 4[565] kann Pflegeperson S nicht von § 2057a I 2 BGB profitieren, da er keine Geschwister hat. Gesetzliche Erben sind hier nur seine Mutter als Ehegattin und er. Ehegatten sind am Ausgleich nicht beteiligt, sodass S keine erbrechtliche Honorierung verlangen kann.

---

564 S. 22.
565 S. 22.

5. Kapitel: Erbrechtsreform 2015 in Österreich: Die Einführung eines gesetzlichen Pflegevermächtnisses in § 677 ABGB

A. Einführung

In Österreich ist zum 1. Januar 2017 ein gesetzliches Pflegevermächtnis eingeführt worden. Mit diesem sollen Pflegeleistungen erbrechtlich besser bzw. überhaupt erst honoriert werden können.

> *8. Pflegevermächtnis*
> *§ 677 ABGB*
> *(1)Einer dem Verstorbenen nahe stehenden Person, die diesen in den letzten drei Jahren vor seinem Tod mindestens sechs Monate in nicht bloß geringfügigem Ausmaß gepflegt hat, gebührt dafür ein gesetzliches Vermächtnis, soweit nicht eine Zuwendung gewährt oder ein Entgelt vereinbart wurde.*
> *(2)Pflege ist jede Tätigkeit, die dazu dient, einer pflegebedürftigen Person soweit wie möglich die notwendige Betreuung und Hilfe zu sichern sowie die Möglichkeit zu verbessern, ein selbstbestimmtes, bedürfnisorientiertes Leben zu führen.*
> *(3)Nahe stehend sind Personen aus dem Kreis der gesetzlichen Erben des Verstorbenen, deren Ehegatte, eingetragener Partner oder Lebensgefährte und deren Kinder sowie der Lebensgefährte des Verstorbenen und dessen Kinder.*
>
> *§ 678 ABGB*
> *(1)Die Höhe des Vermächtnisses richtet sich nach Art, Dauer und Umfang der Leistungen.*
> *(2)Das Vermächtnis gebührt jedenfalls neben dem Pflichtteil, neben anderen Leistungen aus der Verlassenschaft nur dann nicht, wenn der Verstorbene das verfügt hat. Das Vermächtnis kann nur bei Vorliegen eines Enterbungsgrundes entzogen werden.*

Das deutsche und das österreichische Erbrecht haben sich beide in ihren Grundzügen als sehr beständig erwiesen[566]. Das deutsche Erbrecht besteht seit 1900 im Wesentlichen unverändert, das österreichische sogar seit 1811 als Bestandteil des ABGB nahezu unverändert[567]. In Deutschland fand die letzte und einzige größere Erbrechtsreform im Jahre 2009 statt, bei der sich jedoch im Hinblick

566 So auch *Maurer-Stroh/Roglmeier*, ZErb 2017, 10; *Welser*, Verhandlungen zum 17. ÖJT, S. 1, 11.

567 Vgl. Erläuterungen RV 688 S. 1; *Maurer-Stroh/Roglmeier*, ZErb 2017, 10.

auf die Stärkung der häuslichen Pflege keine großen Neuerungen ergaben. In Österreich erfolgte eine Reform des Erbrechts zum 1. Januar 2017. Ziel der Reform war es, das Erbrecht dem gesellschaftlichen, sozialen und wirtschaftlichen Wandel anzupassen[568].

Wie schon die deutsche Erbrechtsreform 2009 beschäftigte sich auch die österreichische Reform mit dem Thema der besseren Honorierung von Pflegeleistungen durch das Erbrecht, um so die häusliche Pflege zu stärken. Der österreichische Gesetzgeber hat zur Lösung des Problems ein Mittel gewählt, welches auch schon im deutschen Gesetzgebungsverfahren thematisiert wurde, nämlich die Einführung eines gesetzlichen Pflegevermächtnisses. Nachdem das Pflegevermächtnis in Österreich nun Gesetz ist, könnte diese Option auch in Deutschland wieder an Aktualität und Bedeutung gewinnen.

Ein genauer Blick auf die neue österreichische Regelung drängt sich auf, da im Rahmen der Diskussionen zur Erbrechtsreform in Österreich in der Literatur häufig die deutsche Regelung in § 2057a BGB angesprochen, zum Teil sogar als Vorreiternorm bezeichnet wurde[569]. Das deutsche Privatrecht übt insgesamt einen großen Einfluss auf das österreichische Recht aus[570], sodass auch der umgekehrte Fall denkbar ist. Möglicherweise könnte die neue österreichische Regelung nun eine Vorreiterrolle für Deutschland spielen.

Im Weiteren sollen die jeweiligen Normen, die Pflegeleistungen erbrechtlich abgelten, also §§ 677, 678 ABGB und § 2057a I 2 BGB verglichen werden. Ziel des Vergleichs soll die Erkenntnis darüber sein, ob die österreichische Regelung im Hinblick auf die Intention, die häusliche Pflege zu stärken, die bessere Lösung darstellt und Vorbild für den deutschen Gesetzgeber sein könnte. Ein Vergleich der genannten Normen erscheint umso gewinnbringender, je mehr Gemeinsamkeiten in beiden Staaten hinsichtlich des Vorhabens „Stärkung der häuslichen Pflege“ bestehen. Wenn die Rechts- und Gesellschaftssysteme viele Ähnlichkeiten bezüglich dieses Themenbereichs aufweisen, ist die Wahrscheinlichkeit groß, dass eine Übertragung der österreichischen Lösung auf das deutsche Erbrecht Erfolg haben könnte[571].

Dazu müssen zuerst die Ausgangslagen betrachtet werden. Es ist zunächst zu prüfen, ob in Österreich das gleiche gesellschaftliche Problem wie in Deutschland besteht. Außerdem ist die Frage von Bedeutung, ob und wie Pflegeleistungen

568 Vgl. *Maurer-Stroh/Roglmeier*, ZErb 2017, 10.
569 Vgl. *Eccher*, S. 6, 7; *Welser*, Verhandlungen zum 17. ÖJT, S. 11.
570 *Welser*, Verhandlungen zum 17. ÖJT, S. 11.
571 Vgl. *Urban*, S. 30.

bereits abgegolten werden und welche sozialrechtlichen Leistungen bei Pflegebedürftigkeit in Anspruch genommen werden können.

Im Anschluss ist kurz das österreichische Erbrecht insgesamt zu betrachten, da es sich um den Vergleich von erbrechtlichen Normen handelt. Der Anspruch nach § 2057a I 2 BGB wurde bereits thematisiert, sodass nur noch das Vermächtnis gemäß § 677 ABGB genau dargestellt werden muss. Schließlich kann ein Vergleich der beiden Vorschriften vorgenommen und dabei die Vor- und Nachteile der jeweiligen Norm herausgearbeitet werden.

B. Rechtliche Rahmenbedingungen in Deutschland und Österreich

I. Vergleichbare gesellschaftliche Rahmenbedingungen

In beiden Ländern vollzieht sich eine ähnliche gesellschaftliche Entwicklung, die maßgeblich vom demografischen Wandel geprägt ist[572]. Das Problem ist die soziale Sicherung bei Pflegebedürftigkeit vor dem Hintergrund des wachsenden Pflegebedarfs[573]. Der Anteil an älteren Personen steigt in beiden Ländern stetig an, insbesondere die Anzahl der Hochbetagten, und damit auch die Zahl der Pflegebedürftigen[574]. Gründe dafür sind zum einen der Anstieg der Lebenserwartung und zum anderen ein starker Geburtenrückgang. Gleichzeitig sinkt die Zahl der potentiellen Pflegekräfte[575]. Ursachen hierfür sind ebenfalls der Geburtenrückgang sowie die wachsende Mobilität der jüngeren Generationen und damit sich verändernde Familienstrukturen[576]. Zudem wirkt sich die Tatsache aus, dass immer mehr Frauen erwerbstätig sind, da diese überwiegend die unentgeltliche Pflege von Angehörigen übernommen haben bzw. dies auch immer noch tun. Dieser gesellschaftliche Wandel und das damit einhergehende gesamtgesellschaftliche Problem vollziehen sich in beiden Staaten gleichermaßen, sodass man sich mit den gleichen Herausforderungen konfrontiert sieht.

---

572 Vgl. Erläuterungen RV 776 S. 21; *Maier,* S. 40, 41.

573 Vgl. *Urban,* S.18.

574 Vgl. *Maier,* S. 40; *Urban,* S.18; *Greifeneder/Liebhart,* Rn. 1.2.

575 *Urban,* S. 18.

576 Für Österreich Erläuterungen RV 776 S. 21. Für Deutschland Begründung RegE, BT-Drs. 16/8954, S. 8.

II. Sozialrechtliche Rahmenbedingungen

Für Pflegebedürftige besteht in Österreich ein Anspruch auf Pflegegeld nach dem Bundespflegegeldgesetz (BPGG). Daneben stehen private und öffentliche soziale Dienste in Verantwortung der Länder zur Verfügung[577]. Bei dem Bundespflegegeld handelt es sich jedoch nicht um eine Leistung einer Sozialversicherung, sondern um eine Sozialleistung[578]. Für das Risiko der Pflegebedürftigkeit besteht keine soziale Pflegeversicherung. Das Pflegegeld wird aus allgemeinen Steuermitteln finanziert[579].

Gemäß § 1 BPGG hat das Pflegegeld den Zweck, in Form eines Beitrages pflegebedingte Mehraufwendungen pauschaliert abzugelten, um pflegebedürftigen Personen soweit wie möglich die notwendige Betreuung und Hilfe zu sichern sowie die Möglichkeit zu verbessern, ein selbstbestimmtes, bedürfnisorientiertes Leben zu führen.

1. Anspruchsberechtigung nach dem BPGG

a) Allgemeines

Der anspruchsberechtigte Personenkreis ist in § 3 BPGG geregelt. Die Voraussetzungen sind dort im Einzelnen aufgezählt. Zusammenfassend lässt sich sagen, dass die Anspruchsberechtigung an den Bezug der Rente als Grundleistung anknüpft[580]. Das Pflegegeld stellt eine Annexleistung zu Pensionen und Renten dar[581]. Gewährt wird es von den Institutionen, die die Grundleistungen gewähren[582]. Diese sind auch Entscheidungsträger iSd § 22 I BPGG und Anlaufstelle für die Antragsteller[583]. Der Anspruch besteht grundsätzlich nur für Personen, die ihren gewöhnlichen Aufenthalt in Österreich haben, § 3 I BPGG. Anspruchsberechtigt sind aber ausnahmsweise auch Personen, die ihren Wohnsitz in einem EU- oder EWR-Mitgliedstaat haben, sofern die übrigen Anspruchsvoraussetzungen, insbesondere der Grundleistungsanspruch in Österreich, gegeben sind[584]. § 3a BPGG regelt die Anspruchsberechtigung für solche Personen,

---

577 *Maier*, S. 158; *Stöckl*, S. 69.
578 *Ganner*, S. 45; *Grillberger/Pfeil*, S. 152.
579 *Maier*, S. 157; *Ganner*, S. 45; *Grillberger/Pfeil*, S. 152.
580 Vgl. *Greifeneder/Liebhart*, Rn. 3.11.
581 RV 776 S. 25; *Greifeneder/Liebhart*, Rn. 3.11.
582 Vgl. RV 776 S. 22.
583 Vgl. *Ganner*, S. 31 ff.
584 Vgl. *Greifender/Liebhart*, Rn. 3.79 ff.; *Ganner*, S. 35.

die keine der in § 3 BPGG aufgezählten Grundleistungen erhalten. Notwendige Voraussetzung aller anspruchsberechtigten Personengruppen ist, dass sie ihren gewöhnlichen Aufenthalt im Inland haben[585].

b) Pflegebedürftigkeit

Der Anspruch besteht aufgrund von Pflegebedürftigkeit des Anspruchstellers unabhängig von der Ursache der Pflegebedürftigkeit (sog. Finalitätsprinzip)[586] und unabhängig von Einkommen und Vermögen[587]. Voraussetzung ist ein Pflegebedarf. Ein Pflegebedarf besteht, wenn auf Grund einer körperlichen, geistigen oder psychischen Behinderung oder einer Sinnesbehinderung der ständige Betreuungs- und Hilfsbedarf (Pflegebedarf) voraussichtlich mindestens sechs Monate andauern wird oder würde, § 4 I BPGG. Gemeint ist also die allgemeine Pflege, insbesondere aufgrund altersbedingter Beeinträchtigungen, die nicht durch ein spezielleres Sicherungssystem abgedeckt ist[588]. Erfasst ist demnach nicht die Krankenpflege[589]. Für eine Einstufung in Pflegestufe 1 ist gemäß § 4 II BPGG ein Pflegebedarf von mindestens 65 Stunden im Monat erforderlich. Weitere Bestimmungen zum Begriff der Pflege und zum Bedarf finden sich in der Einstufungsverordnung zum BPGG, vergleiche § 4 VII BPGG. Entsprechend des erforderlichen Pflegebedarfs erfolgt eine Einstufung in eine von sieben Pflegestufen.

c) Leistungen

aa) Geldleistung

Liegen die Voraussetzungen und die Einstufung in eine Pflegestufe vor, so besteht primär ein Anspruch auf Geldleistung, vgl. § 5 BPGG. Die Gewährung richtet sich nach einem siebenstufigen System, nach welchem die Höhe des Pflegegeldes mit der Höhe der Pflegestufe, also mit Ausmaß und Intensität des Pflegeaufwands, ansteigt[590]. Diese gewährte Geldsumme soll selbstständig zur Abdeckung des pflegebedingten Mehraufwands verwendet werden[591]. Dadurch

585 *Greifeneder/Liebhart*, Rn. 3.66 ff.

586 *Grillberger/Pfeil*, S. 153; *Pfeil*, SozSi 1994, 661, 663; *Kiener*, ÖZPR 2015, 186; *Stöckl*, S. 58.

587 Vgl. *Ganner*, S. 34; *Greifeneder/Liebhart*, Rn. 2.7, 4.6; *Stöckl*, S. 58, 63.

588 Vgl. *Pfeil*, SozSi 1994, 661.

589 *Stöckl*, S. 60.

590 Vgl. *Maier*, S. 159; *Greifender/Liebhart*, Rn. 10.

591 RV 776 S. 25; *Ganner*, S. 35.

soll dem Pflegebedürftigen die selbstbestimmte und eigenständige Organisation der Pflege möglich sein[592]. Dem Pflegebedürftigen steht die Wahl zu, ob er dieses Geld für Betreuung und Hilfe in der häuslichen Pflege oder für eine stationäre Pflege verwendet[593]. Es kann aber in allen Fällen nur einen Anspruch auf Geldleistung geltend machen[594].

Das Pflegegeld wird in der Regel an den Pflegebedürftigen direkt ausgezahlt[595]. Entscheidet er sich für die stationäre Pflege, so wird das Pflegegeld im Wege einer Legalzession an den Kostenträger ausgezahlt; nach § 13 I Nr. 1 BPGG gehen aber höchstens 80% des Pflegegeldes auf den Finanzierungsträger über. Wählt der Pflegebedürftige die häusliche Pflege, so wird das Geld an ihn ausgezahlt und er kann sich entscheiden, ob er dies zur (teilweisen) Begleichung der Kosten für einen professionellen Pflegedienst verwendet oder sich informell von Angehörigen pflegen lässt[596]. Bei der informellen Pflege kann er das Pflegegeld dazu nutzen, die Pflegeperson zu entschädigen und ihre Leistung damit honorieren. Eine Verpflichtung, das Geld an die Pflegeperson weiterzuleiten, gibt es nicht[597]. Die Höhe des Pflegegeldes bleibt von der Entscheidung für die Art der Pflege unberührt[598].

Die tatsächlichen Kosten für die erforderliche Pflege und Betreuung werden von diesem pauschalierten Betrag jedoch nur teilweise und bei weitem nicht vollständig abgedeckt[599]. Bei den in § 5 BPGG normierten Beträgen ist zu beachten, dass diese jährlich seit dem 1. Januar 2020 um einen Pensionsanpassungsfaktor von 1, 018 angepasst werden, § 5 II, III BPGG iVm der Verordnung der Bundesministerin für Arbeit, Soziales, Gesundheit und Konsumentenschutz, mit der der Anpassungsfaktor für das Jahr 2020 festgesetzt wird[600]. Zur Verdeutlichung: In Pflegestufe 1 besteht ein Pflegebedarf von 65 Stunden im Monat und es werden 162,50 € gewährt. Dies entspricht einem Stundenlohn von 2,50 €. In Pflegestufe 4 beträgt der Stundenlohn 4,37 € (700,10 € bei mindestens 160 Stunden); in der siebten Pflegestufe 9,69 € (1.745,10 € bei mindestens 180 Stunden).

---

592 RV 776 S. 25; *Greifeneder/Liebhart,* Rn. 2.11.
593 RV 776 S. 25; *Maier*, S. 159; *Stöckl*, S. 63.
594 Vgl. *Urban,* S. 191; *Greifeneder/Liebhart,* Rn. 34.
595 *Greifeneder/Liebhart,* Rn. 2.12; *Kiener,* ÖZPR 2015, 186.
596 Vgl. *Maier*, S. 159; *Greifeneder/Liebhart,* Rn. 2.12.
597 *Ganner,* in: FS Eccher, S. 391.
598 *Pfeil*, SozSi 1994, 661, 663; *Urban,* S. 191; *Greifeneder/Liebhart,* Rn. 2.12.
599 Vgl. RV 776 S. 25; *Ganner,* S. 30; *Kiener,* ÖZPR 2015, 186.
600 BGBl. II Nr. 308/2019.

Für den Differenzbetrag zwischen gewährtem Pflegegeld und tatsächlich erforderlichen Aufwendungen müssen die Pflegebedürftigen selbst aufkommen[601].

bb) Sachleistungen

Sachleistungen sind solche, die vom Leistungsträger durch einen Vertragspartner gegen direkte Verrechnung der vertragsmäßigen Kosten oder durch eigene Einrichtungen des Trägers erbracht werden[602]. Die Erbringung von Sachleistungen statt Geldleistung soll jedoch die Ausnahme sein. Sie kommt dann in Betracht, wenn das gewährte Geld nicht zweckmäßig verwendet wird[603]. Eine nicht zweckmäßige Verwendung liegt iSd § 1 BPGG vor, wenn die notwendige Hilfe und Betreuung nicht gewährleistet ist. Gemäß § 33a I BPGG sind die Entscheidungsträger dazu befugt, Maßnahmen zur Qualitätssicherung durchzuführen. Nach § 33b II BPGG dürfen sie die zweckmäßige Verwendung des Pflegegeldes überprüfen. Wird festgestellt, dass der Zweck nicht erfüllt wird, so sind anstelle des gesamten oder eines Teils des Pflegegeldes Sachleistungen zu gewähren, § 20 I BPGG. Diese Umwandlung von einer Geldleistung zur Sachleistung soll als Ausnahme dem Schutz des Pflegebedürftigen dienen[604]. Bei der Umwandlung müssen dann die Umstände des Einzelfalls betrachtet und die Bedürfnisse und die Lebenssituation des Pflegebedürftigen berücksichtigt werden[605]. Auf die Gewährung der Sachleistung hat der Pflegebedürftige keinen Anspruch. Es handelt sich um eine von Amts wegen zu treffende Entscheidung[606].

cc) Weitere Leistungen

Auch für pflegende Angehörige sind Leistungen vorgesehen. Ist dem pflegenden Angehörigen die Erbringung der Pflegeleistung wegen Krankheit, Urlaub oder sonstigen wichtigen Gründen nicht möglich, so kann ein Zuschuss zur Finanzierung einer Ersatz- oder Verhinderungspflege gewährt werden[607]. Außerdem besteht für den pflegenden Angehörigen die Möglichkeit, dass dieser eine begünstigte Selbstversicherung bei der Renten- oder Pensionsversicherung erhält, von der das Bundespflegegeld gewährt wird[608].

---

601 *Stöckl*, S. 72.
602 *Greifeneder/Liebhart*, Rn. 4.71.
603 *Greifeneder/Liebhart*, Rn. 4.75.
604 RV 776 S. 29; *Greifeneder/Liebhart*, Rn. 4.75.
605 RV 776 S. 29.
606 *Urban*, S. 191.
607 Vgl. *Maier*, S. 159.
608 Vgl. *Maier*, S. 159.

d) Leistungen der Länder

Neben dem Bundespflegegeld können zudem Leistungen der Sozialhilfe oder Mindestsicherungsgesetze der Länder gewährt werden. Die Länder haben insoweit die Aufgabe, für eine flächendeckende Versorgung mit sogenannten sozialen Diensten zu sorgen, zu denen auch ambulante Dienste für die Langzeitpflege gehören[609]. Damit ein Pflegebedürftiger nach den sozialrechtlichen Regelungen eines Landes zusätzliche Leistungen erhält, muss er sowohl nach BPGG als auch nach dem Landesgesetz pflegebedürftig sein. Weiterhin muss der Pflegebedürftige insoweit bedürftig sein, dass er die tatsächlich anfallenden Kosten für die Pflege, insbesondere im Falle der stationären Pflege, nicht aus eigenen Mitteln finanzieren kann[610]. Ein Anspruch auf Sozialhilfe ist jedoch grundsätzlich subsidiär[611].

2. Vergleich mit Deutschland

Zwischen beiden Staaten bestehen viele Parallelen in Bezug auf die Pflegevorsorge. Beide erfassen das Risiko der Pflegebedürftigkeit grundsätzlich im System der sozialen Sicherheit[612]. Ebenfalls wird die Absicherung des Pflegerisikos als gesamtgesellschaftliche Aufgabe verstanden[613]. Ein grundsätzlicher Unterschied im Vergleich mit Deutschland liegt darin, dass Österreich nach der Bundesverfassung nicht ausdrücklich ein Sozialstaat ist[614]. Es existiert auch keine Leitidee der Sozialstaatlichkeit im Sinne einer Staatszielbestimmung[615]. Dies kann von Bedeutung für den Gesetzgeber sein. Tatsächlich ist die soziale Sicherheit in Österreich sehr umfassend durch staatliche Leistungen gewährleistet[616]. Das System wurzelt lediglich auf einfach gesetzlichen Regelungen, die keine Verankerung in der Verfassung finden[617]. Im realen Ergebnis handelt es sich bei Österreich jedoch, ähnlich wie Deutschland, um einen Sozialstaat.

---

609 *Urban,* S. 195.
610 *Stöckl,* S. 73; *Urban,* S. 199.
611 *Stöckl,* S. 74.
612 Vgl. *Pfeil,* SozSi 1994, 661.
613 Vgl. *Pfeil,* SozSi 1994, 661, 664, 666.
614 *Grillberger/Pfeil,* S. 7; Merten/Papier/*Schäffer/Klaushofer,* Handbuch der Grundrechte VII/1 Österreich, S. 765.
615 *Grillberger/Pfeil,* S. 7; Merten/Papier/*Schäffer/Klaushofer,* Handbuch der Grundrechte VII/1 Österreich, S. 765.
616 Vgl. Merten/Papier/*Schäffer/Klaushofer,* Handbuch der Grundrechte VII/1 Österreich, S. 767, 768.
617 Vgl. Merten/Papier/*Schäffer,* Handbuch der Grundrechte VII/1 Österreich, S. 479.

Auch wenn einige Unterschiede im Hinblick auf die soziale Absicherung des Pflegerisikos bestehen, ähneln sich beide Systeme in vielen Punkten[618]. Ein großer Unterschied ist, dass in Deutschland das Pflegerisiko durch die Pflegeversicherung abdeckt wird, während es sich in Österreich um eine Sozialleistung handelt. Daher unterscheidet sich die Finanzierung der gewährten Leistungen dadurch, dass sie in Deutschland durch Versicherungsbeiträge und in Österreich durch Steuermittel erfolgt[619]. Trotz der unterschiedlichen Finanzierungsweisen werden die Kosten für den tatsächlich anfallenden Pflegebedarf in beiden Staaten nicht vollständig abgedeckt. Sowohl in Deutschland als auch in Österreich müssen die Pflegebedürftigen zur Deckung der tatsächlich anfallenden Kosten zusätzlich eigene Mittel aufwenden.

Eine wesentliche Gemeinsamkeit ist, dass weder Deutschland noch Österreich bei der gesetzlichen Regelung vollständig auf ein Modell setzen. In beiden Systemen ist die Pflegevorsorge ein Zusammenspiel von Staat (Bund und Ländern), Familie, Markt und sonstigen Einrichtungen[620]. Es soll weder allein auf häusliche oder stationäre noch auf professionelle oder informelle Pflege gesetzt werden. Beide Sicherungssysteme sehen vielmehr ein Nebeneinander der verschiedenen Elemente vor[621].

Ferner haben beide Systeme gemeinsam, dass grundsätzlich zwischen Geld- und Sachleistungen unterschieden wird. Die Pflegebedürftigen haben die Möglichkeit, sich für eine Art der Pflege nach ihrem Belieben zu entscheiden. Die Wahl besteht zwischen häuslicher informeller Pflege, häuslicher Pflege durch einen professionellen Pflegedienst sowie der stationären Pflege. Lediglich hinsichtlich der Gewährung von Sachleistungen bestehen Unterschiede: In Deutschland kann ein Anspruch darauf gemäß § 36 SGB XI geltend gemacht werden, in Österreich jedoch nicht[622]. Ein österreichischer Pflegebedürftiger hat lediglich einen Anspruch auf Geldleistung und kann dieses dann für den professionellen Pflegedienst verwenden. Es können zwar auch Sachleistungen nach § 20 I BPGG gewährt werden, jedoch hat ein antragstellender Pflegebedürftiger keinen Anspruch darauf.

Weiterhin ist das Verständnis des Begriffs der Pflegebedürftigkeit in Deutschland und Österreich nahezu gleich. Die Höhe der zu gewährenden Leistung

618 Vgl. *Maier,* S. 157.
619 Vgl. *Ganner,* S. 45; *Grillberger/Pfeil,* S. 152.
620 Vgl. *Pfeil,* SozSi 1994, 661, 665.
621 Vgl. *Pfeil,* SozSi 1994, 661, 665.
622 Vgl. *Stöckl,* S. 70, 71.

richtet sich in beiden Staaten an dem erforderlichen Pflegebedarf, wobei sich dieser Bedarf an pauschaliert festgesetzten Stufen orientiert.

Im Fall der informellen Pflege besteht in beiden staatlichen Systemen ein Anspruch auf Pflegegeld. Im Fall der informellen häuslichen Pflege entsprechen sich beide Ansprüche nicht nur namentlich, sondern auch inhaltlich. Er steht jeweils nur dem Pflegebedürftigen zu, nicht der Pflegeperson. Das Geld wird dem Pflegebedürftigen zur freien Verfügung gewährt und er kann es an die Pflegeperson weiterleiten, muss es aber nicht[623]. Eine gesetzliche Verpflichtung zur Weiterleitung des Geldes besteht nämlich in beiden Ländern nicht.

Auch wenn die Pflegebedürftigen grundsätzlich die Wahlmöglichkeit haben, besteht in beiden Systemen ein Vorrang der häuslichen Pflege. Im deutschen Recht ist dieser in § 3 SGB XI normiert. Im BPGG findet sich zwar keine entsprechende Regelung. Jedoch soll das Pflegegeld den Pflegebedürftigen gerade die Möglichkeit geben, so lange wie möglich in ihrer gewohnten Umgebung verbleiben zu können[624]. Damit wird die gesetzgeberische Wertung deutlich, dass grundsätzlich die häusliche Pflege vorrangig ist[625].

3. *Vergleich der Zahlen und Fakten*

Ein Vergleich der Zahlen und Fakten soll im Folgenden die tatsächlichen Folgen beider sozialrechtlichen Systeme veranschaulichen. Je nachdem, was ein Pflegebedürftiger als Leistung tatsächlich erhält, könnte dies nämlich einen Einfluss darauf haben, welche Art der Pflege von den Betroffenen in beiden Staaten gewählt wird.

a) Zahlen zur Pflegebedürftigkeit

Der Anteil der Pflegebedürftigen an der Gesamtbevölkerung ist in beiden Ländern ähnlich hoch; in Deutschland beträgt er 4,9% der Gesamtbevölkerung[626], in Österreich ist er mit 5,25% etwas höher[627]. Die Angaben beider Staaten berücksichtigen jedoch jeweils nur solche Pflegebedürftigen, die staatliche Leistungen erhalten, also pflegebedürftig nach SGB XI oder BPGG sind. Von der Gesamtzahl der Pflegebedürftigen wird in beiden Staaten etwa die Hälfte zu Hause allein durch Angehörige gepflegt; in Deutschland 51,8%[628] und in Österreich

623 So für Österreich *Ganner,* in: FS Eccher, S. 392.
624 Erläuterungen RV 776 S. 25.
625 So auch *Stöckl,* S. 69.
626 Vgl. Statistisches Bundesamt, Pflegestatistik 2019, S. 18.
627 Vgl. BMASK, Österreichischer Pflegevorsorgebericht 2019, S. 123, 141.
628 Statistisches Bundesamt, Pflegestatistik 2019, S. 18, S. 19 Tab. 1.1.

46,7%[629]. 23,9% werden in Deutschland zu Hause von einem professionellen Pflegedienst betreut[630], in Österreich 32,7%[631]. Für die stationäre Pflege entscheiden sich in Österreich 20,6%[632] und in Deutschland 20%[633] der Pflegebedürftigen.

Auch die Verhältnisse innerhalb der Gesamtzahl an Pflegebedürftigen von Umfang und Schwere der Pflegebedürftigkeit sind ähnlich. Die Einordnungen des Pflegeaufwandes erfolgen in unterschiedliche Stufen bzw. Grade, sodass eine direkte Gegenüberstellung schwierig ist. Dazu folgende Tabelle:

	Deutschland[634]	Österreich[635]
Pflegestufe/-grad 1	7,27%	28%
Pflegestufe/-grad 2	43,85%	21%
Pflegestufe/-grad 3	29,67%	18%
Pflegestufe/-grad 4	13,9%	15%
Pflegestufe/-grad 5	0,07%	11%
Pflegestufe 6, 7		Insgesamt 7%

Der Vergleich der Werte zeigt abweichende Daten. Zu berücksichtigen ist hierbei, dass bei einer Einordnung in Pflegegrad 1 in Deutschland keine Leistungen aus der Pflegeversicherung gewährt werden, in Österreich erhalten Pflegebedürftige in Pflegestufe 1 jedoch Pflegegeld. Eine direkte Vergleichbarkeit ist daher nicht gegeben. Es ist aber insoweit eine Ähnlichkeit festzustellen, dass in beiden Ländern die meisten Pflegebedürftigen in den unteren Pflegestufen bzw. -graden eingruppiert sind. Die Anzahl der Pflegebedürftigen nimmt mit steigender Pflegestufe bzw. -grad ab. In Österreich ist jedoch der Anteil der Pflegebedürftigen in den höchsten Pflegestufen höher als in Deutschland.

629 Vgl. BMASK, Österreichischer Pflegevorsorgebericht2019, S. 236 Tab. 165.
630 Statistisches Bundesamt, Pflegestatistik 2019, S. 19 Tab. 1.1.
631 Vgl. BMASK, Österreichischer Pflegevorsorgebericht 2019, S. 236 Tab. 165.
632 Vgl. BMASK, Österreichischer Pflegevorsorgebericht 2019, S. 236 Tab. 165.
633 Statistisches Bundesamt, Pflegestatistik 2019, S. 18.
634 Vgl. Statistisches Bundesamt, Pflegestatistik 2019, S. 19 Tab. 1.1.
635 BMASK, Österreichischer Pflegevorsorgebericht 2019 S.123.

b) Gewährte Leistungen

<table>
<tr><th></th><th>Niedrigste Pflegestufe</th><th>Höchste Pflegestufe</th></tr>
<tr><td rowspan="2">§ 5 BPGG iVm der Anpassungsverordnung[636]</td><td>Pflegestufe 1:
162,50 €</td><td rowspan="2">Pflegestufe 7:
1745,10 €</td></tr>
<tr><td>Pflegestufe 2:
299,60 €</td></tr>
<tr><td>§ 37 SGB XI (Pflegegeld)</td><td>Pflegegrad 2:
316 €</td><td>Pflegegrad 5:
901 €</td></tr>
<tr><td>§ 36 SGB XI (Pflegesachleistung)</td><td>Pflegegrad 2:
689 €</td><td>Pflegegrad 5:
1995 €</td></tr>
<tr><td>§ 43 SGB XI (Vollstationäre Pflege)</td><td>Pflegegrad 2:
770 €</td><td>Pflegegrad 5:
2005 €</td></tr>
</table>

In Österreich wird bei allen Pflegeoptionen das gleiche Pflegegeld gewährt, sodass diesbezüglich, anders als im deutschen Recht, nicht unterschieden werden muss. Dadurch wird im deutschen Recht besser berücksichtigt, dass die stationäre Pflege in einem Pflegeheim teurer ist als die häusliche Pflege durch Angehörige[637].

Dennoch setzen beide Systeme vorrangig auf die häusliche Pflege, wobei in Deutschland die Inanspruchnahme eines professionellen Pflegedienstes wegen des Anspruchs auf Pflegesachleistungen nach § 36 SGB XI eher begünstigt wird als im österreichischen System[638]. Durch das Sozialsystem wird die familiäre Pflege in Österreich stärker gefördert und gefordert als in Deutschland[639].

Das Pflegegeld, das in den Fällen der informellen Pflege in beiden Ländern gewährt wird, ist auch in Bezug auf die Höhe der gewährten Geldsummen ähnlich. Lediglich ab Pflegestufe 5 ist der Betrag in Österreich deutlich höher. Dies

636 Verordnung der Bundesministerin für Arbeit, Soziales, Gesundheit und Konsumentenschutz, mit der der Anpassungsfaktor für das Jahr 2020 festgesetzt wird.

637 Die tatsächlichen Kosten für eine Unterbringung in einem Pflegeheim können für beide Länder nicht exakt pauschaliert festgesetzt werden, da es dazu auf viele Umstände und Entscheidungen im Einzelfall ankommt. Ganz pauschal kann man aber sagen, dass die Preisregionen mit ca. 3000€ pro Monat ähnlich sind; in beiden Ländern kann es Abweichungen geben.

638 So auch *Pfeil*, SozSi 1994, 661, 663.

639 So auch *Ganner*, in: FS Eccher, S. 391.

mag aber wohl auch mit der Tatsache zu tun haben, dass in Deutschland in den höheren Pflegegraden höhere Beträge für Sachleistungen und stationäre Pflege gewährt werden.

4. *Zwischenergebnis*

Insgesamt lässt sich sagen, dass die sozialrechtlichen Rahmenbedingungen in beiden Ländern ähnlich sind. Die Zahl der Pflegebedürftigen ist relativ betrachtet vergleichbar; insbesondere sind die Verhältnisse der Pflegebedürftigen im Hinblick auf die Grade der Pflegebedürftigkeit und den erforderlichen Pflegeaufwand nahezu gleich. Auch die staatlich gewährten Leistungen sind in ihrer Höhe ähnlich. Das deutsche System geht allerdings differenzierter vor, sodass Pflegebedürftige, die sich für ein Pflegeheim entscheiden, in Deutschland wirtschaftlich günstiger stehen als in Österreich. Auch bei der Inanspruchnahme von professionellen Pflegediensten stehen Pflegebedürftige in Deutschland besser als in Österreich. Außer Acht gelassen wurde sowohl in den Statistiken als auch in den Vergleichen, dass in beiden Ländern zusätzlich sozialhilferechtliche Leistungen gewährt werden können, sofern der Pflegebedürftige bedürftig ist.

Hinsichtlich der gesellschaftlichen Rahmenbedingungen und der sozialrechtlichen Möglichkeiten im Fall der Pflegebedürftigkeit weisen beide Staaten viele Ähnlichkeiten auf. Zur Lösung des Problems um eine bessere Honorierung von Pflegeleistungen bietet es sich daher an, die Lösungswege beider Länder miteinander zu vergleichen.

III. Grundzüge des österreichischen Erbrechts im Vergleich mit dem deutschen Erbrecht

Das deutsche und das österreichische Erbrecht sind beide Rechtsgebiete des bürgerlichen Rechts und damit Bestandteil des jeweiligen Zivilgesetzbuches. Ein entscheidender Unterschied ist jedoch, dass das Erbrecht in Österreich im Gegensatz zu Deutschland nicht verfassungsrechtlich geschützt ist, denn in der Bundesverfassung wird es nicht ausdrücklich genannt[640]. Auch ein Auffanggrundrecht wie die allgemeine Handlungsfreiheit nach Art. 2 I GG gibt es nicht, sodass hierauf kein Rückgriff möglich ist[641]. Folglich ist die Testierfreiheit des Erblassers nicht verfassungsrechtlich geschützt.

640 So auch *Müller*, in: FS Eccher, S. 724.

641 Vgl. Merten/Papier/*Kucsko-Stadlmayer*, Handbuch der Grundrechte VII/1 Österreich, S. 121.

Möglich wäre in Österreich noch ein Schutz des Erbrechts über die EMRK, da diese in Österreich Verfassungsrang hat[642]. Doch auch die EMRK enthält keine Regelung zum Erbrecht, sodass über diesen Weg kein verfassungsrechtlicher Schutz des Erbrechts und der Testierfreiheit erreicht werden kann. Es ist jedoch die Entwicklung von weiteren menschenrechtlichen Garantien zu beachten, wie beispielsweise Art. 17 I in der Charta der Grundrechte, sowie die diesbezügliche Rechtsprechung des EGMR[643]. Das gesetzliche Erbrecht der nächsten Verwandten genießt Schutz über Art. 8 EMRK[644].

In der privatrechtlichen Ausgestaltung sind das österreichische und das deutsche Erbrecht in ihren Grundzügen sehr ähnlich. Beide sind vom Grundsatz der Testierfreiheit geprägt[645]. Die Testierfreiheit gibt dem Erblasser die Möglichkeit zu bestimmen, welche Personen seine Erben sein sollen[646].

Es wird bei der Erbfolge zwischen der gewillkürten und der gesetzlichen Erbfolge unterschieden, § 533 ABGB und §§ 1937, 1924 ff. BGB. Grundsätzlich kann jeder wegen des Prinzips der Testierfreiheit von Todes wegen verfügen; liegt keine entsprechende Regelung vor, so tritt die gesetzliche Erbfolge ein[647]. Die gesetzlichen Erben sind der Ehegatte sowie die nächsten leiblichen Verwandten, vgl. § 730 ABGB und §§ 1924 ff. BGB. Seinen letzten Willen kann der Erblasser gemäß §§ 577 ff. ABGB und §§ 2064 ff., 2274 ff. BGB durch Testament oder Erbvertrag erklären[648], wobei letzterer in Österreich gemäß § 602 ABGB nur bei Ehegatten und eingetragenen Lebenspartnern möglich ist. Ebenfalls wird im österreichischen Erbrecht zwischen Erbschaft und Vermächtnis unterschieden, § 535 ABGB und § 1939 BGB. Das Vermächtnis begründet einen schuldrechtlichen Anspruch auf Vermächtniserfüllung[649]. Grundsätzlich beruhen Vermächtnisse auf letztwilligen Verfügungen; es gibt jedoch auch gesetzliche Vermächtnisse[650]. Mit dem Begriff „Vermächtnis" ist sowohl in Deutschland als auch in Österreich folglich das Gleiche gemeint. In beiden Rechtsordnungen

642 Merten/Papier/*Kucsko-Stadlmayer,* Handbuch der Grundrechte VII/1 Österreich, S. 80.
643 Dazu ausführlich *Müller,* in: FS Eccher, S. 723 ff.
644 *Müller*, in: FS Eccher, S. 742.
645 *Kaulbach*, S. 44, 45; Süß/Haas/*Haunschmidt,* Erbrecht in Europa, S. 705.
646 *Ferrari,* in: Familienerbrecht und Testierfreiheit im europäischen Vergleich, S. 183.
647 Süß/Haas/*Haunschmidt,* Erbrecht in Europa, S. 705; *Ferrari,* in: Familienerbrecht und Testierfreiheit im europäischen Vergleich, S. 174.
648 Vgl. *Ferrari,* in: Familienerbrecht und Testierfreiheit im europäischen Vergleich, S. 183.
649 Schwimann/Neumayr/*Eccher/Kolmasch* ABGB § 649 Rn. 2.
650 Schwimann/Neumayr/*Eccher/Kolmasch* ABGB § 647 Rn. 3.

wird dem Vermächtnisnehmer nämlich ein Vermögenswert zugewendet bzw. zugedacht, ohne dass dieser als Erbe eingesetzt wird, § 535 ABGB und § 1939 BGB.

In beiden Systemen wird die Testierfreiheit durch das Pflichtteilsrecht eingeschränkt, §§ 756 ff. ABGB und §§ 2303 ff. BGB[651]. Pflichtteilsberechtigt sind gemäß § 757 ABGB und §§ 2303, 2309 BGB alle Nachkommen und Vorfahren sowie der Ehegatte[652]. Die Höhe des Pflichtteils beträgt in beiden Ländern jeweils die Hälfte des gesetzlichen Erbteils, vgl. § 759 ABGB und § 2303 I 2 BGB. Im Einzelfall sind jedoch nur die Personen pflichtteilsberechtigt, die bei Fehlen eines Testaments die gesetzlichen Erben wären[653]. Beim Pflichtteil handelt es sich nicht um einen Erbteil, sondern um einen Anspruch auf Geld gegen den Nachlass[654]. Das Pflichtteilsrecht kann im Einzelfall ganz entfallen oder eingeschränkt werden.

Das deutsche Recht hat mit § 2057a I 2 BGB bereits eine Norm, die Pflegeleistungen erbrechtlich ausgleicht. Eine entsprechende Regelung existierte in Österreich vor Einführung des Pflegevermächtnisses nicht.

C. Die Neuregelung des gesetzlichen Pflegevermächtnisses durch das Erbrechts-Änderungsgesetz 2015

I. Einführung

Mit dem Erbrechts-Änderungsgesetz 2015 erfolgte eine sehr umfangreiche Reform. Ziel war die sprachliche und inhaltliche Anpassung des Rechts an die geänderten Bedürfnisse des 21. Jahrhunderts[655]. Änderungen sollten jedoch nur dort erfolgen, wo sie wirklich nötig waren[656]. Notwendig war dies an solchen Stellen, an denen das Gesetz sprachlich verständlicher werden musste und die gesellschaftliche Entwicklung andere erbrechtliche Lösungen nahegelegt hat[657]. Sprachliche Änderungen waren erforderlich, damit die heutige, nicht mit dem Erbrecht vertraute Gesellschaft das Gesetz besser verstehen kann[658]. Zudem

651 *Kaulbach,* S. 44, 45; Süß/Haas/*Haunschmidt,* Erbrecht in Europa, S. 705; *Ferrari,* in: Familienerbrecht und Testierfreiheit im europäischen Vergleich, S. 179.

652 Süß/Haas/*Haunschmidt,* Erbrecht in Europa, S. 711.

653 Süß/Haas/*Haunschmidt,* Erbrecht in Europa, S. 711.

654 *Ferrari,* in: Familienerbrecht und Testierfreiheit im europäischen Vergleich, S. 179.

655 Erläuterungen RV 688 S. 1; *Kaulbach,* ZfRV 2016, 135.

656 Erläuterungen RV 688 S. 1.

657 Erläuterungen RV 688 S. 1.

658 Erläuterungen RV 688 S. 1; *Eccher,* S. 13.

wurden einige Aspekte gesetzlich umgesetzt, die in der Rechtsprechung im Laufe der Jahre entwickelt wurden[659].

Weitere entscheidende Neuerungen neben der Einführung des Pflegevermächtnisses waren die Modernisierung des Pflichtteilsrechts, die Stärkung des gesetzlichen Erbrechts des Ehegatten und die Einführung eines gesetzlichen Erbrechts für nichteheliche Lebensgefährten (§ 748 ABGB).

II. Sinn und Zweck des § 677 ABGB

Mit § 677 ABGB wurde ein gesetzliches Vermächtnis zur Honorierung von Pflegeleistungen eingeführt. Dieses gebührt einer dem Verstorbenen nahestehenden Person, die diesen in den letzten drei Jahren vor seinem Tod mindestens sechs Monate in nicht bloß geringfügigem Ausmaß gepflegt hat. Die Anspruchsvoraussetzungen sind in § 677 I ABGB geregelt, Vorgaben zur Ermittlung der Höhe des Anspruchs in § 678 ABGB.

Durch das Pflegevermächtnis soll die familiäre Solidarität gestärkt werden[660]. Mit familiärer Solidarität ist die bestehende Verantwortung füreinander gemeint, also die Verpflichtung zu Beistand und Rücksichtnahme sowie eine gegenseitig bestehende Unterhaltspflicht[661]. Die Pflege innerhalb der Familie ist Ausdruck der gelebten familiären Solidarität und steht daher unter besonderem staatlichen Schutz[662]. Grund für den Schutz ist die Annahme, dass Pflege außerhalb der Familie tatsächlich „offiziell entgeltlich" erfolge und daher im Zusammenhang mit der informellen Pflege keine Bedeutung habe[663].

Familienangehörige erbringen Pflegeleistungen in der Regel unentgeltlich[664]. Motivation sind häufig eine familiäre Beistandspflicht oder moralische Gründe[665]. Durch das Pflegevermächtnis soll der Missstand behoben werden, dass diese Leistungen keine honorierende Anerkennung erhalten.

Die Frage, ob das Pflegevermächtnis auch die Entlastung der Sozialsysteme bezwecken soll, wird in den Erläuterungen des Gesetzentwurfs nicht erwähnt. Teilweise wird angemerkt, dass das Pflegevermächtnis für das Sozialsystem

---

659 *Kaulbach*, ZfRV 2016, 135; Erläuterungen RV 688 S. 1.
660 *Barth/Pesendorfer*, S. 56.
661 *Welser*, Verhandlungen zum 17. ÖJT, S. 14.
662 NK-Pflichtteilsrecht/*Kaulbach*, Anh. 5 Rn. 32.
663 *Barth/Pesendorfer*, S. 56.
664 NK-Pflichtteilsrecht/*Kaulbach*, Anh. 5 Rn. 32.
665 *Eccher*, S. 85.

vorteilhaft sei[666]. Der Einsparungseffekt der öffentlichen Kassen wird jedoch nicht als Normzweck benannt. Im Vergleich zu Deutschland kann dies daran liegen, dass in Österreich durch die häusliche Pflege keine unmittelbaren Einsparungen erzielt werden können. Denn das gewährte Pflegegeld ist sowohl bei häuslicher Pflege als auch bei der stationären gleich hoch. In Deutschland dagegen wird bei der stationären Pflege ein höherer Betrag von der Pflegeversicherung geleistet als bei der häuslichen Pflege, sodass ein unmittelbarer Einsparungseffekt eintritt.

III. Voraussetzungen des Vermächtnisanspruchs

1. Beteiligtenkreis gemäß § 677 III ABGB

Als anspruchsberechtigte Personen werden in § 677 I ABGB dem Verstorbenen nahestehende Personen genannt. Welche Personen nahestehend sind, wird in § 677 III ABGB aufgezählt. Dies sind die gesetzlichen Erben, deren Ehegatte, eingetragener Partner oder Lebensgefährte und deren Kinder sowie der Lebensgefährte des Verstorbenen und dessen Kinder. Familienfremde Personen sind folglich von dem Anspruch ausgeschlossen[667]. Gesetzliche Erben sind nach § 730 ABGB die in nächster Linie mit dem Verstorbenen Verwandten und sein Ehegatte oder eingetragener Partner. Anspruchsberechtigt als gesetzliche Erben sind daher nach § 731 I ABGB die Kinder und Enkelkinder des Verstorbenen, nach § 731 II ABGB die Eltern und Geschwister sowie deren Kinder und nach § 731 III ABGB die Großeltern, Onkel und Tanten sowie Cousinen und Cousins. Unklar ist, warum der Lebensgefährte neben den gesetzlichen Erben ausdrücklich erwähnt wird, da er seit der Reform gemäß § 748 ABGB zu eben diesen gehört[668]. Anspruchsberechtigt sind aber auch die Kinder des Lebensgefährten, die nicht Kinder des Verstorbenen sind („nichteheliche Stiefkinder"). Von den gesetzlichen Erben sind weiterhin deren Ehegatten, eingetragene Lebenspartner und Lebensgefährten anspruchsberechtigt, also die Schwiegerkinder und „nichtehelichen Schwiegerkinder" des Verstorbenen. Ferner können auch die Kinder der gesetzlichen Erben und die Kinder der Ehegatten, eingetragener Lebenspartner und Lebensgefährten das Vermächtnis geltend machen. Dies umfasst

---

666 Vgl. NK-Pflichtteilsrecht/*Kaulbach*, Anh. 5 Rn. 32; *Deixler-Hübner*, in: Erbrecht NEU, S. 40.

667 Vgl. *Kaulbach*, ZfRV 2016, 135, 138; *Kiener*, ÖZPR 2015, 186, 187.

668 So auch *Fischer-Czermak*, in: FS Eccher, S. 351; *Fischer-Czermak*, in: Rabl/Zöchling-Jud, Das neue Erbrecht, S. 39.

zusätzlich noch die Stiefkinder des Verstorbenen (Kinder des gesetzlichen Erben Ehegatte) sowie die Stiefenkelkinder und „nichtehelichen Stiefenkelkinder" des Verstorbenen (dies sind die Kinder des Ehegatten, eingetragenen Lebenspartners oder Lebensgefährten des gesetzlichen Erben Kind). Der Kreis der Anspruchsberechtigten umfasst damit auch Personen der sozial gelebten Familie, die nicht zu den Verwandten iSd Erbrechts gehören. Der Gesetzgeber ging insoweit davon aus, dass innerhalb der Familie Pflegeleistungen häufig auch von solchen Personen erbracht werden, obwohl sie nicht zu den gesetzlichen Erben gehören[669].

Die Pflegeperson, die den Anspruch stellt, muss lediglich zu dem aufgezählten Personenkreis gehören. Ob sie konkret als gesetzlicher Erbe zum Zuge kommt, ist unerheblich[670]. Dem pflegenden Enkelkind steht also das Vermächtnis auch dann zu, wenn sein Elternteil, also das Kind des Verstorbenen, noch lebt.

2. *Pflegeleistung*

Welche Leistungen mit dem Begriff „Pflege" gemeint sind, ist in § 677 II ABGB legaldefiniert. Demnach ist Pflege jede Tätigkeit, die dazu dient, einer pflegebedürftigen Person soweit wie möglich die notwendige Betreuung und Hilfe zu sichern sowie die Möglichkeit zu verbessern, ein selbstbestimmtes, bedürfnisorientiertes Leben zu führen. Diese Definition ist dem BPGG entnommen, da sie sich an dem in § 1 BPGG genannten Zweck des Pflegegeldes orientiert[671]. Der Verstorbene muss also pflegebedürftig iSd § 4 BPGG gewesen sein[672]. Gemeint ist damit Pflege in Form von Betreuung und Hilfe, nicht aber gehobene Pflege im Sinne der Gesundheits- und Krankenpflege[673]. Nicht umfasst sind solche Handlungen, die gesellschaftlicher Natur sind[674], wie beispielsweise Besuche, Unterhaltung und Besorgungen[675]. Die Schwelle für den erforderlichen Umfang liegt jedoch nicht weit darüber.

Nach dem Wortlaut der Norm muss die Pflegeleistung in nicht bloß geringfügigem Maß erbracht werden. Dies ist jedoch schon dann der Fall, wenn der

---

669 *Fischer-Czermak,* in: FS Eccher, S. 351.

670 Vgl. *Eccher,* S. 89; *Fischer-Czermak,* in: Rabl/Zöchling-Jud, Das neue Erbrecht, S. 39.

671 Vgl. *Barth/Dokalik/Potyka* ABGB § 677; *Fischer-Czermak,* in: Rabl/Zöchling-Jud, Das neue Erbrecht, S. 39; *Deixler-Hübner,* in: Erbrecht NEU, S. 43.

672 RV 688 S. 16; *Barth/Dokalik/Potyka* ABGB § 677.

673 Vgl. Erläuterungen RV 688 S. 16; *Fischer-Czermak,* in: Rabl/Zöchling-Jud, Das neue Erbrecht, S. 39; *Eccher,* S. 85.

674 Vgl. *Kaulbach,* ZfRV 2016, 135, 138.

675 *Eccher,* S. 92 Rn. 77; *Kiener,* ÖZPR 2015, 186, 187.

Anspruchsteller durchschnittlich mehr als 20 Stunden im Monat für die Pflege aufgewendet hat[676]. Diese niedrigen Anforderungen an den Umfang sollen dem besonderen, nicht unbeträchtlichen persönlichen Einsatz der Pflegepersonen gerecht werden[677]. Erfüllt die Pflegeperson mit der Leistung gleichzeitig eine Beistandspflicht, hat dies keine Auswirkungen[678]. Aufgrund der niedrigen Anforderungen an den Umfang der Pflegeleistung kann eine anspruchsbegründende Handlung somit schon dann vorliegen, wenn der pflegende Angehörige eine familiäre Beistandspflicht erfüllt. Eine solche besteht für den Ehegatten gemäß § 90 I ABGB und für Kinder gegenüber ihren Eltern gemäß § 137 I ABGB. Mit dem Pflegevermächtnis soll klargestellt werden, dass diese Beistandspflichten zwar gesetzlich gefordert sind, aber nicht unentgeltlich erbracht werden müssen[679].

3. Dauer

Bezüglich der Dauer der Leistungserbringung schreibt die Norm vor, dass die Pflege in den letzten drei Jahren vor dem Tod des Verstorbenen mindestens für sechs Monate erbracht worden sein muss. Dies beinhaltet zum einen eine zeitliche und zum anderen auch eine umfängliche Begrenzung[680]. Diese Vorgaben entsprechen den Anspruchsvoraussetzungen für die Gewährung des Pflegegeldes gemäß § 4 I BPGG. Damit wird nochmals deutlich, dass der Verstorbene pflegebedürftig iSd BPGG gewesen sein muss[681]. So wird auch sichergestellt, dass solche Pflegeleistungen berücksichtigt werden können, die nicht unmittelbar bis zum Tod des Verstorbenen erbracht wurden, weil dieser etwa in ein Pflegeheim umziehen musste[682]. Eine länger zurückliegend erbrachte Pflege erfüllt jedoch nicht die Voraussetzung[683].

---

676 RV 688 S. 17; *Eccher*, S. 92 Rn. 76; *Barth/Pesendorfer*, S. 55; *Barth/Dokalik/Potyka* ABGB § 677.

677 RV 688 S. 17; *Barth/Dokalik/Potyka* ABGB § 677; *Barth/Pesendorfer*, S. 55.

678 Vgl. RV 688 S. 17; *Eccher*, S. 92; *Barth/Pesendorfer*, S. 55.

679 *Deixler-Hübner*, in: Erbrecht NEU, S. 41.

680 *Fischer-Czermak*, in: Rabl/Zöchling-Jud Das neue Erbrecht, S. 39.

681 Vgl. Erläuterungen RV 688 S. 16; *Fischer-Czermak*, in: Rabl/Zöchling-Jud Das neue Erbrecht, S. 39.

682 Vgl. *Kaulbach*, ZfRV 2016, 135, 138.

683 Vgl. *Kaulbach*, ZfRV 2016, 135, 138.

4. *Kein Ausschluss*

Das Vermächtnis ist ausgeschlossen, soweit der Pflegeperson eine Zuwendung gewährt oder mit ihr ein Entgelt vereinbart wurde. Ausreichend ist hier bereits die Vereinbarung; wurde das Entgelt noch nicht geleistet, so ist ein entsprechender Anspruch gegen die Verlassenschaft zu richten[684]. Zuwendung meint jede andere Form der Abgeltung für die Leistung, da eine doppelte Abgeltung vermieden werden soll[685]. Zuwendungen sind beispielsweise Zuwendungen aufgrund eines Vertrages zugunsten Dritter (z.B. Geschwister vereinbaren, dass nur einer von ihnen die Pflege leisten und dafür ein Entgelt erhalten soll) oder Zuwendungen von der öffentlichen Hand (z.B. eine erhöhte Familienbeihilfe, die aber der Pflegeperson zu Gute gekommen sein muss)[686]. Zuwendungen aufgrund einer Verfügung von Todes wegen schließen den Vermächtnisanspruch nur dann aus, wenn der Verstorbene dies so ausdrücklich verfügt hat, § 678 II ABGB.

Erreicht das Entgelt oder die Zuwendung wertmäßig nicht die Höhe des Vermächtnisanspruchs, so kann ein Vermächtnisanspruch in Höhe des Differenzbetrages bestehen[687].

Das Pflegegeld stellt grundsätzlich eine Zuwendung dar, sofern es an die Pflegeperson weitergeleitet wurde[688]. Das Vermächtnis ist dann in voller Höhe ausgeschlossen[689]. In der Praxis wird es schwierig sein genau nachzuvollziehen, was mit dem an den Verstorbenen gezahlten Pflegegeld geschehen ist. Daher gilt die Vermutung, dass es dem pflegenden Angehörigen zu Gute gekommen ist, sofern es nicht für Fremdleistungen verwendet wurde[690]. Diese Vermutung greift aber nur dann, wenn das gewährte Geld im Vermögen des Verstorbenen nicht mehr vorhanden ist[691].

IV. Rechtsfolge

Rechtsfolge des § 677 ABGB ist, dass dem Anspruchsteller ein schuldrechtlicher Vermächtnisanspruch gegen die Verlassenschaft zusteht[692]. Die Höhe des

684 RV 688 S. 17; *Barth/Pesendorfer*, S. 55.
685 *Deixler-Hübner*, in: Erbrecht NEU, S. 44.
686 Erläuterungen RV 688 S. 17; *Deixler-Hübner*, in: Erbrecht NEU, S. 44.
687 RV 688 S. 17; *Barth/Dokalik/Potyka* ABGB § 677; *Eccher*, S. 91; *Barth/Pesendorfer*, S. 55.
688 Vgl. *Barth/Pesendorfer*, S. 56, 57; *Deixler-Hübner*, in: Erbrecht NEU, S. 44.
689 *Deixler-Hübner*, in: Erbrecht NEU, S. 44.
690 *Fischer-Czermak*, in: FS Eccher, S. 355.
691 *Fischer-Czermak*, in: FS Eccher, S. 355.
692 Vgl. NK-Pflichtteilsrecht/*Kaulbach*, Anh. 5 Rn. 41.

Vermächtnisses richtet sich gemäß § 678 I ABGB nach Art, Dauer und Umfang der Leistungen. Die Berechnung orientiert sich am bereicherungsrechtlichen Ansatz[693]. Maßgeblich ist daher der Nutzen für den Empfänger, der häufig in der Ersparnis von eigenen Aufwendungen liegt, wie etwa Aufwendungen für eine andere Pflegekraft[694]. Auf den Wert der Verlassenschaft soll es dagegen nicht ankommen[695]. Um das Ausmaß der tatsächlich geleisteten Pflege ermitteln zu können, können Informationen und Unterlagen für ein eventuell bezogenes Pflegegeld von den zuständigen Trägern eingeholt werden[696]. Dadurch kann der tatsächliche Pflegebedarf objektiv festgestellt werden[697].

Für den erlangten Vorteil ist ein angemessenes Entgelt zu leisten[698]. In der Regel werden nicht kollektivvertragliche Löhne als Maßstab herangezogen, da die Umstände eher für ein familiäres als für ein Arbeitsverhältnis sprechen[699]. Bei der informellen Pflege im Kreis der Familie fallen nämlich keine Steuern und Sozialabgaben an.

Inwieweit das gewährte Pflegegeld ein Maßstab zur Ermittlung der Anspruchshöhe sein wird, bleibt abzuwarten. Die Möglichkeit ist denkbar, dass die Rechtsprechung den Anspruch nach der Höhe des Pflegegeldes ausrichten wird[700]. Dies würde der Tatsache entsprechen, dass das weitergeleitete Pflegegeld zu einem vollständigen Ausschluss des Vermächtnisses führt.

Das Vermächtnis ist nicht dispositiv[701]. Der Erblasser kann es nur durch Verfügung von Todes wegen entziehen, wenn ein Enterbungsgrund vorliegt[702].

---

693 *Fischer-Czermak,* in: FS Eccher, S. 355; *Fischer-Czermak,* in: Rabl/Zöchling-Jud, Das neue Erbrecht, S. 40; *Deixler-Hübner,* in: Erbrecht NEU, S. 44.

694 OGH 60 b 76/12p; OGH 60 b 149/14a; Erläuterungen RV 688 S. 17; *Barth/Dokalik/Potyka* ABGB § 678; *Fischer-Czermak,* in: FS Eccher, S. 356; *Barth/Pesendorfer,* S. 57.

695 RV 688 S. 17; *Barth/Dokalik/Potyka* ABGB § 678; *Barth/Pesendorfer,* S. 58.

696 Erläuterungen RV 688 S. 17; *Barth/Dokalik/Potyka* ABGB § 678.

697 Vgl. *Barth/Dokalik/Potyka* ABGB § 678.

698 OGH 60 b 76/12p.

699 OGH 60 b 76/12p; *Fischer-Czermak,* in: Autonomes Altern, S. 193.

700 So *Fischer-Czermak,* in: FS Eccher, S. 356 (angedeutet); dagegen *Deixler-Hübner,* in: Erbrecht NEU, S. 45.

701 Vgl. *Kaulbach,* ZfRV 2016, 135, 138.

702 *Fischer-Czermak,* in: Rabl/Zöchling-Jud, Das neue Erbrecht, S. 41.

V. Verhältnis zu anderen Vorschriften

1. Verhältnis zu erbrechtlichen Vorschriften

Bei dem Pflegevermächtnis handelt es sich um ein gesetzliches Vorausvermächtnis[703]. Aus der Rechtsnatur als gesetzliches Vermächtnis folgt, dass Ansprüche von Verlassenschaftsgläubigern, also Erblasser- und Erbgangschulden, dem Vermächtnisanspruch vorgehen[704]. Gegenüber anderen Vermächtnissen ist das Pflegevermächtnis jedoch vorrangig[705]. Grund hierfür ist, dass das Pflegevermächtnis pflichtteilsgleiche Wirkung hat[706]. Der Pflichtteilscharakter ergibt sich daraus, dass das Vermächtnis gemäß § 678 II 2 ABGB nur bei Vorliegen eines Enterbungsgrundes entzogen werden kann. Gemäß § 678 II 1 ABGB gebührt es neben dem Pflichtteil und neben anderen Leistungen aus der Verlassenschaft. Das Vermächtnis kann nicht auf den Pflichtteil angerechnet werden[707].

2. Verhältnis zum Bereicherungsrecht

Neben dem Vermächtnisanspruch soll der Pflegeperson auch ein Bereicherungsanspruch nach § 1435 ABGB analog zustehen; sie hat dann die Wahlfreiheit zwischen beiden Ansprüchen[708]. Für den gleichen Zeitraum steht der Pflegeperson nur einer der Ansprüche zu[709]. Um den Bereicherungsanspruch geltend zu machen, müsste die Pflegeperson daher das Vermächtnis ausschlagen[710]. Voraussetzung des Bereicherungsanspruchs ist jedoch, dass der Angehörige Pflegeleistungen erbracht hat, die vom Umfang her weit über das hinausgehen, was er ohnehin aufgrund einer Beistandspflicht erbringen muss[711]. Dies ist dann der Fall, wenn die Pflege ein solches Ausmaß annimmt, dass ohne die Leistung des Angehörigen eine Fremdpflege oder ein Aufenthalt in einem Pflegeheim erforderlich wäre[712]. Außerdem ist Voraussetzung, dass für den

---

703 *Kiener*, ÖZPR 2015, 186, 187; *Eccher*, S. 90.
704 *Barth/Dokalik/Potyka* ABGB § 678; *Eccher*, S. 89.
705 *Eccher*, S. 89.
706 NK-Pflichtteilsrecht/*Kaulbach*, Anh. 5 Rn. 31, 43.
707 *Barth/Dokalik/Potyka* ABGB § 678.
708 Erläuterungen RV 688 S. 16; *Barth/Dokalik/Potyka* ABGB §677.
709 Erläuterungen RV 688 S. 16; *Kiener*, ÖZPR 2015, 186, 187.
710 *Barth/Dokalik/Potyka* ABGB § 677.
711 OGH 60 b 76/12p; *Fischer-Czermak*, in: Autonomes Altern, S. 193.
712 *Fischer-Czermak*, in: Autonomes Altern, S. 193.

Gepflegten erkennbar ist, dass die Pflegeperson in Erwartung einer Gegenleistung handelt[713].

Anders als der bereicherungsrechtliche Anspruch kann das Vermächtnis auch beim Erfüllen einer Beistandspflicht bestehen. Damit kann ein pflegender Angehöriger über das Vermächtnis mehr an Ersatz für seine Leistung bekommen als nach § 1435 ABGB analog. Erfüllt er lediglich eine Beistandspflicht, so kann eine Honorierung allein durch das Pflegevermächtnis erfolgen.

Ob der bereicherungsrechtliche Anspruch praktisch überhaupt noch Bedeutung hat, erscheint fraglich. Die Voraussetzungen für den Anspruch liegen nämlich dann vor, wenn die Pflegeperson die Leistung erbringt und in der Erwartung einer Gegenleistung enttäuscht wird, die man bei der Pflege oft in Form einer Belohnung durch eine letztwillige Zuwendung erhofft[714]. Da der Pflegeperson nun aber auch das Pflegevermächtnis zusteht, hat sich diese Erwartung erfüllt, sodass diese Voraussetzung nicht mehr vorliegen kann[715].

VI. Kritik

1. *Pflegeleistung*

Die anspruchsbegründende Pflegeleistung wird durch den Verweis auf das BPGG hinreichend beschrieben. Der Umfang der erforderlichen Leistung liegt deutlich unter den Anforderungen für Pflegegeld nach Stufe 1. Dies steht aber im Widerspruch dazu, dass der Verstorbene nach BPGG pflegebedürftig gewesen sein muss. Denn nach § 4 II BPGG ist ein Pflegebedarf von mindestens 65 Stunden monatlich erforderlich[716]. Daher können von § 677 ABGB auch solche Leistungen umfasst werden, die noch im Rahmen einer familiären Beistandspflicht liegen[717]. Dies hat der Gesetzgeber indes erkannt[718]. Das bloße Erfüllen von Beistandspflichten zu entlohnen, ist im Hinblick auf den Sinn und Zweck eines Pflegevermächtnisses jedoch kritisch zu sehen. Insbesondere wird insoweit nicht berücksichtigt, dass nicht alle anspruchsberechtigten Personen eine Beistandspflicht gegenüber dem Verstorbenen trifft.

---

713 OGH EF-Z 2016, 214; *Ganner*, in: FS Eccher, S. 395; *Fischer-Czermak*, in: Autonomes Altern, S. 193.

714 Vgl. OGH 60 b 76/12p; OGH 60 b 149/14a; *Ganner*, in: FS Eccher, S. 394; *Fischer-Czermak*, in: Rabl/Zöchling-Jud, Das neue Erbrecht, S. 42.

715 Vgl. *Eccher*, S. 88; *Fischer-Czermak*, in: Rabl/Zöchling-Jud, Das neue Erbrecht, S. 42.

716 So auch *Fischer-Czermak*, in: FS Eccher, S. 354.

717 Vgl. *Fischer-Czermak*, in: FS Eccher, S. 354.

718 Vgl. Erläuterungen RV 688 S. 17.

2. *Zeitliche Eingrenzungen*

Die zeitliche Eingrenzung, dass die Pflege mindestens drei Monate erbracht worden sein muss, ist nicht zu kritisieren. Wenn das einmonatige Erfüllen einer Beistandspflicht bereits den Vermächtnisanspruch begründen würde, wäre dies sehr befremdlich.

Die weitere zeitliche Eingrenzung, dass die Pflege in den letzten drei Jahren vor dem Tod des Erblassers erbracht worden sein muss, erscheint problematisch. Daraus kann nämlich folgen, dass bei einer insgesamt sechs Jahre dauernden Pflege, bei welcher ein Anspruchsberechtigter die ersten drei Jahre und ein anderer die zweiten drei Jahre gepflegt hat, nur dem letzteren das Vermächtnis zusteht[719]. Aber auch wenn nur eine Person den Erblasser über sechs Jahre lang pflegt, ist nicht verständlich, warum nur die halbe Leistung honoriert wird.

3. *Pflegegeld*

Kritik anzuführen ist, dass das weitergeleitete Pflegegeld zu einem vollständigen Ausschluss des Vermächtnisses führt. Es ist allgemein anerkannt, dass dieses nicht dazu gedacht und geeignet ist, den erforderlichen Aufwand für die Pflege vollständig abzugelten. Da es kein vollständiges, angemessenes Entgelt darstellt, erscheint es nicht sachgemäß, dass die Weiterleitung zu einem vollständigen Ausschluss führen soll.

4. *Höhe des Vermächtnisses*

Die Vorgaben zur Ermittlung sind unbestimmt, sodass bei der Anwendung Unsicherheiten vorhersehbar sind. Daher soll zur Ermittlung auf die bereicherungsrechtlichen Grundsätze zurückgegriffen werden; insbesondere die diesbezügliche Rechtsprechung kann herangezogen werden[720]. Demnach richtet sich die Höhe des Anspruchs nach dem Nutzen, den die Leistung dem Erblasser verschafft hat[721]. Der Nutzen liegt hier in der Ersparnis andernfalls erforderlicher Fremdpflegekosten[722].

Nach der Rechtsprechung zur Entlohnung von Pflegeleistungen kann eine finanzielle Abgeltung jedoch nur dann erfolgen, wenn die Leistung weit über das hinausgeht, was der pflegende Angehörige aufgrund einer Beistandspflicht

---

719 Vgl. *Fischer-Czermak*, in: Rabl/Zöchling-Jud, Das neue Erbrecht, S. 39; *Eccher*, S. 91.
720 *Fischer-Czermak*, in: Rabl/Zöchling-Jud, Das neue Erbrecht, S. 40.
721 Vgl. OGH 60 b 76/12p; OGH 60 b 149/14a.
722 OGH 60 b 76/12p; OGH 60 b 149/14a.

ohnehin zu leisten hat[723]. Die Beurteilung des Ausmaßes einer familiären Beistandspflicht richtet sich grundsätzlich nach der Zumutbarkeit[724]. Für den Ehegatten ist die Pflege seines erkrankten Partners bis zu einem gewissen Grad iSd § 90 I ABGB zumutbar. Die Pflege eines Schwerstbehinderten geht sowohl für den Ehegatten als auch für die Kinder weit über das hinaus, was im Rahmen der gegenseitigen Beistandspflicht geschuldet ist[725]. Wird nach dem bereicherungsrechtlichen Ansatz nur die überobligatorische Leistung entlohnt, so hilft dieser bei Ermittlung der Höhe des Vermächtnisanspruchs nicht immer weiter. Er passt nämlich nicht, wenn der pflegende Angehörige mit der Leistung nur eine Beistandspflicht erfüllt oder wenn ihn gar keine trifft.

Weiterhin wird die Höhe des Anspruchs nach dem Nutzen ermittelt, den die Leistung dem Erblasser verschafft hat[726]. Der Nutzen liegt hier in der Ersparnis andernfalls erforderlicher Fremdpflegekosten[727]. Die Ermittlung richtet sich nach den Umständen des Einzelfalls. Beispielsweise kann die Gesamtanzahl an Stunden ermittelt werden, in denen Pflege geleistet wurde. Die Stundenzahl muss dann mit dem angemessenen Stundensatz (brutto) multipliziert werden, der in der Regel dem Mindestlohntarif für Krankenbetreuer entspricht[728]. In einem anderen Fall sparte der pflegebedürftige Erblasser das gewährte Pflegegeld vollständig an und ließ sich unentgeltlich von seiner Ehefrau pflegen[729]. Hier ging das Gericht davon aus, dass der Pflegebedürftige die Hälfte des bezogenen Pflegegeldes für eine entgeltlich beschaffte Pflege hätte aufwenden müssen.

Beim Erfüllen von Beistandspflichten fallen jedoch keine Fremdpflegekosten an. Diese sind ja grundsätzlich unentgeltlich von Familienmitgliedern zu erfüllen[730]. Insoweit kann dieser Ansatz bei der Ermittlung nicht weiterhelfen.

Probleme könnten im Hinblick auf den Umgang mit familiären Beistandspflichten bestehen. Zu kritisieren ist, dass nicht alle anspruchsberechtigten Personen dem Erblasser gegenüber Beistandspflichten zu erfüllen haben. Diese sind gesetzlich nur für den Ehegatten und die Kinder vorgeschrieben, für die übrigen Anspruchsberechtigten existieren keine. Beistandspflichten finden ihre Begründung in der spezifischen Beziehung der jeweiligen Personen zueinander

723 Vgl. OGH 60 b 76/12p.
724 OGH 60 b 76/12p; OGH 10 ObS 257/91.
725 OGH 60 b 76/12p; OGH 60 b 149/14a; OGH 60 b 29/09x.
726 Vgl. OGH 60 b 76/12p; OGH 60 b 149/14a.
727 OGH 60 b 76/12p; OGH 60 b 149/14a.
728 Z.B. OGH 60 b 149/14.
729 OGH 60 b 76/12p.
730 OGH 60 b 149/14a; OGH 60 b 29/09x.

und sind von diesen üblicherweise zu erwarten. Aufgrund der gesetzlichen Normierung besteht eine Rechtspflicht. Dass diesbezüglich bei der Berechnung des Vermächtnisanspruchs nicht differenziert wird, widerspricht den familienrechtlichen Wertungen. Unter diesem Aspekt ist die gleiche Beistandsleistung unterschiedlich zu bewerten, je nachdem, ob sie von einem Ehegatten, einem Kind oder einer sonstigen nahestehenden Person erbracht wird. Dass dennoch in allen Fällen ein Vermächtnis in der gleichen Höhe gewährt wird, erscheint folglich unsachgemäß.

5. *Entzug nach § 678 II ABGB*

Nach § 678 II ABGB kann das Vermächtnis bei Vorliegen eines Enterbungsgrundes entzogen werden. Dies gilt auch bei Erbunwürdigkeit[731]. Die Vorschriften zur Enterbung (§§ 767 ff. ABGB) betreffen nur Pflichtteilsberechtigte, während die zur Erbunwürdigkeit alle potenziellen Erben betrifft, §§ 539 ff. ABGB. Damit kann der Wertungswiderspruch gelöst werden, dass nicht alle nach § 677 ABGB anspruchsberechtigten Personen auch pflichtteilsberechtigt sind[732]. Problematisch erscheint der Verfehlungsgrund, dass die anspruchstellende Person gegenüber dem Verstorbenen eine familiäre Beistandspflicht gröblich vernachlässigt hat, §§ 541 Nr. 3, 770 Nr. 5 ABGB. Beistandspflichten treffen nur den Ehegatten und die Kinder, nicht aber die übrigen Anspruchsberechtigten, sodass diese keine Beistandspflicht verletzen können. Ob dieses Ergebnis so gewollt ist, ist nicht ersichtlich. Es wirft auf jeden Fall Folgefragen und Probleme auf[733]. Ob diesem Umstand aber überhaupt praktische Relevanz zukommen wird, erscheint fraglich. Es ist nämlich schwer vorstellbar, dass der Vermächtnisanspruch besteht und zugleich eine Beistandspflicht gröblich verletzt wurde.

D. Vergleich des § 677 ABGB mit der Ausgleichsregelung des § 2057a I 2 BGB

I. Vergleich der Zweckrichtungen beider Normen

Die Normen haben jeweils einen unterschiedlichen Zweck. Das Ziel, die familiäre Pflege zu fördern, verfolgt nur die österreichische Regelung. Das Ziel, jegliche unentgeltliche Pflege zu honorieren, unabhängig vom Verwandtschaftsverhältnis,

---

731 Erläuterungen RV 688 S. 17.

732 Für eine Lösung durch analoge Anwendung *Deixler-Hübner*, in: Erbrecht NEU, S. 44.

733 Z.B. *Deixler-Hübner*, in: Erbrecht NEU, S. 44.

berücksichtigen beide Normen nicht. Da aber § 2057a I 2 BGB nicht dem Zweck dient, die häusliche Pflege zu stärken, erscheint § 677 ABGB insoweit wirkungsvoller im Hinblick darauf, die häusliche Pflege zu stärken.

II. Vergleich der verfassungsrechtlichen Rahmenbedingungen

Beide Staaten sind von gleichen Grundwerten und -prinzipien geprägt. Von Bedeutung für ein gesetzliches Pflegevermächtnis sind die Testierfreiheit, Schutz von Ehe und Familie sowie das Sozialstaatsprinzip. In Deutschland sind diese Schutzgüter ausdrücklich im Grundgesetz erwähnt, sodass sie verfassungsrechtlichen Schutz genießen. In Österreich sind sie dagegen nicht in der Verfassung erwähnt. Lediglich der Schutz von Ehe und Familie hat Verfassungsrang, da diese in Art. 8 und 12 EMRK geregelt sind. Sowohl der deutsche als auch der österreichische Gesetzgeber haben bei der Gesetzgebung die Grundrechte zu beachten und bei Grundrechtskonflikten für einen angemessenen Ausgleich der kollidierenden Verfassungsgüter zu sorgen. Ein gesetzliches Pflegevermächtnis in Österreich greift aber mangels verfassungsrechtlich geschützten Erbrechts nicht in Grundrechte ein, während ein solches Gesetz in Deutschland aufgrund der verfassungsrechtlich gewährleisteten Testierfreiheit bedenklich erscheint[734]. Bezüglich dieses Aspektes war das gesetzliche Pflegevermächtnis in Österreich problemloser einzuführen.

III. Vergleich der Voraussetzungen

1. Personenkreis

Die österreichische Reglung erfasst mehr Personengruppen als die deutsche Regelung des § 2057a I 2 BGB. Der weitere Kreis der anspruchsberechtigten Personen ist ein Vorteil gegenüber der in Deutschland normierten Beschränkung auf Abkömmlinge.

2. Pflegeleistung

In beiden Vorschriften ist mit „Pflege“ die allgemeine, in der Regel altersbedingte Pflege als Dienstleistung gemeint. Unerheblich ist, aus welchem konkreten Grund die Pflegebedürftigkeit besteht. Auch die Anforderungen an die anspruchsbegründende Leistung sind ähnlich gering. Bei beiden Normen liegt die Hürde unterhalb der sozialrechtlichen Vorgaben, die einen Anspruch auf das

---

734 Dazu ausführlich S. 170 ff.

jeweilige Pflegegeld begründen. Beide Normen regeln nicht das Verhältnis zu familiären Beistandspflichten.

Ein Unterschied ist, dass der österreichische Vermächtnisanspruch beim Erfüllen einer familiären Beistandspflicht vorliegen kann. Nach § 2057a I 2 BGB sind dagegen nur überobligatorische Leistungen auszugleichen[735]. Erfüllt ein Kind gegenüber seinem Elternteil nur seine Beistandspflicht gemäß § 1618a BGB, so kann es keinen erbrechtlichen Ausgleich verlangen. In beiden Rechtsordnungen sind familiäre Beistandspflichten als rechtliche, aber unentgeltlich zu erbringende Pflichten ausgestaltet. Dieser Tatsache wird aber nur § 2057a I 2 BGB gerecht.

3. *Maßgeblicher Zeitraum*

Bezüglich des maßgeblichen Zeitraums gibt die österreichische Regelung klare Voraussetzungen vor, während die deutsche Norm mit unbestimmten Rechtsbegriffen arbeitet. Grundsätzlich kann man klare Vorgaben als begrüßenswert erachten, da sie Rechtsunsicherheiten vermeiden, doch sind an dieser Stelle die klaren Begrenzungen nicht ganz überzeugend[736]. Wie bereits dargestellt, kann die zeitliche Begrenzung auf den Zeitraum der letzten drei Jahre Nachteile zur Folge haben. Die deutsche Regelung überzeugt diesbezüglich.

4. *Kein Entgelt*

Nach beiden Normen ist Voraussetzung, dass die Pflegeperson kein Entgelt für die Pflegeleistung erhalten hat.

Ein Unterscheid besteht jedoch bei der Frage, wie mit dem weitergeleiteten Pflegegeld umgegangen wird. In Österreich wird dies wie ein vollwertiges Entgelt berücksichtigt und führt zum vollständigen Ausschluss, in Deutschland dagegen nicht. Da das gewährte Pflegegeld in beiden Ländern kein angemessenes Entgelt für die erbrachte Pflegeleistung darstellt, ist es sachgerechter, dass es auch nicht als anspruchsausschließendes Entgelt verstanden werden kann. Das Pflegegeld sollte allenfalls bei der Ermittlung der Höhe des Abgeltungsanspruchs berücksichtigt werden. Bezüglich dieses Aspektes ist die Regelung in § 2057a I 2 BGB vorzugswürdig.

---

735 OLG Schleswig ZEV 2017, 400, 401.

736 So auch *Eccher*, S. 91; ferner *Fischer-Czermak*, in: Rabl/Zöchling-Jud, Das neue Erbrecht, S. 39.

IV. Vergleich der Rechtsfolgen

1. Rechtsnatur des Anspruchs

Hinsichtlich der Rechtsnatur beider Vorschriften besteht ein erheblicher Unterschied. Während es sich bei § 677 ABGB um einen schuldrechtlichen Vermächtnisanspruch handelt, begründet § 2057a I 2 BGB eine Ausgleichungspflicht[737]. Die Vermächtnislösung hat den großen Vorteil, dass der Anspruch unabhängig von der Erbfolge geltend gemacht werden kann. Unerheblich ist hierbei, ob gesetzliche oder gewillkürte Erbfolge vorliegt und ob die Pflegeperson grundsätzlich (gesetzlicher) Erbe ist oder nicht. Die sehr eingeschränkte Anwendbarkeit des § 2057a I 2 BGB stellt demgegenüber einen erheblichen Nachteil dar.

Ein weiterer Unterschied ist, dass § 2057a I 2 BGB dispositiv ist[738]. Der Erblasser kann den Ausgleich durch Verfügung von Todes wegen ausschließen. Das österreichische Pflegevermächtnis ist dagegen nicht dispositiv und kann nur bei Vorliegen von Enterbungs- oder Erbunwürdigkeitsgründen versagt werden.

2. Berechnung der Höhe des Abgeltungsbetrags

Die Regelungen zur Ermittlung der Höhe des Abgeltungsbetrages in § 678 I ABGB und in § 2057a III BGB entsprechen sich im Wesentlichen[739]. Bei der Berechnung werden nach beiden Normen die Beistandspflichten nicht berücksichtigt. Im Falle des § 2057a I 2 BGB ist dies jedoch unerheblich, da die Norm ohnehin nur die Abkömmlinge des Erblassers betrifft, die alle die gleiche Beistandspflicht nach § 1618a BGB trifft. Dies ist bei § 677 ABGB problematischer, da die Anspruchsberechtigten unterschiedliche oder gar keine Beistandspflichten treffen. An diesem Punkt ist die deutsche Regelung vorzugswürdig.

Auch vorzugswürdig ist die deutsche Regelung dahingehend, dass das weitergeleitete Pflegegeld, wie bereits erörtert, erst bei der Ermittlung des Betrages berücksichtigt wird. Der Vorteil der unbestimmten Vorgaben zur Ermittlung des Betrages ist, dass bei deren Auslegung alle Umstände des Einzelfalls berücksichtigt werden können. Ein solcher Umstand ist gerade das Pflegegeld und die Frage, ob es weitergeleitet wurde oder nicht.

---

737 Vgl. NK-Pflichtteilsrecht/*Kaulbach*, Anh. 5 Rn. 41.

738 So auch *Kaulbach*, ZfRV 2016, 135, 138.

739 Vgl. NK-Pflichtteilsrecht/*Kaulbach*, Anh. 5 Rn. 42.

3. *Verhältnis zum Pflichtteilsrecht*

Das Pflegevermächtnis steht gleichrangig neben den Pflichtteilsansprüchen[740]. Als Vorausvermächtnis gebührt es einem Pflichtteilsberechtigten neben seinem Pflichtteil[741]. Eine Anrechnung auf den Pflichtteil kann der Erblasser nicht anordnen[742]. Der Begünstigte des Pflegevermächtnisses hat nicht zur Erfüllung der sonstigen Pflichtteilsberechtigten beizutragen, § 764 II ABGB. Ist der Nachlass überschuldet oder nicht ausreichend, erhält der Begünstigte des Pflegevermächtnisses entsprechend den übrigen Pflichtteilsberechtigten weniger[743]. Der Ausgleichsanspruch nach § 2057a I 2 BGB ist dagegen keine Nachlassverbindlichkeit, sondern lediglich eine Teilungsanordnung für die Auseinandersetzung unter den Abkömmlingen. Da diese auch die Pflichtteilsberechtigten sind, hat der Anspruch grundsätzlich keine Auswirkungen auf das Pflichtteilsrecht. Eine Ausnahme besteht nur nach § 2316 BGB[744]. Bei der Ermittlung des Ausgleichsbetrages wird aber auf die Interessen der Pflichtteilsberechtigten Rücksicht genommen. Außerdem hat § 2057a I 2 BGB über § 2316 BGB nur Auswirkungen auf die Pflichtteile der Abkömmlinge, nicht aber auf die Ansprüche der übrigen Pflichtteilsberechtigten[745]. Der Anspruch nach § 677 ABGB kann zu Lasten der Pflichtteilsansprüche gehen, der Anspruch gemäß § 2057a I 2 BGB grundsätzlich nicht, allenfalls über § 2316 BGB.

V. Ergebnis des Vergleichs

1. *Stärkung der häuslichen Pflege*

Insgesamt hat das österreichische Pflegevermächtnis den Vorteil, dass der Anwendungsbereich umfassend und der Kreis der Anspruchsberechtigten größer ist. Positiv hervorzuheben ist zudem die Rechtsnatur als Vermächtnisanspruch. Dadurch kann die Norm häufiger zur Anwendung kommen als die deutsche Ausgleichsregelung. Im Ergebnis werden damit mehr Pflegekonstellationen erfasst, sodass dem Ziel, der Stärkung der häuslichen Pflege, besser gedient ist.

---

740 *Fischer-Czermak*, in: Rabl/Zöchling-Jud, Das neue Erbrecht, S. 41; *Deixler-Hübner*, in: Erbrecht NEU, S. 41.

741 NK-Pflichtteilsrecht/*Kaulbach*, Anh. 5 Rn. 43, 44; *Kiener*, ÖZPR 2015, 186, 187.

742 Schwimann/Neumayr/*Eccher/Kolmasch* ABGB § 678 Rn. 7.

743 *Deixler-Hübner*, in: Erbrecht NEU, S. 42.

744 Dazu S. 120.

745 Palandt/*Weidlich* BGB § 2316 Rn. 1.

2. *Regelungsdefizite*

Als Regelungsdefizite haben beide Normen gemeinsam, dass nicht alle pflegenden Personen erfasst werden und somit keine umfassende Honorierung von Pflegeleistungen gewährleistet ist. Weitere gemeinsame Schwäche sind die unbestimmten Vorgaben zur Ermittlung des Abgeltungsbetrages.

VI. Übertragbarkeit auf Deutschland

In beiden Staaten besteht das gleiche soziale Problem des wachsenden Pflegebedarfs. Daher erscheint es für beide Gesetzgeber sinnvoll, die häusliche Pflege zu stärken.

Die Rahmenbedingungen für den Bereich der informellen Pflege sind sich sehr ähnlich. Das Risiko der Pflegebedürftigkeit wird durch das jeweilige Sozialsystem abgesichert. Den Pflegebedürftigen stehen jeweils die gleichen Möglichkeiten der Pflege zu, wobei in beiden Ländern die häusliche Pflege vorzugswürdig erscheint. Auch die Gestaltung des Erbrechts ist nahezu identisch, da es von den gleichen Prinzipien geprägt ist und dem Erblasser die gleichen Möglichkeiten der gewillkürten Erbfolge zustehen. Insbesondere mit dem Begriff „gesetzliches Vermächtnis" ist auch in beiden Rechtsordnungen das gleiche gemeint. Aufgrund dieser vielen Gemeinsamkeiten könnte die Übertragung der österreichischen Regelung auf die deutsche Rechtsordnung Erfolg versprechend sein.

Es konnte gezeigt werden, dass das österreichische Pflegevermächtnis gegenüber der deutschen Regelung insgesamt die überzeugendere Lösung darstellt, um Pflegeleistungen erbrechtlich zu honorieren. Vorteilhaft sind vor allem die Rechtsnatur als Vermächtnis und der weitere Kreis der Anspruchsberechtigten. Im Detail weist § 2057a I 2 BGB allerdings einige Vorteile gegenüber § 677 ABGB auf. Wie diese Schwächen des § 677 ABGB in der Rechtsprechung gelöst werden, bleibt abzuwarten. Soll diese grundsätzlich vorzugswürdige Lösung auf das deutsche Recht übertragen werden, müssten diese Schwächen genauer betrachtet werden. Dies betrifft insbesondere den Umgang mit den familiären Fürsorge- und Beistandspflichten sowie das Verhältnis zu Leistungen der Pflegeversicherung. Schließlich muss bei der Übertragung das spezifische deutsche Verfassungsrecht berücksichtigt werden.

Der Vorteil des § 677 ABGB gegenüber § 2057a I 2 BGB wird auch durch folgendes Beispiel deutlich:

> *Erblasserin E hat einen Ehemann M und drei Kinder A, B und C. Bis zu ihrem Tod war sie zwei Jahre lang pflegebedürftig. Obwohl der Pflegebedarf stetig zunahm, wollte sie zu Hause wohnen bleiben und wurde dort gepflegt.*

Variante 1: Ehemann M pflegt E.

Variante 2: Kind A pflegt E.

Variante 3: E und M sind nicht verheiratet, sondern leben in nichtehelicher Lebensgemeinschaft. Wie in Variante 1 übernimmt M die Pflege der E.

Variante 4: Die Frau von Kind A, also die Schwiegertochter der E, pflegt diese.

Der Vermächtnisanspruch nach § 677 ABGB kann in allen Varianten des Falles bestehen, der Ausgleichsanspruch gemäß § 2057a I 2 BGB dagegen nur in Variante 2. Mit dem gesetzlichen Pflegevermächtnis kann also ein weitreichenderer Ausgleich von erbrachten Pflegeleistungen erzielt werden.

6. Kapitel:Einführung eines gesetzlichen Pflegevermächtnisses

Die Stärkung der häuslichen Pflege durch Honorierung von Pflegeleistungen könnte durch die Einführung eines gesetzlichen Pflegevermächtnisses erreicht werden[746].

A. Regelungsbedarf

Die erbrechtliche Honorierung von Pflegeleistungen kann der Erblasser zwar grundsätzlich durch Verfügung von Todes wegen selbst vornehmen, jedoch sind diese Möglichkeiten mit erheblichen Risiken verbunden[747]. Auch das Gesetz kann hier keine zufriedenstellende Abhilfe leisten, da der Ausgleichsanspruch gemäß § 2057a I 2 BGB erhebliche Regelungsdefizite aufweist[748]. Dieser Widerspruch wird insbesondere dadurch deutlich, dass der Gesetzgeber im Rahmen der Erbrechtsreform Erblasser dazu motivieren wollte, Pflegeleistungen im Wege einer Verfügung von Todes wegen zu honorieren[749], während Notare von solchen Verfügungen teilweise abraten[750]. Eine überzeugende Lösung des Problems wurde noch nicht gefunden.

B. Stärkung der Testierbereitschaft?

Entsprechend der Vorstellung des Gesetzgebers könnte man das Problem dadurch zu lösen versuchen, dass man pflegebedürftige Erblasser dazu motiviert, die Pflegeperson in einer entsprechenden Verfügung von Todes wegen zu bedenken[751]. Dieser Vorschlag ist an sich begrüßenswert, jedoch nicht zielführend im Hinblick auf die Stärkung der häuslichen Pflege. Denn diese Möglichkeit ist allen Pflegebedürftigen verwehrt, die bereits testierunfähig sind. Weiterhin

---

746 So schon *Otte,* ZEV 2008, 260; Deutscher Notarverein, notar 2007, 151, 152; Empfehlung der Ausschüsse, BR-Drs. 96/108 S. 10, 11.

747 Dazu S. Kap. 2 und 3

748 Dazu Kap. 4.

749 BT-Drs. 16/8954 S. 18.

750 So z.B. *Mayer,* DNotZ 2012, 89, 97, 98; *Kornexl,* Anmerkung zu BGH, Beschluss v. 05.10.2010 – IV ZR 30/10, MittBayNot 2011, 320, 322.

751 Vgl. BT-Drs. 16/8954 S. 18.

erscheint zweifelhaft, ob dieses Ziel überhaupt zu erreichen ist. Angesichts der geringen Testierbereitschaft in der Gesellschaft allgemein dürfte es schwierig sein, das vorherrschende Testierverhalten spürbar zu verändern[752].

Weiterhin spricht gegen die Testamentslösung, dass damit nur ein geringer Anreiz zur Übernahme der Pflege für die Pflegeperson geschaffen wird. Ob der Erblasser eine Verfügung von Todes wegen trifft oder nicht, liegt ganz in seiner Hand. Für die Pflegeperson gibt es insoweit keine Sicherheit dafür, dass die Pflegeleistung erbrechtlich honoriert wird. Hätte die Pflegeperson ein Interesse daran, den Erblasser wegen einer späteren erbrechtlichen Honorierung zu pflegen, so könnte die Pflegeperson die Initiative ergreifen und den Erblasser um eine entsprechende Honorierung bitten. Doch bereits das Besprechen einer lebzeitigen Vergütung von Pflegeleistungen ist in persönlichen oder familiären Verhältnissen eine unangenehme Angelegenheit und wird daher überwiegend nicht thematisiert[753]. Noch unangenehmer dürfte es für die Pflegeperson sein, den Erblasser zu fragen, ob und wie man erbrechtlich berücksichtigt werde. Das eigene Testierverhalten ist ein sehr persönliches Thema und liegt in der Sphäre des Erblassers. Die Pflegeperson sollte nicht gezwungen werden, hierauf Einfluss nehmen zu müssen, um erbrechtlich berücksichtigt zu werden.

C. Vorschlag eines gesetzlichen Vermächtnisses

Um erbrachte Pflegeleistungen besser zu honorieren und damit die häusliche Pflege zu stärken, liegt die Einführung eines gesetzlichen Pflegevermächtnisses nahe. Ein solches Vermächtnis hätte den Vorteil, dass es grundsätzlich von der Erbfolge unabhängig wäre und damit eine umfassendere Lösung bieten könnte als die bestehende Ausgleichsregelung in § 2057a I 2 BGB[754]. Im Gesetzgebungsverfahren zur Erbrechtsreform 2009 wurde diese Möglichkeit bereits vom Bundesrat angedacht[755].

D. Vereinbarkeit der Vermächtnislösung mit Art. 14 I GG

Der Vorschlag, ein gesetzliches Pflegevermächtnis einzuführen, wird häufig dahingehend kritisiert und abgelehnt, dass dieses einen verfassungsrechtlich bedenklichen Eingriff in die Testierfreiheit des Erblassers darstellen würde[756].

---

752 Als „frommen Wunsch" bezeichnet dies *Muscheler,* ZEV 2008, 105, 109.
753 Vgl. *Röthel,* A 60.
754 Vgl. *Otte,* ZEV 2008, 260, 261.
755 Empfehlung der Ausschüsse, BR-Drs. 96/108 S. 10, 11.
756 So z.B. Begründung RegE, BT-Drs. 16/8954 S. 18; *Ludyga,* ZErb 2009, 289, 293.

Eine Verletzung von Art. 14 I GG wäre aber nur gegeben, wenn ein ungerechtfertigter Eingriff in die Testierfreiheit vorliegen würde.

I. Eingriff in die Testierfreiheit

Das Erbrecht genießt verfassungsrechtlichen Schutz durch Art. 14 I 1 GG. Dadurch gesichert ist zum einen der Bestand des Erbrechts als Rechtsinstitut, zum anderen das Individualrecht der am Erbvorgang Beteiligten[757]. Geschützt wird insbesondere die Testierfreiheit des Erblassers[758]. Darunter versteht man die Befugnis des Erblassers, nach seiner Wahl sein Vermögen an die Bedachten zu verteilen, eine von der gesetzlichen Erbfolge abweichende Rechtsnachfolge anzuordnen oder einen gesetzlichen Erben von der Nachlassbeteiligung auszuschließen[759].

1. Verwandtenerbrecht als Element des Art. 14 I GG

Einst umstritten war, ob das Verwandtenerbrecht, also die Mindestbeteiligung der engeren Familie am Erbgut, unter die institutionell verbürgte Erbrechtsgarantie fällt[760]. Mittlerweile ist das Verwandtenerbrecht als Element der Erbrechtsgarantie jedoch allgemein anerkannt[761]. Grundgedanke des Verwandtenerbrechts ist die Sicherung der wirtschaftlichen Existenzgrundlage und Entfaltungsfreiheit des Einzelnen unter Einschluss des familiären Verbundes; die Familie wird insoweit als ökonomischer Verbund verstanden[762]. Denn der Vermögenserwerb eines Einzelnen steht grundsätzlich mit der Familie in Verbindung, da er in vielfältiger Weise auf Leistungen und Verhaltensweisen der

---

757 BVerfG FamRZ 2005, 872, 874; FamRZ 1995, 405, 407, 408; NJW 1985, 1455; *Lange/Kuchinke*, § 2 IV S. 26; *Stern*, Staatsrecht, § 113 S. 2320; Staudinger/*Otte* BGB Einleitung zum Erbrecht Rn. 60.

758 BVerfG FamRZ 2005, 872, 874; FamRZ 1995, 405, 408; NJW 1985, 1455; BeckOK/*Axer* GG Art. 14 Rn. 142; *Lange/Kuchinke*, § 2 IV S. 26; Maunz/Dürig/*Papier/Shirvani* GG Art. 14 Rn. 406; *Stern*, Staatsrecht, § 113 S. 2324, 2325; Sachs/*Wendt* GG Art. 14 Rn. 194.

759 BVerfG FamRZ 2005, 872, 874; *Stern*, Staatsrecht § 113 S. 2325; *Lange/Kuchinke*, § 2 IV S. 26.

760 Offen gelassen BVerfG NJW 1985, 1455. Vgl. BVerfG FamRZ 1995, 405, 409; *Lange/Kuchinke*, § 2 IV S. 27.

761 BVerfG FamRZ 1998, 153, 154; *Stern*, Staatsrecht, § 113 S. 2326; *Lange/Kuchinke*, § 1 III S. 4; Staudinger/*Otte* BGB Einleitung zum Erbrecht Rn. 61, 78; Sachs/*Wendt* GG Art. 14 Rn. 195; *Leipold*, AcP 180 (1980), 160, 162.

762 *Stern*, Staatsrecht, § 113 S. 2326.

gesamten Familie zurückgeführt werden kann[763]. Dies beginnt bei Ausbildung und Erziehung, welche maßgeblich durch die Eltern geprägt sind und das Fundament der späteren Berufsausübung darstellen. Zu berücksichtigen sind weiterhin die gemeinsame Haushaltsführung, gemeinsames Gebrauchsvermögen sowie sonstige Bedürfnisse und Ansprüche, die man gegenseitig einfordert[764]. Dies sind alles Aspekte, die Einfluss auf die Vermögenssituation eines Erblassers haben und auf der familiären Gemeinschaft und Solidarität beruhen. Darauf basiert der Gedanke des Verwandtenerbrechts[765]. Allerdings begrenzt das Verwandtenerbrecht die Testierfreiheit[766]. Aus den genannten Gründen erscheint die damit verbundene Beschränkung der Testierfreiheit jedoch gerechtfertigt.

Ein gesetzliches Pflegevermächtnis würde sich als spezifische Ausprägung des Verwandtenerbrechts darstellen, soweit es um ein Vermächtnis zugunsten von Verwandten ginge[767]. Dabei wäre zu berücksichtigen, dass es gerade bei der häuslichen Pflege meist nicht nur um die Pflege im engeren Sinne geht. Die erbrachten Leistungen gehen in persönlicher Hinsicht häufig über diese Dienstleistung hinaus. Wichtig sind auch eine enge persönliche Beziehung sowie die Motivation, die Pflege in Erfüllung einer familiären, solidarischen Pflicht zu erbringen. Indem die Pflegeleistungen erbracht werden, wird diese theoretisch unterstellte Solidarität auch tatsächlich gelebt.

Diese Ansprüche und Bedürfnisse stehen in engem Zusammenhang mit der ökonomischen Einheit Familie. Die wirtschaftlichen Verflechtungen sind in der Familie grundsätzlich stärker ausgeprägt als bei nicht verwandten Personen[768]. Pflegt ein Kind seinen Elternteil, so hält es damit seinen Geschwistern und anderen Familienmitgliedern den Rücken frei, damit diese Beruf und Ausbildung nachgehen können. Im Gegenzug wird das pflegende Kind in der Regel im Familienverbund leben und sein Lebensunterhalt durch die Einkünfte der anderen Familienmitglieder bestreiten. Durch dieses Zusammenwirken wird die ganze Familie in wirtschaftlicher Hinsicht gestärkt.

---

763 MüKoBGB/*Leipold* Einleitung zum Erbrecht Rn. 13.

764 MüKoBGB/*Leipold* Einleitung zum Erbrecht Rn. 13.

765 Vgl. BVerfG FamRZ 2005, 872, 875; MüKoBGB/*Leipold* Einleitung zum Erbrecht Rn. 14; Staudinger/*Otte* BGB Einleitung zum Erbrecht Rn. 78 ff.

766 Vgl. BVerfG FamRZ 2005, 872, 876; *Stern* Staatsrecht, § 113 S. 2326. Ferner MüKoBGB/*Leipold* Einleitung zum Erbrecht Rn. 14.

767 Auf eine genaue Klärung des Begriffs „Verwandte“ iSd Art. 14 GG kommt es hier nicht an. Als Ziel soll ja erreicht werden, dass ein Pflegevermächtnis zugunsten aller Pflegepersonen unabhängig vom Verwandtschaftsverhältnis geschaffen wird.

768 Vgl. *Brudermüller*, FamRZ 1996, 129, 131; *Schürmann*, in: FS Brudermüller, S. 703, 705.

2. *Ausgestaltende Maßnahme oder Eingriff des Gesetzgebers?*

Bei der Frage, ob es sich bei einem gesetzlichen Pflegevermächtnis um eine Ausgestaltung des Erbrechts oder um einen Eingriff in den Bestand des Erbrechts handelt, muss nach den begünstigten Personen differenziert werden.

Bei der Schaffung eines Pflegevermächtnisses zugunsten von Angehörigen liegt eine Ausgestaltung des Erbrechts vor. Ausgestaltung meint jedes gesetzgeberische Handeln, mit dem der Staat bei normgeprägten Grundrechten zur Schutzbereichsbestimmung tätig wird, ohne dass er in den materiellen Gehalt des Grundrechts eingreift[769]. Bei dem Rechtsinstitut „Erbrecht" handelt es sich um eine Einrichtung, die nicht von Natur aus existiert, sondern erst von der Rechtsordnung begründet wird[770]. Der Schutzbereich kann daher nur an rechtliche Begriffe anknüpfen und wird durch das einfache Recht in seinem konkreten Inhalt definiert[771]. Bei der einfachgesetzlichen Ausgestaltung des Instituts „Erbrecht" hat der Gesetzgeber den Wesensgehalt, also die traditionellen Kernelemente zu berücksichtigen[772]. Dies sind die Testierfreiheit und das Verwandtenerbrecht[773]. Eine das Erbrecht ausgestaltende Rechtsnorm muss von dem verfassungsrechtlich vorgezeichneten Kompromiss zwischen den entgegenstehenden Prinzipien Testierfreiheit einerseits und Verwandtenerbrecht andererseits geprägt sein[774]. Es handelt sich im Ergebnis um eine verfassungsrechtlich vorgegebene Begrenzung der gemäß Art. 14 I GG geschützten Testierfreiheit[775].

Für eine ausgestaltende Maßnahme des Gesetzgebers spricht, dass das Pflegevermächtnis eine privatrechtliche Lösung ist. Bei der Abgrenzungsfrage, ob es sich bei einer gesetzlichen Regelung um eine Ausgestaltung oder einen Eingriff handelt, kann die Rechtsnatur der jeweiligen Vorschrift ein Indiz sein[776]. In der Regel werden privatrechtliche Vorschriften eher eine Ausgestaltung sein, wohingegen öffentlich-rechtliche Vorschriften regelmäßig als Eingriff zu werten

---

769 *Epping*, Rn. 434.

770 *Stern*, Staatsrecht, § 113 S. 2323, 2324; *Epping*, Rn. 433.

771 Sachs/*Wendt* GG Art. 14 Rn. 199; *Epping*, Rn. 433.

772 *Stern*, Staatsrecht, § 113 S. 2324; Maunz/Dürig/*Papier/Shirvani* GG Art. 14 Rn. 408.

773 Vgl. BVerfG FamRZ 2005, 872, 874; Maunz/Dürig/*Papier/Shirvani* GG Art. 14 Rn. 409; Staudinger/*Otte* BGB Einleitung zum Erbrecht Rn. 50 ff.

774 BVerfG FamRZ 2005, 872, 875; *Lange/Kuchinke*, § 1 III S. 4; Maunz/Dürig/*Papier/Shirvani* GG Art. 14 Rn. 409.

775 Vgl. BVerfG FamRZ 2005, 872, 875; *Lange/Kuchinke*, § 2 IV S. 27.

776 *Epping*, Rn. 436.

sind[777]. Da das Erbrecht ein Institut des Privatrechts ist, erfolgen diesbezügliche gesetzliche Regelungen auch üblicherweise durch das Privatrecht.

Das ausgestaltende Tätigwerden des Gesetzgebers bedeutet, dass ein Konflikt unterschiedlicher Schutzaspekte eines grundrechtlichen Schutzbereichs gelöst werden muss. Das Spannungsverhältnis befindet sich insofern im Schutzbereich des gleichen Grundrechts, ohne dass auf weitere Grundrechte wie z.B. Art. 6 I GG zurückgegriffen werden muss. Ein Ausgleich zwischen zwei kollidierenden Grundrechten, wie es bei einem Eingriff der Fall ist, gibt es in diesem Fall nicht.

3. Grenzen der Ausgestaltung

Bei der Ausgestaltung von Gesetzen steht dem Gesetzgeber grundsätzlich ein weiter Gestaltungsspielraum zu[778]. Beschränkt wird er jedoch dadurch, dass er die Grenzen und Grundstrukturen des jeweiligen Grundrechts beachten muss[779]. Gegenläufige Interessen sind schonend auszugleichen; die Interessenkonflikte zwischen rechtlich gleich geordneten Rechtssubjekten sind sachgerecht zu lösen[780]. Der Konflikt bei Einführung eines gesetzlichen Pflegevermächtnisses besteht zwischen der Testierfreiheit und dem Verwandtenerbrecht. Die Testierfreiheit ist aber nicht zwangsläufig beeinträchtigt. Das zeigt der Vergleich mit der Interessenlage bei § 2057a BGB. Dort wird vermutet, dass ein Ausgleichsbetrag zugunsten des pflegenden Abkömmlings dem Willen des Erblassers entspricht. Dieser Gedanke wird wohl überwiegend auch in Bezug auf das Pflegevermächtnis zutreffen. Der Unterschied wäre jedoch, dass das Vermächtnis in allen Fällen gelten würde, also bei gesetzlicher und gewillkürter Erbfolge, während die Ausgleichsregelung des § 2057a BGB grundsätzlich nur bei gesetzlicher Erbfolge Anwendung findet.

Eine vom Erblasser nicht abdingbare Geltung des Pflegevermächtnisses wäre problematisch. Falls der Erblasser abweichend von der gesetzlichen Erbfolge testieren will, würde die Anordnung eines gesetzlichen Vermächtnisses seine Testierfreiheit in besonderem Maße beeinträchtigen. Diese Beschränkung würde zu den Beschränkungen durch das Pflichtteilsrecht hinzukommen. Dieser Konflikt kann aber dadurch gelöst werden, dass das Pflegevermächtnis nicht als ein unentziehbares, sondern, wie die anderen gesetzlichen Vermächtnisse, als ein entziehbares Vermächtnis ausgestaltet wird. Die anderen gesetzlichen

---

777 *Epping*, Rn. 436.
778 BVerfG FamRZ 2005, 872, 874, 876.
779 Sachs/*Wendt* GG Art. 14 Rn. 199.
780 BVerfG FamRZ 2005, 872, 875, 876.

Vermächtnisse in § 1932 BGB und § 1969 BGB können vom Erblasser entzogen werden[781]. Entsprechendes müsste im Fall eines gesetzlichen Pflegevermächtnisses gelten. Bei der Schaffung einer entsprechenden Norm müsste dies ausdrücklich bestimmt werden, ähnlich wie etwa in § 1969 I 2 BGB. Dadurch hätte der Erblasser die Möglichkeit, das Vermächtnis dem Begünstigten zu entziehen, wenn dieses seinem Willen nicht entspricht. Damit würde die Testierfreiheit hinreichend geschützt und die gegenläufigen Interessen schonend ausgeglichen.

Schließlich wäre auch zu berücksichtigen, dass es sich bei einem Pflegevermächtnis zugunsten des Verwandtenerbrechts nicht um ein Erbrecht handeln würde, sondern lediglich um ein Vermächtnis. Der Begünstigte würde nicht Erbe, sondern lediglich einen Vermächtnisanspruch erlangen.

II. Verfassungsrechtliche Rechtfertigung

Soweit ein gesetzliches Pflegevermächtnis auch weiteren Personengruppen zustehen sollte, die nicht zu den Verwandten gehören, ginge es nicht mehr um eine Ausgestaltung des Verwandtenerbrechts. Vielmehr wäre dann ein Eingriff in die Testierfreiheit des Erblassers, in den Schutzbereich des Art. 14 I GG, gegeben. Es stellt sich die Frage, ob ein solcher Eingriff zu rechtfertigen wäre. Da es sich bei dem Pflegevermächtnis um ein formelles Gesetz handeln würde, stellt es eine taugliche Schranke dar.

Fraglich wäre die materielle Verfassungsmäßigkeit. Ein gesetzliches Pflegevermächtnis verfolgt das Ziel, die häusliche Pflege zu stärken und somit einen legitimen Zweck. Hinsichtlich der Geeignetheit und der Gebotenheit eines solchen Gesetzes bestehen keine Bedenken; insoweit ist der Gestaltungsspielraum des Gesetzgebers zu beachten. Zweifelhaft wären aber die Angemessenheit und die Verhältnismäßigkeit einer entsprechenden Regelung. Die Beurteilung der Verhältnismäßigkeit erfordert eine Abwägung zwischen den Gemeinwohlbelangen, zu deren Wahrnehmung es erforderlich ist, in Grundrechte einzugreifen, und den Auswirkungen auf die Rechtsgüter der davon Betroffenen[782]. Dazu muss genauer betrachtet werden, welchen Gemeinwohlbelangen der legitime Zweck des Pflegevermächtnisses dient.

781 Palandt/*Weidlich* BGB § 1932 Rn. 2; MüKoBGB/*Leipold* § 1932 Rn. 7; Staudinger/*Werner* BGB § 1932 Rn. 30.

782 Sachs/*Sachs* GG Art. 20 Rn. 154.

1. *Vereinbarkeit mit Art. 6 I GG*

Zur Rechtfertigung eines Grundrechtseingriffes durch ein gesetzliches Pflegevermächtnis könnte Art. 6 I GG angeführt werden[783]. Die Begründung dafür ist, dass Pflegeleistungen häufig von Angehörigen bzw. Familienmitgliedern erbracht werden und dass dies ein Ausdruck gelebter Familiensolidarität ist[784]. Indes kommt es hierauf nicht an; denn bei Verwandten bzw. Familienmitgliedern wird der Gesetzgeber bei Schaffung eines entsprechenden Vermächtnisses ohnehin nur ausgestaltend tätig, sodass kein Eingriff vorliegt. Somit ist auch keine verfassungsrechtliche Rechtfertigung erforderlich. Und soweit es um ein Pflegevermächtnis für andere Personen gehen würde, wäre zwar ein Eingriff in Art. 14 I GG gegeben, dieser ließe sich aber außerhalb der Familie nicht mit Art. 6 I GG rechtfertigen.

2. *Interessen der Pflegenden*

Da ein gesetzliches Pflegevermächtnis die Pflegepersonen begünstigt, könnte ihren Interessen ein gewichtiger Stellenwert im Rahmen der Abwägung zukommen. Fraglich ist aber, wie sich dieses Interesse rechtlich, insbesondere verfassungsrechtlich, einordnen lässt. Da es hier nämlich um die Rechtfertigung eines Grundrechtseingriffs geht, erscheint eine Abwägung nur dann zielführend, wenn der Zweck des einzuführenden Gesetzes ebenfalls vom Grundgesetz geschützt wird oder einen Gemeinwohlbelang darstellt. Dass von Seiten der Pflegenden Grundrechte betroffen sind, ist jedoch nicht ersichtlich. Bei ihnen sind hauptsächlich finanzielle Interessen durch mögliche Vermögenseinbußen zu berücksichtigen, welche aber keine grundrechtlich geschützten Positionen sind. Damit kommt diesem Interesse keine schwerwiegende Bedeutung zu. Dies gilt umso mehr, als die Betroffenen grundsätzlich die Möglichkeit haben, sich die Pflegeleistung vergüten zu lassen, um auf diese Weise finanzielle Einbußen zu verhindern. In moralischer Hinsicht fühlen sie sich zwar möglicherweise daran gehindert, doch ändert dies nichts an der Tatsache, dass sie die Möglichkeit hätten, eine Vergütung zu vereinbaren oder die Leistung zu unterlassen. Rechtlich sind die genannten Personen nicht zur Erbringung der unentgeltlichen Pflegeleistungen verpflichtet. Ihre nur finanziellen Interessen können bei einer Abwägung im Sinne der Verhältnismäßigkeit nicht schwerer wiegen als die Testierfreiheit.

---

783 Vgl. *Köbl*, in: FS Frank, S. 175.

784 Vgl. *Windel*, ZEV 2008, 305, 306.

3. *Das Sozialstaatsprinzip gemäß Art. 20 I GG*

Das Sozialstaatsprinzip ist in Art. 20 I GG als Staatszielbestimmung verankert und erlangt durch die Ewigkeitsgarantie des Art. 79 III GG eine fundamentale Bedeutung[785]. In der Verfassung wird der Begriff weit und unbestimmt gehalten, sodass das Sozialstaatsprinzip der Konkretisierung durch den Gesetzgeber bedarf[786]. Bei der Konkretisierung kommt dem Gesetzgeber ein weiter Gestaltungsspielraum zu[787], der es ihm auch ermöglicht auf die Ressourcenabhängigkeit sozialstaatlicher Vorgaben Rücksicht zu nehmen[788]. Aus dem Sozialstaatsprinzip werden das Gebot der sozialen Sicherheit und das Gebot der sozialen Gerechtigkeit abgeleitet[789].

a) *Sozialer Ausgleich durch Schutz der Pflegenden*

Sozialer Ausgleich meint den Abbau von sozialen Ungleichheiten[790]. Unter diesen Teilaspekt fallen Maßnahmen, die dazu dienen, die wirtschaftliche Situation schlechter gestellter Bevölkerungsgruppen zu verbessern[791]. Bei der schlechter gestellten Bevölkerungsgruppe könnte man an die Gruppe der Pflegepersonen denken. Um welche Personengruppe es sich genau handelt, bzw. in welchem Verhältnis sie zum Erblasser stehen, ist grundsätzlich unerheblich; es kann sich um Familienmitglieder sowohl im engen als auch im weiteren Kreise handeln sowie um Freunde, Bekannte, Nachbarn oder sonstige Personen[792]. Dass die Pflegepersonen durch die Erbringung von unentgeltlichen Pflegeleistungen Nachteile erleiden, ist bekannt. Sie müssen zum einen erhebliche persönliche Opfer erbringen[793], wie etwa Einschränkungen im Privatleben oder Beeinträchtigungen der eigenen Gesundheit[794]. Zum anderen müssen Pflegepersonen häufig wegen des

---

785 Vgl. Maunz/Dürig/Grzeszick GG Art. 20 VIII Rn. 17; *Muckel/Ogorek/Rixen,* § 6 Rn. 1.

786 Sachs/*Sachs* GG Art. 20 Rn. 47; *Muckel/Ogorek/Rixen,* § 6 Rn. 2; BeckOK/*Huster/Rux* GG Art. 20 Rn. 209.

787 BVerfG NJW 2009, 2267, 2275; FamRZ 2001, 605, 607; BeckOK/*Huster/Rux* GG Art. 20 Rn. 209; *Muckel/Ogorek/Rixen,* § 6 Rn. 2; *Waltermann,* § 1 Rn. 15.

788 Maunz/Dürig/Grzeszick GG Art. 20 VIII Rn. 18.

789 Vgl. *Frey,* S. 244; *Stern,* Staatsrecht, § 21 S. 692; *Waltermann,* § 1 Rn. 15.

790 *Stern,* Staatsrecht, § 21 S. 712; *Muckel/Ogorek/Rixen,* § 6 Rn. 1.

791 *Muckel/Ogorek/Rixen,* § 6 Rn. 1.

792 Vgl. *Meyer,* S. 14.

793 BT-Drs. 12/5262 S. 61.

794 Vgl. *Doering-Striening,* FamFR 2012, 531; *Nowossadeck/Engstler/Klaus,* Pflege und Unterstützung, S. 13 f.

hohen zeitlichen Aufwandes für die Pflege ihre Erwerbstätigkeit einschränken oder sogar aufgeben[795]. Sie erleiden dadurch also Einbußen, sei es privater oder beruflicher Art, für die sie keinen Ausgleich oder Anerkennung erhalten. Dies kommt allerdings dem Sozialstaat in besonderem Maße zugute, da dies Leistungen sind, die ansonsten aus der Pflegeversicherung erbracht werden müssten. Der Sozialstaat wird dadurch entlastet, dass die Pflegeversicherung nicht in Anspruch genommen wird. Die Einbuße bei der Pflegeperson kann auch nicht durch ein gegebenenfalls geleistetes Pflegegeld nach § 37 SGB XI ausgeglichen werden, da dieses kein angemessenes Entgelt darstellt und außerdem nicht sicher ist, dass es auch bei der Pflegeperson ankommt, der selbst kein entsprechender Anspruch zusteht. Ein gesetzliches Pflegevermächtnis ließe sich daher als Ausformung dieses Aspekts des Sozialstaatsprinzips rechtfertigen.

b) Förderung der Solidarität

Vom Sozialstaatsprinzip umfasst ist weiterhin auch der Gedanke der Solidarität[796]. Gemeint ist damit das gegenseitige Einstehen für einen bestimmten Erfolg[797]. Dieser Erfolg kann vorliegend dahingehend konkretisiert werden, dass es allgemein der Vorstellung entspricht, die erforderliche Fürsorge und Hilfe von seinen Mitmenschen zu erhalten, sofern man dieser aufgrund der eigenen Pflegebedürftigkeit bedarf. Menschen, die Pflegeleistungen unentgeltlich für einen Pflegebedürftigen übernehmen, werden meist nicht dafür honoriert, zumindest gibt es keine gesetzliche Regelung dafür, auch nicht im SGB XI. Dabei wären entsprechende finanzielle Anreize grundsätzlich dazu geeignet, Spannungen zwischen beiden beteiligten Seiten zu vermeiden[798]. Ein solcher Anreiz wäre das Pflegevermächtnis.

Weiterhin darf nicht der ideelle Anreiz außer Acht gelassen werden. Durch das Vermächtnis wird der Leistung ein ökonomischer Wert beigemessen. Die solidarische Leistung erhält einen Wert, der als solcher in der Gesellschaft anerkannt werden kann. Das gesamtgesellschaftliche Bild solcher solidarischen Leistungen kann dadurch aufgewertet werden.

---

795 BT-Drs. 12/5262 S. 61; *Nowossadeck/Engstler/Klaus*, Pflege und Unterstützung, S. 16.
796 Vgl. *Volkmann*, S. 395, 399; *Muckel/Ogorek/Rixen*, § 6 Rn. 1.
797 *Muckel/Ogorek/Rixen*, § 6 Rn. 1.
798 Vgl. *Meyer*, S. 34.

c) Schutz der Pflegebedürftigen

Weiterer Teilaspekt des Sozialstaatsprinzips ist die soziale Sicherheit. Gemeint ist damit die Fürsorge für Hilfebedürftige und allgemein der Schutz der sozialen Existenz gegen die Wechselfälle des Lebens[799]. Der Grund für die Hilfsbedürftigkeit kann insbesondere in der Pflegebedürftigkeit liegen[800]. Zum Schutz der sozialen Sicherheit enthält das Sozialstaatsprinzip den Auftrag an den Gesetzgeber zur Gestaltung und Schaffung sozialer Sicherungssysteme[801]. Der Auftrag der Gewährung der sozialen Sicherheit fordert den Gesetzgeber jedoch nur dem Grunde nach auf, schreibt ihm aber gerade keine bestimmte Form vor, wie dies zu erfolgen hat[802].

Ein gesetzliches Pflegevermächtnis zugunsten der Pflegepersonen dient der sozialen Sicherheit. Denn es schafft einen Anreiz dafür, die Pflege für eine pflegebedürftige Person im häuslichen Umfeld zu übernehmen und stärkt daher die Fürsorge für Hilfebedürftige. Dass es für diesen gleichen Schutzzweck bereits die Pflegeversicherung gibt, steht dem nicht entgegen. Es ist zwar unbestritten, dass die Pflegeversicherung, insbesondere durch das Pflegegeld gemäß § 37 SGB XI, einen Anreiz für die selbstorganisierte häusliche Pflege schaffen soll. Ebenso unbestritten ist aber auch, dass das Pflegegeld kein angemessenes Entgelt darstellt und somit allenfalls einen geringen Anreiz zur Übernahme der Pflege bieten kann. Entscheidend ist jedoch, dass die Pflegeversicherung nur solchen Personen Fürsorge bieten kann, die nach SGB XI leistungsberechtigt sind und diese Leistungen auch in Anspruch nehmen. Jedoch gibt es neben den als pflegebedürftig anerkannten weitaus mehr Hilfebedürftige, die Unterstützung von Pflegepersonen erhalten, ohne Leistungen aus der Pflegeversicherung zu erhalten[803]. Außerdem werden nach SGB XI grundsätzlich nur Leistungen ab Pflegegrad 2 gewährt. Pflegebedürftige des Pflegegrades 1 erhalten somit keine Leistungen, insbesondere kein Pflegegeld. Schätzungen gehen davon aus, dass ungefähr 4 bis 5 Millionen Menschen informelle Pflege und Unterstützung erhalten[804], während 4,1 Millionen Pflegebedürftigen Leistungen nach SGB XI

---

799 Vgl. BVerfGE 103, 197, 223, 224; *Stern*, Staatsrecht, § 21 S. 711; *Muckel/Ogorek/Rixen*, § 6 Rn. 1. Zur Sozialversicherung, insbesondere der Krankenversicherung Sodan/*Sodan*, HdB des Krankenversicherungsrechts, § 2 Rn. 46.

800 BVerfGE 103, 197 ff.; Jarass/Pieroth/*Jarass* GG Art. 20 Rn. 156.

801 BVerfGE 103, 197, 221; Jarass/Pieroth/*Jarass* GG Art. 20 Rn. 157.

802 *Muckel/Ogorek/Rixen*, § 6 Rn. 2.

803 *Nowossadeck/Engstler/Klaus*, Pflege und Unterstützung, S. 3, 10.

804 *Nowossadeck/Engstler/Klaus*, Pflege und Unterstützung, S. 3.

gewährt werden[805]. Eine große Zahl an tatsächlich Hilfebedürftigen erhält demnach keine Fürsorgeleistungen durch das staatliche Sicherungssystem Folglich deckt die Pflegeversicherung nicht den gesamten Teil im Bereich der sozialen Sicherheit bezüglich der Pflegebedürftigkeit ab. Für viele Hilfebedürftige bietet die Pflegeversicherung keinen Schutz, sodass die soziale Sicherheit nicht gewährleistet ist. Gerade hier vermag ein Pflegevermächtnis, Schutz für die Hilfebedürftigen zu gewähren. Beziehen diese Menschen keine Leistungen nach SGB XI, bedeutet dies nämlich nicht, dass sie im alltäglichen Leben bei bestimmten Tätigkeiten nicht der Hilfe anderer bedürften. Sie benötigen der Fürsorge, werden im aktuell geltenden Sicherungssystem aber nicht berücksichtigt. Durch ein Pflegevermächtnis kann jedoch für genau solche Fälle ein Anreiz geschaffen werden, die Pflege oder Unterstützung zu übernehmen. Folglich würde eine solche Regelung der sozialen Sicherheit und damit dem Sozialstaatsprinzip dienen.

d) Finanzielle Stabilität der Sozialversicherung

Schwierig ist der Umgang mit dem Aspekt der finanziellen Stabilität der Sozialversicherung. Es ist umstritten, ob dies ein Bestandteil des Sozialstaatsprinzips[806] oder ein eigenständiger Gemeinwohlbelang[807] ist. Die Klärung der genauen Einordnung ist hier aber unerheblich, da anerkannt ist, dass die finanzielle Stabilität der Sozialversicherung einen tauglichen legitimen Zweck zur Rechtfertigung von Grundrechtseingriffen darstellt[808]. Die finanzielle Stabilität führt zur Funktionsfähigkeit der Sozialversicherungssysteme und nur ein funktionsfähiges Sozialsystem kann der sozialen Sicherheit dienen. Aufgrund dieser wichtigen Bedeutung wird zum Teil sogar von einer Aufgabe bzw. einer Pflicht des Gesetzgebers gesprochen, zum Zweck dieses Belanges zu handeln[809]. Ein gesetzliches Pflegevermächtnis verfolgt mit dem Zweck der Stärkung der häuslichen Pflege auch das Ziel, die öffentlichen Kassen und die Pflegeversicherung zu entlasten. Würde dies dazu führen, dass weniger Leistungen der Pflegeversicherung in Anspruch genommen werden würden, so würde diese finanziell entlastet. Das

---

805 Statistisches Bundesamt, Pflegestatistik 2019, S. 9.

806 So Jarass/Pieroth/*Jarass* GG Art. 20 Rn. 157. Als Bestandteil des Aspekts der sozialen Sicherung BVerfGE 103, 293, 309.

807 So BVerfG NJW 1986, 772; BVerfGE 68, 193, 218; *Frey*, S. 208, 240.

808 BVerfGE 103, 293, 309; BVerfG NJW 1986, 772; BVerfGE 68, 193, 218; *Frey*, S. 208, 240. Kritischer aber dennoch zustimmend *Kirchhof*, NZS 2015, 1, 2.

809 BVerfGE 68, 193, 218; *Frey*, S. 240.

Pflegevermächtnis trägt damit zur Funktionsfähigkeit und finanziellen Stabilität der Pflegeversicherung bei.

4. *Erforderlichkeit*

Es stellt sich die Frage, ob die Einführung eines gesetzlichen Pflegevermächtnisses auch erforderlich ist. Dies ist der Fall, wenn es geeignet und das mildeste Mittel ist, das legitime Ziel zu erreichen. Es wurde bereits ausgeführt, dass die Pflegeversicherung kein geeignetes Mittel bietet, für Angehörige einen Anreiz zur Übernahme der häuslichen Pflege zu sehen. Auch Maßnahmen, wie die Stärkung der Testierbereitschaft, erscheinen wenig erfolgversprechend und sind daher nicht hinreichend geeignet. Zu berücksichtigen ist auch hier wieder der weite Gestaltungsspielraum des Gesetzgebers.

5. *Abwägung*

Bei der Abwägung der entgegenstehenden Grundrechtspositionen kommt man zu dem Ergebnis, dass ein Pflegevermächtnis verhältnismäßig und der Eingriff daher gerechtfertigt wäre. Zwar liegt zunächst ein Eingriff in die Testierfreiheit des Erblassers vor. Zu berücksichtigen ist jedoch, dass der Gesetzgeber ein entsprechendes Vermächtnis nicht unentziehbar ausgestalten kann, da ein schonender Ausgleich zwischen Testierfreiheit und Verwandtenerbrecht herzustellen ist. Indem der Erblasser also abweichend testieren kann, wenn dies seinem Willen entspricht, ist der Eingriff in seine Testierfreiheit als gering zu werten. Dem stehen mehrere Aspekte des Sozialstaatsprinzips gegenüber, denen ein solches Vermächtnis zu Gute kommen würde. Dem Sozialstaatsprinzip kommt als Staatszielbestimmung eine besondere Bedeutung zu, sodass dieser Schutz sehr gewichtig ist. Insbesondere die finanzielle Stabilität der Sozialversicherung stellt einen besonders wichtigen Gemeinwohlbelang dar[810]. Zu berücksichtigen ist weiterhin, dass ein gesetzliches Pflegevermächtnis auch der sozialen Sicherheit eines pflegebedürftigen Erblassers dient. Der Eingriff erfolgt somit auch zum Schutz seiner grundrechtlichen Positionen. Folglich können Belange des Sozialstaatsprinzips den Eingriff in die Testierfreiheit rechtfertigen.

---

810 BVerfGE 103, 293, 309; BVerfG NJW 1985, 772, 773.

III. Zwischenergebnis

Die Schaffung eines gesetzlichen Pflegevermächtnisses wäre verfassungsrechtlich zulässig. Der begünstigte Personenkreis muss von Verfassungswegen auch nicht eingeschränkt werden. Zum Schutz der Testierfreiheit des Erblassers muss jedoch die Möglichkeit bestehen, das Vermächtnis durch letztwillige Verfügung auszuschließen.

E. Gestaltungsvorschlag

I. Bisherige Vorschläge

1. Vorschlag des Notarvereins

Für die Einführung eines gesetzlichen Pflegevermächtnisses sprach sich bereits der Deutsche Notarverein aus. Sein Vorschlag für einen § 2191a BGB lautet folgendermaßen[811]:

> *§ 2191a Gesetzliches Vermächtnis bei Pflegeleistungen*
> *(1) Bei gesetzlicher Erbfolge erhalten Personen, die den Erblasser während längerer Zeit gepflegt haben, als gesetzliches Vermächtnis einen der Pflegeleistung entsprechenden Geldbetrag.*
> *(2) Die Höhe des Geldbetrages ist so zu bemessen, wie es mit Rücksicht auf die Dauer und den Umfang der Pflegeleistungen und auf den Wert des Nachlasses der Billigkeit entspricht, in der Regel nach den zur Zeit des Erbfalls in § 36 Abs. 3 des Elften Buches Sozialgesetzbuch vorgesehenen Beträgen.*
> *(3) Der Anspruch besteht nicht, soweit für die Pflegeleistungen ein angemessenes Entgelt gewährt oder vereinbart worden ist oder soweit dem Pflegenden wegen seiner Leistung ein Anspruch aus anderem Rechtsgrund zusteht. Dem Anspruch steht nicht entgegen, wenn die Leistungen in Erfüllung einer familienrechtlichen Pflicht erbracht worden sind.*

2. Vorschlag von Otte

Ein anderer Vorschlag wurde von *Otte* gemacht und folgendermaßen formuliert[812]:

> *§x Pflegeleistungen*
> *(1) Wer den Erblasser während längerer Zeit gepflegt hat, hat Anspruch auf einen der Pflegeleistung entsprechenden Geldbetrag.*

---

811 notar 2007, 151, 152.
812 *Otte*, ZEV 2008, 260, 262.

(2) Die Höhe des Anspruchs bemisst sich in der Regel nach den zur Zeit des Erbfalls in § 37 Abs. 1 des Elften Buches Sozialgesetzbuch vorgesehenen Beträgen.
(3) Dem Anspruch steht es nicht entgegen, wenn die Leistungen in Erfüllung einer familienrechtlichen Pflicht erbracht worden sind.
(4) Der Anspruch besteht nicht, soweit der Pflegeperson für die Leistungen ein Entgelt gewährt worden ist oder aus anderem Rechtsgrund zusteht. Auf den Anspruch ist anzurechnen, was die Pflegeperson über den Wert ihres gesetzlichen Erbteils hinaus auf Grund der Erbauseinandersetzung oder als Vermächtnis zur freien Verfügung erhält.
(5) Die Vorschriften über Vermächtnisse finden entsprechende Anwendung.

3. *Regelung in Österreich*

Zum Vergleich sei erneut die bereits erläuterte Regelung zum Pflegevermächtnis in Österreich genannt:

§ 677 ABGB

(1) Einer dem Verstorbenen nahe stehenden Person, die diesen in den letzten drei Jahren vor seinem Tod mindestens sechs Monate in nicht bloß geringfügigem Ausmaß gepflegt hat, gebührt dafür ein gesetzliches Vermächtnis, soweit nicht eine Zuwendung gewährt oder ein Entgelt vereinbart wurde.
(2) Pflege ist jede Tätigkeit, die dazu dient, einer pflegebedürftigen Person soweit wie möglich die notwendige Betreuung und Hilfe zu sichern sowie die Möglichkeit zu verbessern, ein selbstbestimmtes, bedürfnisorientiertes Leben zu führen.
(3) Nahe stehend sind Personen aus dem Kreis der gesetzlichen Erben des Verstorbenen, deren Ehegatte, eingetragener Partner oder Lebensgefährte und deren Kinder sowie der Lebensgefährte des Verstorbenen und dessen Kinder.

II. Neuer Gestaltungsvorschlag

Aufbauend auf die vorangestellten Vorschläge wurde folgender Gestaltungsvorschlag entwickelt:

§ 1969a Gesetzliches Pflegevermächtnis

(1) Wer den Erblasser während längerer Zeit gepflegt hat, hat Anspruch auf einen der Pflegeleistung entsprechenden Geldbetrag.
(2) Eine anspruchsbegründende Leistung liegt vor, wenn bei dem Erblasser ein Pflegebedarf bestand, der mindestens dem Grad der Pflegebedürftigkeit nach § 15 III 4 Nr. 2 des Elften Buches Sozialgesetzbuch (Pflegegrad 2) entspricht.
(3) Die Höhe des Geldbetrages bemisst sich in der Regel nach den zur Zeit des Erbfalls in § 37 Abs. 1 des Elften Buches Sozialgesetzbuch vorgesehenen Beträgen.
(4) Dem Anspruch steht es nicht entgegen, wenn die Leistungen in Erfüllung einer familienrechtlichen Pflicht erbracht worden sind.
(5) Der Anspruch besteht nicht, soweit dem Berechtigten für die Leistungen ein Entgelt gewährt worden ist oder aus anderem Rechtsgrund zusteht. Leistungen, die dem Erblasser aufgrund der Pflegebedürftigkeit von der Pflegeversicherung oder nach § 23 des

Elften Buches Sozialgesetzbuch von einer anderen Versicherung gewährt wurden, bleiben unberücksichtigt.
(6) Auf den Vermächtnisanspruch wird angerechnet, was dem Berechtigten durch Verfügung von Todes wegen mit Rücksicht auf erbrachte oder erwartete Pflegeleistungen zugewandt worden ist.
(7) Auf den Anspruch sind die für Vermächtnisse geltenden Vorschriften, mit Ausnahme von § 2307, entsprechend anzuwenden. § 2150 BGB gilt entsprechend.
(8) Der Erblasser kann durch letztwillige Verfügung eine abweichende Anordnung treffen.

1. Übernommene Regelungen

Einige Bestimmungen, die in allen bisherigen Vorschlägen vorkommen, sind für den neuen Gestaltungsvorschlag übernommen worden.

a) Ausgestaltung als Vermächtnis

Eine Gemeinsamkeit ist die Ausgestaltung als gesetzliches Vermächtnis. Gemäß § 1939 BGB ist ein Vermächtnis die Zuwendung eines Vermögensvorteils, welchen der Erblasser durch Testament gewähren kann. In § 1939 BGB nicht explizit erwähnt werden gesetzliche Vermächtnisse; doch werden solche Regelungen als gesetzliche Vermächtnisse eingeordnet, die die ausdrückliche oder entsprechende Anwendung von Vermächtnisvorschriften anordnen[813]. Gemäß § 1967 II BGB gehören Vermächtnisse zu den Nachlassverbindlichkeiten, wobei davon auch gesetzliche Vermächtnisse umfasst sind[814].

Als Alternative wurde in der Literatur bereits thematisiert, die einzuführende Norm als Nachlassverbindlichkeit in Form einer Erblasserschuld auszugestalten[815]. Eine Nachlassverbindlichkeit in Form einer Erblasserschuld ist eine solche, die im Zeitpunkt des Erbfalls bereits in der Person des Erblassers begründet war[816]. Der Unterschied zu einem gesetzlichen Vermächtnis ist, dass dieses zwar auch eine Nachlassverbindlichkeit ist, aber in Form einer Erbfallschuld. Konkret soll es sich um einen schuldrechtlichen Anspruch der Pflegeperson gegen den Erblasser auf Vergütung handeln, dessen Fälligkeit bis zum Eintritt des Erbfalls hinausgeschoben ist[817]. Das passt vorliegend allerdings

813 Vgl. *Werwitzki*, S. 118; Palandt/*Weidlich* BGB § 1939 Rn. 2.
814 MüKoBGB/*Küpper* § 1967 Rn. 10; BeckOK/*Lohmann* BGB § 1967 Rn. 18; Burandt/Rojahn/*Joachim* BGB § 1967 Rn. 29; Staudinger/*Dutta* BGB § 1967 Rn. 31.
815 So *Windel*, ZEV 2008, 305, 306. Dafür auch *Helms*, in: Recht der Älteren, S. 214; *Köbl*, in: FS Frank, S. 173.
816 Palandt/*Weidlich* BGB § 1967 Rn. 2; MüKoBGB/*Küpper* § 1967 Rn. 5.
817 *Helms*, in: Recht der Älteren, S. 214.

nicht[818]. Für die informelle unentgeltliche Pflege ist es typisch, dass der Pflegeperson kein Anspruch zusteht und sie nicht aus einer rechtlichen, sondern einer moralischen Pflicht handelt.

Außerdem lässt sich eine solche Gestaltung nicht in das BGB einordnen. Die Normierung eines schuldrechtlichen Anspruchs verstieße gegen die dem Schuldrecht zugrunde liegende Privatautonomie. Bestandteil der Privatautonomie ist unter anderem die Freiheit, ob und mit wem ein Vertrag geschlossen wird[819]. Einen Vertragsschluss gesetzlich zu konstruieren, obwohl gerade keiner vorliegt, stellt einen Verstoß gegen die Abschlussfreiheit dar. Im Übrigen ist eine Art „gesetzlicher Vertrag" im BGB nicht vorgesehen. Selbst in Fällen, in denen gesetzlich ein Kontrahierungszwang vorgeschrieben ist, muss es noch zu einem Vertragsschluss kommen. Dies wäre im Fall der gesetzlich vorgeschriebenen Pflegevergütung aber gerade nicht der Fall. Vielmehr würde dies der Natur eines gesetzlichen Schuldverhältnisses entsprechen.

Ein solcher Anspruch würde aber auch nicht in die Systematik der gesetzlichen Schuldverhältnisse passen. Eine Einordnung in das Deliktsrecht (§§ 823 ff. BGB) ist fernliegend, da eine Pflegeleistung nicht zum Tatbestand einer unerlaubten Handlung passt. Im Übrigen geht es im Deliktsrecht nicht um den Schutz von Vermögenseinbußen, da das Vermögen kein absolutes Recht ist[820]. Eine Verortung des Anspruchs im Bereicherungsrecht wäre nicht zielführend, da ein Anspruch regelmäßig wegen § 814 BGB ausgeschlossen wäre.

Daher ist die Möglichkeit der Honorierung durch ein gesetzliches Vermächtnis vorzugswürdig.

b) Begriff der Pflege

Alle Vermächtnisvorschläge verstehen unter „Pflege" das gleiche, nämlich die allgemeine Pflege, insbesondere die Altenpflege. In dem österreichischen Vermächtnis findet sich eine Definition des Begriffs, die der allgemeinen Pflege entspricht. Eine solche enthalten die anderen Vorschläge nicht. Allerdings ergibt sich dieses Verständnis aus dem systematischen Zusammenhang und dem Zweck der Vermächtnisse, die häusliche Pflege zu stärken. Außerdem enthalten die anderen beiden Vermächtnisvorschläge einen Verweis auf das SGB XI bezüglich der Anspruchshöhe. Diese Verweise sprechen in systematischer Hinsicht dafür, dass Pflege iSd SGB XI, also die allgemeine Pflege, gemeint ist.

---

818 So auch *Werwitzki*, S. 116.

819 BeckOK/*H.-W- Eckert* BGB § 145 Rn. 12; MüKoBGB/*Emmerich* § 311 Rn. 1.

820 MüKoBGB/*Wagner* § 823 Rn. 301; Staudinger/*Hager* § 823 Rn. 192.

c) Sonstige Bestimmungen

Weiterhin wurden die bei allen Vermächtnisvorschlägen übereinstimmenden Regelungen übernommen, dass das Vermächtnis ausgeschlossen ist, wenn die Pflegeperson für die erbrachten Pflegeleistungen anderweitig entlohnt wurde, dass die gleichzeitige Erfüllung einer familienrechtlichen Beistandspflicht nicht entgegensteht und dass die Pflege für eine gewisse Dauer erbracht worden sein muss. Warum dies sinnvoll ist, wird nun erläutert werden.

2. Abweichende Bestimmungen

Der neue Gestaltungsvorschlag enthält auch einige Abweichungen von den bisherigen Vermächtnisvorschlägen. Insbesondere zwei Aspekte blieben bisher unberücksichtigt und werden erstmals in dem neuen Gestaltungsvorschlag thematisiert. Das ist zum einen die Einschränkung der anspruchsbegründenden Leistung in Abs. 2 und zum anderen die Regelung, dass das Pflegegeld keine Berücksichtigung findet.

Im Hinblick auf die übrigen Voraussetzungen unterscheiden sich bereits die bisherigen Vorschläge. Es wurden davon die vorzugswürdigen Bestimmungen in den neuen Gestaltungsvorschlag übernommen. Aus welchen Gründen einzelne Bestimmungen bzw. Voraussetzungen gegenüber den anderen Vorschlägen sinnvoller erscheinen, wird nachfolgend erklärt.

III. Einzelerläuterungen

1. Sinn und Zweck der Norm

Sinn und Zweck der Norm soll die Stärkung der Pflegebereitschaft im häuslichen Bereich sein. Dass die häusliche Pflege gerade auch zu dem Zweck honoriert werden sollte, wurde bereits dargelegt[821].

Durch das Pflegevermächtnis würde die Stellung der Pflegeperson gestärkt. Während bislang die Pflegeperson ihre Honorierung einfordern muss, hätte sie nun kraft Gesetzes den Anspruch auf das Vermächtnis. Will der Erblasser daran etwas ändern, so muss er aktiv werden und abweichend testieren. Unterlässt er dies, so wird die Leistung gemäß dem gesetzlichen Vermächtnis honoriert.

---

821 Dazu Kap. 1.

2. *Persönlicher Anwendungsbereich*

Es stellt sich die Frage, ob ein gesetzliches Pflegevermächtnis für alle Pflegepersonen uneingeschränkt anwendbar sein soll. Es empfiehlt sich, den persönlichen Anwendungsbereich der Norm so weit zu gestalten, wie es rechtlich möglich ist. Diesbezüglich war der Vorschlag von *Otte* vorzugswürdig, weil dieser einen uneingeschränkten persönlichen Anwendungsbereich beinhaltet. Etwaige Einschränkungen können durch weitere Anspruchsvoraussetzungen erfolgen, wie es etwa bei dem österreichischen Pflegevermächtnis der Fall ist. Dieses hat zwar einen uneingeschränkten Anwendungsbereich, beschränkt die Anspruchsberechtigung aber auf nahe stehende Personen. Die Alternative, dass das Pflegevermächtnis nur in Fällen der gesetzlichen Erbfolge anwendbar sein soll[822], ist dagegen weniger überzeugend. Entsprechend der Diskussionen über den Entwurf eines § 2057b BGB könnte man einer Ausweitung auf Fälle der gewillkürten Erbfolge entgegenhalten, dass dies nicht dem vermuteten Erblasserwillen entspreche[823]. Wenn ein Erblasser schon eine Verfügung von Todes wegen trifft, so würde er die Pflegeleistungen dort berücksichtigen, sofern er dies für richtig hält. Dem ist jedoch entgegen zu halten, dass der Erblasser zum Zeitpunkt des Testierens die künftige Pflegeperson möglicherweise noch nicht kennt oder das Pflegerisiko noch verdrängt[824]. Zum anderen passt dieses Argument nicht für das gesetzliche Pflegevermächtnis. Denn anders als die Ausgleichsregelungen in den §§ 2050 ff. BGB stützt sich ein solches nicht auf den vermuteten Erblasserwillen; auf diesen kommt es hier nicht an.

Zum Schutz der Testierfreiheit des Erblassers sollte in der Regelung aber, wie gesagt, ausdrücklich klargestellt werden, dass der Vermächtnisanspruch ausgeschlossen ist, wenn und soweit der Erblasser dies in einer letztwilligen Verfügung bestimmt hat.

3. *Anspruchsberechtigte Personen*

Es muss geklärt werden, welche Personen oder Personengruppen man für erbrachte Pflegeleistungen honorieren will. Dem Normzweck würde es am besten dienen, wenn alle Personen anspruchsberechtigt sind, die entsprechende Pflegeleistungen erbracht haben. Dies entspricht den Vermächtnisvorschlägen

---

822 So der Deutsche Notarverein, notar 2007, 152.

823 Vgl. *Muscheler*, ZEV 2008, 105, 109; *van de Loo*, FPR 2008, 551.

824 So auch *van de Loo*, FPR 2008, 551.

des Notarvereins und von *Otte*. Nur nach der österreichischen Lösung sind nicht alle Pflegepersonen anspruchsberechtigt.

a) Abkömmlinge

Die Abkömmlinge des Erblassers sollten anspruchsberechtigt sein. Das haben auch alle drei bisherigen Vermächtnisvorschläge gemeinsam. Grundsätzlich gilt, dass in den meisten Fällen Pflegebedürftige von nahen Familienangehörigen gepflegt werden, also entweder von den Kindern oder von dem Ehegatten[825]. Typischerweise pflegt primär der Ehegatte seinen Partner und die Kinder übernehmen die Pflege des Elternteils, wenn der Ehegatte nicht mehr lebt[826].

Zu berücksichtigen ist, dass Kinder in einem gewissen Umfang zur Übernahme der Pflege ihrer Eltern verpflichtet sind. Dies ergibt sich aus der Beistandspflicht nach § 1618a BGB[827] sowie aus der Elternunterhaltspflicht gemäß § 1601 BGB als Naturalunterhaltsleistung[828]. Unabhängig davon, auf welche der beiden möglichen Anspruchsgrundlagen man die Pflegeverpflichtung stützt, handelt es sich in beiden Fällen um eine echte Rechtspflicht[829]. Die Unterstützung schulden Kinder ihren Eltern unentgeltlich. In welchem Maß die Pflege der Eltern geschuldet ist, kann allgemein und pauschal nicht festgelegt werden, da es auf die Umstände des Einzelfalls ankommt[830]. Stützt man die Pflegepflicht auf § 1618a BGB, so sind nur solche Pflegeleistungen geschuldet, die dem Kind nach den Umständen des Einzelfalls zuzumuten sind[831]. Fasst man die Pflegepflicht als Unterhaltspflicht auf, so handelt es sich um eine schwache Rechtsposition[832]. Der Elternunterhaltsanspruch ist nämlich gegenüber fast allen anderen Unterhaltsansprüchen gemäß § 1609 Nr. 6 BGB nachrangig; insbesondere darf der eigene angemessene Unterhalt des Kindes gemäß § 1603 I BGB nicht gefährdet sein. In jedem Fall bedeutet Pflege eine überobligatorische Leistung, wenn die erbrachte Pflegeleistung so umfassend ist, dass damit der Umzug in ein

---

825 *Nowossadeck/Engstler/Klaus*, Pflege und Unterstützung, S. 11.

826 Vgl. *Nowossadeck/Engstler/Klaus*, Pflege und Unterstützung, S. 11.

827 *Ludyga*, FPR 2012, 54; MüKoBGB/*v. Sachsen Gessaphe* § 1618a Rn. 14, 20; Erman/*Döll* BGB § 1618a Rn. 9; *von Mielecki*, S. 178, 179.

828 OLG Oldenburg NJW 2010, 1293, 1294; *Wellenhofer*, in: FS Brudermüller, S. 923, 924, 925.

829 *von Mielecki*, S. 178.

830 Vgl. *Schneider*, ZEV 2018, 380, 382; Palandt/*Götz* BGB § 1618a Rn. 5.

831 *Ludyga*, FPR 2013, 54, 56, 57; *von Mielecki*, S. 179.

832 BVerfG NJW 2005, 1927, 1931; *Wellenhofer*, in: FS Brudermüller, S. 923, 927.

Pflegeheim verhindert werden kann[833]. Übernimmt ein Kind die Pflege und Betreuung seines Elternteils, so steht die gesetzliche Beistands- bzw. Unterhaltspflicht einer Honorierung also nicht entgegen.

Auch das gesetzliche Erbrecht des Kindes (§ 1924 I BGB) oder der Pflichtteilsanspruch nach § 2303 BGB stehen einer Abgeltung von Pflegeleistungen nicht entgegen. Diese sind nämlich unabhängig von der tatsächlichen Fürsorge zwischen Eltern und Kindern und stehen einem Kind auch zu, wenn es seine pflegebedürftigen Eltern nicht pflegt. Insoweit können diese erbrechtlichen Regelungen keinen Anreiz für Kinder bilden, die Pflege ihrer Eltern zu übernehmen.

Zu berücksichtigen ist außerdem, dass die Kinder in vielen Fällen mit einer doppelten Unterhalts- und Fürsorgepflicht belastet sind[834]. Die Pflegebedürftigkeit der eigenen Eltern tritt üblicherweise in den mittleren Lebensjahren der Kinder auf, wenn die Kinder häufig bereits eigene Kinder haben. Diese Doppelbelastung würde durch das Pflegevermächtnis zwar nicht verringert, jedoch anerkannt und honoriert werden.

Könnten die Kinder als Anspruchsberechtigte das Pflegevermächtnis geltend machen, so müsste als Folge das Verhältnis zu § 2057a I 2 BGB geklärt werden, um eine doppelte Honorierung zu vermeiden.

b) Ehegatten

Häusliche Pflege wird überwiegend von Ehegatten geleistet[835]. Daher liegt es nahe, sie in den Kreis der Anspruchsberechtigten aufzunehmen. Der Ehegatte ist auch in allen bisherigen Gestaltungsvorschlägen anspruchsberechtigt.

Den Ehegatten trifft kraft Gesetzes eine Fürsorge- und Beistandspflicht gemäß § 1353 I 2 BGB. Nach § 1353 I 2 2. HS BGB tragen die Ehegatten füreinander Verantwortung. Daraus resultiert insbesondere auch die Pflicht, sich in einem gewissen Maße zu pflegen[836]. Wie bei der Beistandspflicht des Kindes nach § 1618a BGB gibt es keine genaue Grenze, bis zu welchem Ausmaß eine Pflegeleistung nach § 1353 I 2 BGB geschuldet und ab wann sie überobligatorisch ist. Diesbezüglich gibt es weder in Rechtsprechung noch in der Literatur

---

833 Z.B. OLG Oldenburg NJW 2010, 1293.

834 Vgl. *Wellenhofer,* in: FS Brudermüller, S. 923, 927; *Brudermüller,* FamRZ 1996, 129; *Eberl-Borges/Schüttlöfel,* FamRZ 2006, 589, 593, 594.

835 *Nowossadeck/Engstler/Klaus,* Pflege und Unterstützung, S. 11.

836 Vgl. BSG NJW 2000, 1813, 1814; BGH NJW 1995, 1486; BeckOGK/*Erbarth* BGB § 1353 Rn. 298 f.; NK-BGB Familienrecht/*Wellenhofer* § 1353 Rn. 12; *von Mielecki,* S. 175.

konkrete Angaben. Übereinstimmung besteht dahingehend, dass die Pflege des kranken Ehegatten bis zu einem gewissen Maß von der Beistandspflicht umfasst ist[837]. Ab wann eine Pflegeleistung über das bei Krankheit geschuldete Maß hinausgeht, ist nicht bestimmt.

Einigkeit in Rechtsprechung und Literatur besteht wiederum darin, dass die Pflege eines Schwerstpflegebedürftigen nicht mehr von der gegenseitigen Beistandspflicht abgedeckt, sondern überobligatorisch ist[838]. Folglich ist jedenfalls eine solche Pflege nicht mehr gemäß § 1353 I 2 BGB unentgeltlich geschuldet. Ob der Ehegatte in Pflegefällen, die im Bereich zwischen der Krankenpflege und der Schwerstpflegebedürftigkeit liegen, Pflege schuldet, wird in Literatur und Rechtsprechung zurückhaltend thematisiert. Hierzu existiert keine genaue Grenze. In solchen Fällen stellt sich die Frage, ob die Grenze der Zumutbarkeit überschritten ist[839]. Im Rahmen einer nach § 1353 BGB geschuldeten Beistandspflicht liegen nur solche Pflegeleistungen, die dem pflegenden Ehegatten zumutbar sind.

Allerdings könnte eine Honorierung im Hinblick auf das erhöhte gesetzliche Erbrecht des Ehegatten nach §§ 1931, 1371 BGB nicht gerechtfertigt sein. Der gesetzliche Erbteil steht dem Ehegatten aufgrund der Ehe mit dem Erblasser zu. In welchem Umfang aus der ehelichen Lebensgemeinschaft Pflegepflichten resultieren, kann nicht allgemein bestimmt werden. Auf keinen Fall besteht aber die Pflicht zu überobligatorischen Leistungen. Erbringt ein Ehegatte erhebliche Pflegeleistungen, so ist dies nicht mehr von den ehelichen Pflichten umfasst. Damit besteht auch kein rechtlicher Zusammenhang zwischen überobligatorischer Leistung und gesetzlichem Erbrecht des Ehegatten. Diese Leistungen sind daher nicht mit dem gesetzlichen Erbrecht abgegolten.

Außerdem erscheint fraglich, ob der gesetzliche Erbteil generell eine Abgeltung von Beistandsleistungen bewirken kann. Der gesetzliche Erbteil steht dem Ehegatten nur bei der gesetzlichen Erbfolge zu, die Beistandspflicht trifft ihn aber in allen Varianten der Erbfolge. Im Übrigen kann der Ehegatte den erhöhten gesetzlichen Erbteil nach §§ 1931, 1371 BGB nur geltend machen, wenn eine Ehe im gesetzlichen Güterstand der Zugewinngemeinschaft bestand. Wird der

---

837 BGH NJW 1995, 1486, 1488; OLG Hamm FamRZ 1999, 166, 167; MüKoBGB/*Roth* § 1353 Rn. 31; Staudinger/*Voppel* BGB § 1353 Rn. 53; BeckOGK/*Erbarth* BGB § 1353 Rn. 298; *Köbl*, in: FS Frank, S. 172.

838 BGH NJW 1995, 1486, 1488; *Doering-Striening*, FamFR 2012, 531; Palandt/*Brudermüller* BGB § 1353 Rn. 9; MüKoBGB/*Roth* § 1353 Rn. 31.

839 Vgl. *von Mielecki*, S. 177.

Ehegatte enterbt, steht ihm auch sein gesetzlicher Erbteil nicht zu, die Pflichten nach § 1353 I 2 BGB hat er dennoch zu erfüllen.

Schließlich ist zu berücksichtigen, dass der erbrechtliche Vorteil unabhängig von der Tatsache eintritt, ob der Ehegatte den Erblasser gepflegt hat[840]. Vielmehr ist es unerheblich, ob er seinen schwerstpflegebedürftigen Partner pflegt und damit einen ansonsten erforderlichen Umzug in ein Pflegeheim verhindert oder der Partner in einem Pflegeheim gepflegt wird. Insoweit können die Vorschriften zum gesetzlichen Erbrecht keinen Anreiz bieten.

c) Schwiegerkinder

Schwiegerkinder des Erblassers gehören nach seinem Ehegatten und Kindern zu den Angehörigen, die häufig informelle Pflegeleistungen erbringen. Daher sind die Schwiegerkinder in den bisherigen Vermächtnisvorschlägen anspruchsberechtigt. Die pflegenden Schwiegerkinder sind eine Personengruppe, die bereits im Gesetzgebungsverfahren als Problemgruppe diskutiert wurde, die in der Regel keinerlei Honorierung erhält[841]. Schwiegerkinder sind keine gesetzlichen Erben und werden oft auch nicht durch letztwillige Verfügung als Erben eingesetzt[842].

Im Hinblick auf die Tatsache, dass die Familie eine Unterhaltsgemeinschaft bildet, erscheint es fraglich, ob eine Honorierung für das Schwiegerkind erforderlich ist. Da das Schwiegerkind mit einem Abkömmling des pflegebedürftigen Erblassers verheiratet ist, besteht eine ökonomische Einheit mit einem gesetzlichen Erben. Man könnte an die Möglichkeit denken, wie bei dem Ausgleichsanspruch nach § 2057a I 2 BGB, die Leistung des Schwiegerkindes dem Ehegatten zuzurechnen, der dann als anspruchsberechtigtes Kind das Pflegevermächtnis beanspruchen kann[843]. Diese Lösungsmöglichkeit kann aber nicht in allen Fällen weiterhelfen. Stirbt beispielsweise der Ehegatte des pflegenden Schwiegerkindes vor dem Erblasser, so kann diesem die Pflegeleistung des Schwiegerkindes nicht mehr zugerechnet werden, sodass es leer ausgeht[844]. Ebenso liegt es, wenn die

---

840 *Wellenhofer*, in: FS Brudermüller, S. 923, 929.

841 Z.B. Stellungnahme des BR, BT-Drs. 16/8954 S. 31; *Köbl*, in: FS Frank, S. 172, 173; *Windel*, ErbR 2010, 241, 242. Mit Lösungsvorschlag *Muscheler*, ZEV 2008, 105, 109. Vgl. auch *Paetel*, S. 180 ff.

842 So angedeutet: Gegenäußerung der BReg, BT-Drs. 16/8954 S. 35.

843 Vgl. *Ludyga*, ZErb 2009, 289, 293; *Otte*, ZEV 2008, 260, 261; *Keim*, ZEV 2008, 161, 166; ferner *Muscheler*, ZEV 2008, 105, 109. So zu § 2057a BGB: Palandt/*Weidlich* BGB § 2057a Rn. 7.

844 Vgl. *Odersky*, MittBayNot 2008, 2, 6.

Pflege erst nach dem Tod des Abkömmlings oder nach Trennung bzw. Scheidung beginnt[845]. Zu bedenken ist weiterhin, dass das pflegende Schwiegerkind auch im Falle einer Scheidung leer ausgeht, da der mögliche Anspruch dann seinem Ehegatten zusteht und dieser Betrag wegen § 1374 II BGB im Zugewinnausgleich nicht berücksichtigt wird. Im Fall der Gütertrennung erhält das pflegende Schwiegerkind ebenfalls keinen Ausgleich.

Unter dem Aspekt der ökonomischen Einheit ist weiterhin zu überlegen, ob das Schwiegerkind mit der unentgeltlichen Pflege nicht einen solidarisch geschuldeten Beitrag zur Unterhaltsgemeinschaft leistet. Indem das Schwiegerkind nämlich den Erblasser pflegt, hält es seinem Ehegatten den Rücken frei, damit dieser seiner Erwerbstätigkeit nachgehen kann. Würde das Schwiegerkind die Pflege unterlassen, so müsste gegebenenfalls der Ehegatte sein Elternteil pflegen und dafür seine Arbeit einschränken oder beenden. Die Alternative wäre die Heimunterbringung. Für eventuelle Mehrkosten müsste dann möglicherweise der Ehegatte aufkommen oder das Erblasservermögen würde dadurch verringert. Folglich profitiert das Schwiegerkind in Bezug auf die gesamte Unterhaltsgemeinschaft, wenn es den Erblasser pflegt. Doch diese Rechnung geht nur auf, solange die Unterhaltsgemeinschaft besteht. Wird sie für das Schwiegerkind durch Scheidung der Ehe beendet, besteht ein Ausgleichsbedarf. In einer intakten Ehe hat ein Pflegevermächtnisanspruch des Schwiegerkindes auch keine gravierenden Nachteile, da das Vermächtnis dann der Unterhaltsgemeinschaft zu Gute kommt.

Einem eigenen Vermächtnisanspruch wird in der Regel auch nicht das Interesse des Erblassers entgegenstehen. Dem Erblasser wird es grundsätzlich nicht darum gehen, die Hilfsbereitschaft des Schwiegerkindes für die unentgeltliche Pflege auszunutzen[846]. Vielmehr dürfte er das Schwiegerkind als Einheit mit seinem Abkömmling sehen und daher davon ausgehen, dass das Schwiegerkind an dem künftigen Erbe des Abkömmlings mit teilhaben wird. Dass es nach dem eigenen Tod des Erblassers irgendwann in der Zukunft zur Scheidung kommen kann, wird er nicht bedenken, bzw. davon ausgehen, dass dies nicht passieren wird.

Schließlich würde durch einen eigenen Vermächtnisanspruch der Leistung des pflegenden Schwiegerkindes eine Symbolwirkung zukommen. Diesem Zweck des Pflegevermächtnisses dient die Anspruchsberechtigung des Schwiegerkindes.

845 Vgl. *Otte*, ZEV 2008, 260, 261.
846 Vgl. *Otte*, ZEV 2008, 260, 261.

d) Nichteheliche Lebensgefährten

Zu betrachten ist weiterhin die Personengruppe der nichtehelichen Lebensgefährten[847]. Auch diese sind in allen drei Gestaltungsvorschlägen anspruchsberechtigt. Bei Paaren, die in eheähnlicher Weise zusammenleben, ist die Situation ähnlich wie bei Ehegatten. Der nichteheliche Lebensgefährte übernimmt primär die Pflege seines pflegebedürftigen Partners. Anders als der Ehegatte ist der nichteheliche Lebensgefährte weder gesetzlicher Erbe noch pflichtteilsberechtigt. Gegenüber seinem pflegebedürftigen Partner hat er auch keine gesetzlichen Unterhalts- oder Beistandspflichten zu erfüllen. Der nichteheliche Lebensgefährte erhält keinen Ausgleich, sofern der Erblasser keine entsprechende Verfügung von Todes wegen getroffen hat. Ein Vermächtnis zu Gunsten von nichtehelichen Lebensgefährten ist daher dringend geboten. Die Symbolwirkung eines eigenen Vermächtnisanspruchs würde dem nichtehelichen Lebensgefährten in gleicher Weise wie dem Schwiegerkind zu Gute kommen.

e) Stiefkinder

Stiefkinder sind ebenfalls nach allen Gestaltungsvorschlägen anspruchsberechtigt. Daher war dies für den neuen Vermächtnisvorschlag zu übernehmen. Grund dafür ist, dass sie häufig Teil der sozialen Familie des Erblassers sind. Das Verhältnis zwischen Stiefkind und Erblasser kann tatsächlich das gleiche sein wie in einer rechtlichen Eltern-Kind-Beziehung. Pflegt das Stiefkind den Erblasser, erfolgt dies daher auch aus familiärer Solidarität. Anders als die rechtlichen Kinder ist das Stiefkind weder gesetzlicher Erbe noch trifft es eine familienrechtliche Beistandspflicht. Aus den gleichen Gründen wie beim nichtehelichen Lebensgefährten ist eine Honorierung der Pflegeleistung geboten.

f) Sonstige Personen

Zu bedenken wäre schließlich, den Kreis der Anspruchsberechtigten auf alle sonstigen pflegenden Personen zu erweitern. Berücksichtigt wären dann neben Schwiegerkindern und nichtehelichen Lebensgefährten auch Freunde, Bekannte oder Nachbarn. Dass fremde professionelle Pflegekräfte nicht durch das Pflegevermächtnis begünstigt würden, würde durch den vorgeschlagenen Absatz 5 sichergestellt, wonach der Anspruch ausgeschlossen ist, wenn die Leistung zu Lebzeiten vergütet wurde.

---

847 Vgl. *Windel*, ErbR 2010, 241, 242; *Paetel*, S. 178 ff.

Alle sonstigen Personen sind nach den Vermächtnisvorschlägen des Notarvereins und von *Otte* anspruchsberechtigt. In der österreichischen Lösung sind sie dagegen nicht vom Kreis der Anspruchsberechtigten umfasst.

Für die Erweiterung auf weitere Pflegepersonen spricht, dass es viele Menschen gibt, die eine andere Person freiwillig pflegen[848]. Um auch die Pflegebereitschaft dieser Personen zu stärken und damit das Ziel der Norm zu verwirklichen, müsste die Anspruchsberechtigung auf diese erweitert werden. Die Tatsache, dass eine dritte Person die Pflege unentgeltlich übernimmt, lässt darauf schließen, dass sie dies aufgrund innerer Solidarität und einer besonderen persönlichen Verbindung zu dem Pflegebedürftigen tut. Wenn dies der Fall ist, kann dies nicht anders gewertet werden, als wenn jemand aufgrund familiärer Solidarität handelt, da es sich in beiden Fällen um solidarische Hilfe handelt. Es ist kein Grund ersichtlich, warum diese Leistung nicht ebenfalls honoriert werden sollte.

Ob Absprachen über eine lebzeitige Entlohnung der Pflegeleistung für Dritte eher zumutbar sind als für nahe Angehörige[849], kann allgemein nicht festgelegt werden. Ist die Pflegeperson nämlich nicht mit dem Erblasser verwandt, sondern nur solidarisch über eine weitere Person mit ihm verbunden, so kann es für diese Person nicht nur dem Erblasser gegenüber unangenehm sein, ein Entgelt zu verlangen, sondern zusätzlich auch gegenüber der Person, durch welche die Verbindung zum Erblasser besteht.

Auch der Zweck der Symbolwirkung des Vermächtnisanspruchs spricht für eine Anspruchsberechtigung aller Pflegepersonen. Denn diese erfüllen ebenfalls eine solidarische Leistung, die der gesamten Gesellschaft zu Gute kommt.

4. Das Problem der familiären Beistandspflichten

Bei den Erläuterungen zu § 677 ABGB wurde das Problem des Umgangs mit familiären Beistandspflichten bereits angesprochen. Alle bisherigen Gestaltungsvorschläge stimmen zwar dahingehend überein, dass dem Vermächtnisanspruch das gleichzeitige Erfüllen einer familienrechtlichen Pflicht nicht entgegenstehen soll. Daher ist folgender Absatz 4 in die Norm einzufügen:

> *(4) Dem Anspruch steht es nicht entgegen, dass die Leistungen in Erfüllung einer familienrechtlichen Pflicht erbracht worden sind.*

Dieser Absatz ist aus den Vermächtnisvorschlägen des Notarvereins und von *Otte* übernommen. Abs. 4 der Vermächtnisnorm dient dem Zweck, eine

---

848 *Ludyga,* ZErb 2009, 289, 293; *Odersky,* MittBayNot 2008, 2, 6.

849 So das Gegenargument von *Ludyga,* ZErb 2009, 289, 293; *Paetel* S. 183.

mögliche Benachteiligung von Familienangehörigen zu verhindern. Es sollen alle familienrechtlichen Beistands- und Fürsorgepflichten umfasst werden, wobei auf eine ausdrückliche Aufzählung der einzelnen Normen verzichtet werden kann.

In weiterem Umfang geht kein bisheriger Vorschlag auf die Thematik der familiären Beistandspflichten ein. Können alle Pflegepersonen das Vermächtnis geltend machen, so ist zu bedenken, dass nur Ehegatten und Kinder mit der Leistung zumindest teilweise eine gesetzliche Beistandspflicht erfüllen, andere Pflegepersonen aber nicht.

a) Verdeutlichung des Problems

Das Problem soll anhand von Beispielsfällen verdeutlicht werden.

aa) Vergleich von Kindern und Ehegatten, Kindern und Dritten

Erblasser E hinterlässt die Ehefrau F und den volljährigen Sohn S, der eine Frau und zwei minderjährige Kinder hat. Das letzte Jahr vor seinem Tod war E pflegebedürftig. Insbesondere war erforderlich, dass stets eine Person nachts anwesend oder verfügbar war. Wäre diese nächtliche Betreuung nicht gewährleistet gewesen, so hätte E in ein Pflegeheim umziehen müssen.

Variante 1: F kümmert sich in der Nacht um ihren Mann, da sie ohnehin gemeinsam im ehelichen Haushalt leben.

Variante 2: Obwohl sie zusammen im ehelichen Haushalt leben, kümmert sich F nicht um E. Daher muss S in den Nächten zeitweise anwesend, jedenfalls aber stets verfügbar und erreichbar sein, damit er im Bedarfsfall E Hilfe leisten kann.

Variante 3: Weder F noch S wollen sich in der Nacht um E kümmern. Daher erklärt sich Nachbar N gegenüber E bereit, nachts stets verfügbar zu sein. Bei Bedarf kommt N auch während der Nacht in das Haus des E, um diesem Hilfe zu leisten.

Die drei Fallvarianten machen deutlich, dass die gleiche Leistung unterschiedlich bewertet werden kann, je nach dem, von wem sie erbracht wird. Den Ehegatten trifft eine Beistandspflicht nach § 1353 I 2 BGB, das Kind nach § 1618a BGB und den Nachbarn gar keine. Das bloße Verfügbar- und Anwesendsein dürfte für den Ehegatten im Rahmen seiner Beistandspflicht regelmäßig geschuldet sein; insbesondere während der Nacht ist die Anwesenheit ehetypisch[850]. Gemeint ist damit aber nur das Anwesendsein; muss der pflegende Ehegatte mehrmals in der Nacht aufstehen, um seinem Ehegatten zu helfen, ist dies anders zu bewerten.

---

850 OLG Hamm FamRZ 1999, 166, 168.

Mehrmaliges Aufstehen stellt grundsätzlich eine erhebliche Belastung dar und kann im Einzelfall unzumutbar sein. Kommen dann noch pflegerische Unterstützungshandlungen hinzu, dürfte dies einem Ehegatten idR nicht mehr zumutbar iSd § 1353 BGB sein. Im Übrigen ist zu berücksichtigen, dass die nächtliche Anwesenheit nicht zwingend in jeder Ehe typisch ist. Vielmehr kommt es auf die konkreten Umstände an, wie die eheliche Lebensgemeinschaft im Einzelfall ausgelebt wird.

Fest steht wiederum, dass die Beistandspflicht zwischen Ehegatten eine stärkere gegenseitige Verpflichtung aufweist als die Beistandspflicht zwischen Eltern und volljährigen Kindern[851]. Der Unterschied beider Verhältnisse ist, dass die Ehe wegen § 1353 I 1 BGB grundsätzlich eine lebenslange enge Verbindung darstellt, während Kinder sich allmählich von den Eltern lösen[852]. Dies wird hier durch einen Vergleich der Varianten eins und zwei deutlich: Im Vergleich zur Beistandspflicht der F gemäß § 1353 I 2 BGB ist die Beistandspflicht des S nach § 1618a BGB deutlich aufgelockert. Zu berücksichtigen ist auch, dass den S Beistandspflichten gegenüber seiner Ehefrau und seinen minderjährigen Kindern treffen. Diese Pflichten sind rechtlich weitreichender als die Beistandspflicht des S gemäß § 1618a BGB gegenüber seinem Vater[853].

Nachbar N in Variante 3 trifft gegenüber E keine Beistandspflicht. Er kümmert sich um E, weil F und S ihre Beistandspflichten nicht erfüllen.

Würde hier allen drei Pflegepersonen ein gleicher Vermächtnisanspruch zustehen, so würde F damit ihre grundsätzlich unentgeltlich geschuldete Beistandspflicht entlohnt bekommen, S eine überobligatorische Leistung und N eine nicht geschuldete, freiwillige Leistung. F profitiert davon, dass sie ihren Mann pflegt; denn die anderenfalls anfallenden Kosten für eine Heimunterbringung würden die Unterhaltsgemeinschaft der Eheleute belasten. S erlangt in wirtschaftlicher Hinsicht zwar keinen direkten Vorteil, regelmäßig aber einen mittelbaren. Für die Mehrkosten einer Heimunterbringung könnte eventuell ein Anspruch auf Elternunterhalt gemäß § 1601 BGB gegen ihn bestehen. Sofern E die Mehrkosten alleine bestreiten kann, wird dadurch jedoch die Erbmasse gemindert, sodass S als gesetzlicher Erbe weniger erbt. N erlangt durch seine Leistung an E dagegen gar keinen Vorteil. Alle Leistungen gleich zu honorieren, erscheint unter diesem Aspekt fraglich.

---

851 *Ludyga,* FPR 2012, 54, 55. Ferner *Windel,* ErbR 2010, 241, 244; *Köbl,* in: FS Frank, S. 172.

852 Staudinger/*Lugani* BGB § 1618a Rn. 9; *Ludyga,* FPR 2012, 54, 55.

853 Vgl. MüKoBGB/*v. Sachsen Gessaphe* § 1618a Rn. 14.

bb) Vergleich von Ehegatten und nichtehelichen Lebensgefährten

E und P leben seit 50 Jahren verheiratet in einem Haushalt zusammen. Als E pflegebedürftig wird, kümmert sich P um sie.

Variante: E und P sind nicht verheiratet, sondern leben in nichtehelicher Lebensgemeinschaft.

Dieser Vergleich soll verdeutlichen, dass die Unterschiede zwischen Ehe und nichtehelicher Lebensgemeinschaft in Bezug darauf, wie die Gemeinschaft tatsächlich ausgelebt wird, sehr ähnlich sein können. Die tatsächlichen Umstände sind in beiden Varianten die gleichen. Unabhängig von der rechtlichen Einordnung leben E und P in einer Haushalts- und Solidargemeinschaft. Im Ausgangsfall trifft P eine Beistandspflicht nach § 1353 I 2 BGB, für den nichtehelichen Lebensgefährten gilt diese nicht. Da sie wie Eheleute zusammenleben, erbringt P als nichtehelicher Lebensgefährte die gleichen Pflegeleistungen wie wenn er mit E verheiratet wäre. Hier erscheint es im Ergebnis grundsätzlich billig, in beiden Varianten den gleichen Vermächtnisanspruch zu gewähren.

Doch bei genauer Betrachtung gibt es Unterschiede. Deutlich wird dies, wenn sich P in beiden Varianten weigern würde, die Pflege zu übernehmen, und E daher in ein Pflegeheim umziehen müsste. Der Ehegatte P wäre wegen der gegenseitig bestehenden Unterhaltspflicht nach § 1360 BGB dazu verpflichtet, den Unterhalt für E, also die Mehrkosten der Heimunterbringung, aufzubringen[854]. Werden die Kosten aus dem Vermögen des E bestritten, so verringert sich das gesetzliche Erbrecht des P. Weigert sich der nichteheliche Lebensgefährte P, hat dies für ihn grundsätzlich keine Konsequenzen. Er ist nämlich weder E gegenüber zu Unterhalt verpflichtet noch gesetzlicher Erbe.

b) Honorierung der Erfüllung von gesetzlichen Beistandspflichten?

Im ersten Schritt muss überlegt werden, ob auch das Erfüllen von gesetzlichen Beistandspflichten mit dem Vermächtnis honoriert werden soll. Man könnte dem österreichischen Vorbild des § 677 ABGB folgen und einen Vermächtnisanspruch auch für eine Leistung gewähren, durch welche einzelne Anspruchsberechtigte ihre Beistandspflicht gegenüber dem Erblasser erfüllen. Dagegen spricht jedoch die familienrechtliche Wertung, dass Beistandspflichten grundsätzlich unentgeltlich zu erbringen sind[855]. Das Gesetz beinhaltet insoweit keine

---

854 BGH NJW 2016, 2122; NK-BGB Familienrecht/*Wellenhofer* § 1353 Rn. 12; MüKoBGB/*Weber-Monecke* § 1360 Rn. 6.

855 Vgl. BSG NJW 2000, 1813, 1814; *Schiemann*, in: FS Schwab, S. 549, 556. Für § 1618a BGB Staudinger/*Lugani* BGB § 1618a Rn. 55.

Vergütungspflicht, insbesondere nicht bei Pflegeleistungen zwischen Ehegatten[856]. Die geschuldeten Leistungen beruhen nämlich auf der familiären Solidarität und nicht auf einem schuldrechtlichen Austauschverhältnis[857]. Deutlich wird dies auch an den Regelungen der §§ 1360b, 1620 BGB, wonach Ehegatten und Kinder im Zweifel keinen Ersatz von überobligatorischen Leistungen verlangen können. Erfolgt die überobligatorische Leistung unentgeltlich, so muss dies erst Recht für die nach §§ 1353 I 2, 1618a BGB geschuldete Leistung gelten. Das Gesetz gibt hier jedoch eine Differenzierung vor, indem §§ 1360b, 1620 BGB als Vermutungs-, bzw. Auslegungsregelungen ausgestaltet sind[858]. Wenn in der Regel und im Zweifel kein Ersatz für Leistungen verlangt werden kann, die über das Erfüllen von Beistandspflichten hinausgehen, kann diese Vermutung aber auch widerlegt und damit in Ausnahmefällen ein Ausgleich verlangt werden[859]. Das Gesetz gibt also eine wertende Differenzierung vor: Überobligatorische Leistungen können, wenn auch die Vermutungen dagegen sprechen, ausgeglichen werden, das Erfüllen der Beistandspflichten aber nicht. Diese Wertung sollte nicht durch eine erbrechtliche Honorierung unterlaufen werden. Nach geltendem Recht findet dieser Grundsatz im Erbrecht Berücksichtigung, da nach § 2057a I 2 BGB nur solche Leistungen ausgeglichen werden, die über das Erfüllen der Beistandspflicht hinausgehen[860].

Gegen eine Honorierung der Erfüllung von gesetzlichen Beistandspflichten sprechen auch Sinn und Zweck des Pflegevermächtnisses. Sinn und Zweck soll unter anderem die Entlastung des sozialen Sicherungssystems sein. Die Pflegeversicherung gewährt nur Leistungen für Pflege, nicht aber für das bloße Erfüllen von Beistandspflichten. Daher kann die Pflegeversicherung nicht dadurch entlastet werden, dass das Erfüllen von Beistandspflichten honoriert würde.

Das Erfüllen von gesetzlichen Beistandspflichten soll folglich nicht durch das Pflegevermächtnis belohnt werden.

---

856 BGH FamRZ 1995, 537, 538.

857 *Schiemann*, in: FS Schwab, S. 459, 556.

858 Für § 1360b BGB als Vermutungsregelung: MüKoBGB/*Weber-Monecke* § 1360b Rn. 2; Staudinger/*Voppel* BGB § 1360b Rn. 5; Palandt/*Brudermüller* BGB § 1360b Rn. 4; NK-BGB Familienrecht/*Wellenhofer* § 1360b Rn. 4. Bei § 1620 BGB handelt es sich um eine Auslegungsregel: Palandt/*Götz* BGB § 1620 Rn. 1; NK-BGB Familienrecht/*Czeguhn* § 1620 Rn. 1; MüKoBGB/*v. Sachsen Gessaphe* § 1620 Rn. 1.

859 Vgl. Erman/*Kroll-Ludwigs* BGB § 1360b BGB Rn. 1.

860 OLG Schleswig ZEV 2017, 400, 401; LG Magdeburg BeckRS 2011, 20919.

c) Gesetzliche Umsetzung

Probleme bereitet die Frage, wie die Nichtberücksichtigung des Erfüllens von Beistandspflichten bei Gewährung des Vermächtnisses umgesetzt werden kann. Schwierigkeiten bestehen vor allem deshalb, weil nicht allgemein eingegrenzt werden kann, bis zu welchem Ausmaß eine Pflegeleistung von einer Beistandspflicht erfasst ist. Einen Lösungsvorschlag hierzu bietet keiner der bisherigen Gestaltungsvorschläge.

aa) Keine Anspruchsberechtigung des Ehegatten

Die größten Unstimmigkeiten bereitet ein Vermächtnisanspruch des Ehegatten. Seine Beistandspflicht nach § 1353 I 2 BGB ist weitreichender als die von anderen Angehörigen, sodass ihm im Verhältnis zu anderen Pflegepersonen grundsätzlich ein größerer Umfang an Leistung zugemutet werden kann. Es könnte daher überlegt werden, den Ehegatten gänzlich aus dem Kreis der Anspruchsberechtigten herauszunehmen.

Dagegen spricht jedoch, dass damit ein falsches Signal gesetzt werden würde. Ehegatten übernehmen primär die Pflege und sind damit die Hauptpflegepersonen. Eine Norm, die unentgeltliche Pflegeleistungen honorieren soll, sollte die Ehegatten daher nicht ausschließen.

Auch der Vergleich mit den Abkömmlingen spricht dafür, dass Ehegatten nicht von der Anspruchsberechtigung ausgeschlossen werden sollten. Denn auch Kinder trifft eine Beistandspflicht. Inhalt und Umfang der Beistandspflicht nach § 1618a BGB richten sich nach allen Besonderheiten der Familie und den sonstigen Umständen des Einzelfalls[861]. Hätte Sohn S aus dem oben genannten Beispielsfall weder eine Ehefrau noch Kinder und würde er stattdessen bei seiner alleinstehenden Mutter leben, dürfte der Umfang seiner Beistandspflicht anders zu bewerten sein. Lebt er unentgeltlich im Haushalt seiner Mutter und wird von dieser umfassend versorgt, so scheint ihm das nächtliche Anwesend- und Verfügbarsein, wie einem Ehegatten, gegebenenfalls zumutbar zu sein. Den Ehegatten von der Anspruchsberechtigung auszuschließen, erscheint insoweit ungerechtfertigt. Folgerichtig müssten dann auch die Kinder vom Anspruch ausgeschlossen werden. Dies wird auch durch den Vergleich zwischen Ehegatten und nichtehelichen Lebensgefährten untermauert. Der Ehegatte würde dann nämlich schlechter stehen als der nichteheliche Lebensgefährte, obwohl die Lebensweisen und Umstände die gleichen sind. Diese Benachteiligung kann

861 Vgl. Palandt/*Götz* BGB § 1618a Rn. 3, 5; Erman/*Döll* BGB § 1618a Rn. 4.

auch nicht mit dem gesetzlichen Erbrecht des Ehegatten begründet werden, da dieses unabhängig von der Pflegeleistung besteht.

Den Ehegatten von der Anspruchsberechtigung gänzlich auszuschließen, ist somit nicht der richtige Weg, das Problem im Umgang mit den Beistandspflichten zu lösen.

bb) Keine Anspruchsberechtigung von Ehegatten und Kindern

Das Problem könnte dadurch gelöst werden, dass alle Personen, die gegenüber dem Erblasser gesetzliche Beistandspflichten treffen, also der Ehegatte und die Kinder, nicht anspruchsberechtigt sind. Diese von dem Anspruch auszuschließen, erschiene indes nicht sachgerecht[862]. Denn bei Ehegatten und Kindern handelt es sich wie gesagt um die primären Pflegepersonen, sodass die Anreize zur Übernahme der Pflege im engsten Familienkreis möglicherweise gemindert statt gestärkt würden.

Gegen einen generellen Ausschluss von Ehegatten und Kindern spricht aber vor allem, dass dieser auch bei der gewillkürten Erbfolge gelten würde. Hat der Erblasser einen Dritten als Erben eingesetzt, so stehen dem Ehegatten und den Kindern keine gesetzlichen Erbteile zu. Wären Ehegatten und Kinder von dem Vermächtnisanspruch ausgeschlossen, so bestünde das Risiko, dass sie, abgesehen von ihrem Pflichtteil, leer ausgingen. Damit würden sie gegebenenfalls schlechter stehen als Dritte, die den Erblasser gepflegt haben. Folglich ist ein genereller Ausschluss von Ehegatten und Kindern abzulehnen.

cc) Ausschluss des Vermächtnisanspruchs des Ehegatten und der Kinder bei gesetzlicher Erbfolge

Zur Lösung des Problems könnte die Möglichkeit erörtert werden, Ehegatten und Kinder bei gesetzlicher Erbfolge von dem Vermächtnisanspruch auszuschließen. Die Pflegeleistung wäre dann damit abgegolten, dass sie ihren vollen gesetzlichen Erbteil erhalten. Bei mehreren Kindern könnte die Pflegeleistung von einem pflegenden Kind im Rahmen des § 2057a I 2 BGB berücksichtigt werden.

Bei dieser Lösung sind jedoch zwei Punkte zu bedenken. Zum einen ist zu klären, ob mit Erhalt des gesetzlichen Erbteils eine erbrachte Pflegeleistung abgegolten ist. Zum anderen stellt sich die Frage, ob diese Lösung das Problem mit den Beistandspflichten überhaupt lösen kann.

---

862 Dazu ferner *Windel*, ErbR 2010, 241, 245.

Es wurde bereits dargelegt, dass der gesetzliche Erbteil keine Abgeltung für solche Pflegeleistungen darstellt, die im Rahmen der bestehenden Beistandspflicht geschuldet sind, und daher erst Recht nicht für überobligatorische Pflegeleistungen von gesetzlichen Erben. Bei überobligatorischen Leistungen besteht für die gesetzlichen Erben daher ein Bedarf zur Honorierung in gleichem Maße wie bei Dritten, die den Erblasser pflegen, ohne dass sie eine Beistandspflicht trifft.

Entscheidend ist aber, dass der Ausschluss von Ehegatten und Kindern des Erblassers bei gesetzlicher Erbfolge das Problem, wie die Beistandspflichten zu berücksichtigen sind, ohnehin nicht lösen kann. Die Tatsache, dass die gesetzlichen Erben enterbt wurden, ändert nichts daran, dass gegenüber dem Erblasser Beistandspflichten bestanden. Sollen Ehegatten und Kinder demnach anspruchsberechtigt sein, wenn keine gesetzliche Erbfolge vorliegt, so muss bei der Gestaltung des Vermächtnisanspruchs gleichwohl überlegt werden, wie die familiären Beistandspflichten zu berücksichtigen sind.

dd) Abzug der Beistandspflicht

Es bestünde die Möglichkeit, den Wert der erbrachten Beistandspflicht vom Vermächtnisanspruch abzuziehen. Dazu könnte ein Absatz in die Norm eingefügt werden:

> *(x) Erfüllt der Anspruchsteller mit der Pflegeleistung gleichzeitig eine familienrechtliche Beistandspflicht, so ist der Wert dieser Leistung von der Höhe des Anspruchs abzuziehen.*

Aber auch diese Lösung kann nicht überzeugen. Zum einen stellt dies eine Benachteiligung von Ehegatten und Kindern gegenüber den übrigen Pflegepersonen dar. Zum anderen würde diese Regelung zu erheblichen praktischen Schwierigkeiten führen. Es müsste dann nämlich genau festgestellt werden, welche Leistung von der jeweiligen Beistandspflicht umfasst ist. Dazu gibt es jedoch keine genauen Grenzen, sodass eine aufwendige Ermittlung im konkreten Einzelfall erforderlich wäre. Im nächsten Schritt müsste der genau festgelegten Beistandspflicht ein wirtschaftlicher Wert beigemessen werden, damit diese rechnerisch berücksichtigt werden kann. Da Beistandspflichten solidarisch und unentgeltlich geschuldet sind, ist es nicht möglich, den Beistandsleistungen einen Geldwert beizumessen.

ee) Honorierung von überobligatorischen Leistungen

Als Lösung ist schließlich in Betracht zu ziehen, nur solche Leistungen zu honorieren, die grundsätzlich überobligatorisch sind. Zur Ermittlung dieser Grenzen könnte man die Beistandspflicht des Ehegatten nach § 1353 I 2 BGB heranziehen, die die stärksten Verpflichtungen begründet. Ist eine erbrachte Pflegeleistung nämlich für den Ehegatten überobligatorisch, so ist sie es erst Recht für die Abkömmlinge. Für die übrigen Anspruchsberechtigten besteht keine Rechtspflicht.

Daher enthält der Vermächtnisvorschlag folgenden Absatz 2:

(2) Eine anspruchsbegründende Leistung liegt vor, wenn bei dem Erblasser ein Pflegebedarf bestand, der mindestens dem Grad der Pflegebedürftigkeit nach § 15 III 4 Nr. 2 des Elften Buches Sozialgesetzbuch (Pflegegrad 2) entspricht.

Diese Gestaltung wirft zwei Problemstellungen auf. Zum einen stellt sich die Frage, ob es sich bei Pflegegrad 2 um eine sinnvolle und angemessene Grenze handelt. Zum anderen ist zu klären, ob diese Einschränkung für alle Pflegepersonen gelten soll.

(1) Angemessenheit der Einschränkung

Problematisch ist die Frage, wie die Grenze zu ziehen ist. Man könnte überlegen, die Ermittlung von den Umständen des Einzelfalls abhängig zu machen. Dies wäre jedoch wiederum mit einem enormen Aufwand in der Praxis verbunden. Außerdem dürfte es im Einzelfall oft unmöglich sein, die genaue Grenze zwischen unentgeltlich geschuldeter und überobligatorischer Leistung zu bestimmen. Ab wann eine Leistung über das in § 1353 I 2 BGB oder § 1618a BGB geschuldete hinausgeht, kann nicht genau festgelegt werden. Dieser Ansatz ist folglich auch nicht weiterführend.

Zur Hilfe wurden daher die Regelungen des Sozialrechts herangezogen. Nach § 15 III 4 Nr. 1-5 SGB XI ist der erforderliche Pflegebedarf eines Pflegebedürftigen in einen von fünf Pflegegraden einzuordnen. Leistungen der Pflegeversicherung werden jedoch erst ab Pflegegrad 2 gewährt, vgl. §§ 36 I 1, 37 I 1, 43 I SGB XI. In Pflegegrad 2 liegen gemäß § 15 III 4 Nr. 2 SGB XI erhebliche Beeinträchtigungen der Selbstständigkeit oder der Fähigkeiten vor. Indem ab dieser Schwelle sozialrechtliche Leistungen gewährt werden, bringt der Gesetzgeber zum Ausdruck, dass ab diesem Ausmaß an Pflegebedürftigkeit nicht mehr der einzelne Pflegebedürftige und seine Familie die mit der Pflegebedürftigkeit einhergehenden Lasten zu tragen haben. Vielmehr wird dadurch zum Ausdruck gebracht, dass ab Pflegegrad 2 die Allgemeinheit durch die Pflegeversicherung für die Hilfen aufkommen muss.

Zweifellos ist die Eingruppierung in Pflegegrad 2 in den meisten Fällen nicht die genaue Grenze zwischen Beistands- und überobligatorischer Leistung. Jedoch kann allgemein festgelegt werden, dass ab Pflegegrad 2 die erforderlichen Leistungen und Hilfen für das persönliche Umfeld des Pflegebedürftigen nicht mehr zumutbar sind. Für Ehegatten wurde auch schon entschieden, dass die Pflege eines schwerstbehinderten Ehegatten weit über die nach § 1353 I 2 BGB geschuldete Beistandsleistung hinausgeht[863]. Pflegeleistungen, die unter eine der gesetzlichen Pflegegrade fallen, sind daher nicht mehr von § 1353 I 2 BGB umfasst[864]. Gilt dies für den Ehegatten, den die umfassendste Beistandspflicht trifft, so gilt dies für alle anderen Pflegepersonen erst Recht.

Durch die genannte Formulierung werden alle Pflegefälle ausgegrenzt, in denen der Pflegebedarf unterhalb von demjenigen liegt, der in Pflegegrad 2 erforderlich ist. Dies geht somit zu Lasten von Pflegepersonen, die Pflegebedürftige in Pflegegrad 1 gepflegt haben oder solche Personen, die in formaler Hinsicht nicht iSd SGB XI pflegebedürftig sind, aber dennoch der Hilfe im Alltag bedürfen. Dennoch erscheint die Grenze angemessen.

Die Hürde für den Vermächtnisanspruch bei Pflegegrad 2 festzulegen, entspricht dem Sinn und Zweck, das soziale Sicherungssystem zu entlasten. Da erst ab Pflegegrad 2 Leistungen der Pflegeversicherung gewährt werden, kann auch erst dann ein Einsparungseffekt durch die informelle Pflege erzielt werden.

Auch in sachlicher Hinsicht erscheint diese Grenze angemessen, weil der Anwendungsbereich des SGB XI so weit ist, dass zur Erfüllung des Pflegebedürftigkeitsbegriffs nach § 14 SGB XI geringe Beeinträchtigungen ausreichen[865]. Bei der Einordnung in einen Pflegegrad nach SGB XI werden alle Aspekte berücksichtigt, die zu Beeinträchtigungen der Selbstständigkeit oder der Fähigkeiten führen; der Bewertungsmaßstab ist nicht bloß defizitorientiert hinsichtlich erforderlicher kompensatorischer Hilfen[866]. Insbesondere sind Menschen mit kognitiven Erkrankungen und psychischen Störungen, vor allem mit demenziellen Erkrankungen, grundsätzlich in den Pflegebedürftigkeitsbegriff des § 14 SGB XI miteinbezogen[867].

Die niedrige Einstiegsschwelle in die Pflegeversicherung wird an der Entwicklung des geltenden Pflegebedürftigkeitsbegriffs deutlich[868]. Bis zum 31.12.2016 erfüllten Menschen mit psychischen und kognitiven Störungen, insbesondere aufgrund demenzieller Erkrankungen, regelmäßig nicht die Voraussetzungen

---

863 BGH FamRZ 1995, 537, 539; Palandt/*Brudermüller* BGB § 1353 Rn. 9; *Windel,* ErbR 2010, 241, 244.

864 NK-BGB Familienrecht/*Wellenhofer* § 1353 Rn. 12; *Wellenhofer*, in: FS Brudermüller, S. 923, 930.

865 BT-Drs. 18/5926, S. 109, 111.

866 Vgl. BT-Drs. 18/5926, S. 111.

867 KassKomm/*Weber* SGB XI § 15 Rn. 3; vgl. BT-Drs. 18/5926, S. 140.

868 Vgl. *Schneider,* ZEV 2018, 380, 381.

der Pflegebedürftigkeit nach §§ 14, 15 SGB XI a.F. (bis 31.12.2016). Denn die nicht verrichtungsbezogene allgemeine Beaufsichtigung und Betreuung fiel nicht unter diesen Begriff, obwohl er bei Menschen mit psychischen und kognitiven Erkrankungen einen oft erheblichen Aufwand bedeutet[869]. Diesen standen gegebenenfalls geringere Leistungen zu, wenn bei ihnen eine erheblich eingeschränkte Alltagskompetenz nach § 45a SGB XI a.F. festgestellt wurde. Diese Personengruppe wurde nun mit Einführung des neuen Pflegebedürftigkeitsbegriffs zum 01.01.2017 gemäß § 140 II 3 Nr. 2a SGB XI automatisch in Pflegegrad 2 der neu geltenden Fassung des SGB XI eingeordnet[870]. Menschen mit psychischen und kognitiven Störungen erfuhren mit der Gesetzesänderung also einen doppelten Stufensprung[871], was in der Überleitungsvorschrift des § 140 II 3 Nr. 2 a-d SGB XI zum Ausdruck kommt. Daraus ist zu schließen, dass ein an Demenz leidender Pflegebedürftiger nach den aktuell geltenden Vorschriften der §§ 14, 15 SGB XI in der Regel in Pflegegrad 2 eingeordnet wird.

Außerdem stellt die Hürde keinen strengen formalen Ausschluss dar. War der Erblasser aufgrund seiner Pflegebedürftigkeit in Pflegegrad 2 eingeordnet und wurde er von einem Angehörigen gepflegt, so wird die Pflegeperson ohne Schwierigkeiten später darlegen und beweisen können, dass sie eine anspruchsbegründende Leistung erbracht hat. Liegt dagegen keine formale Einordnung vor, so ist der Anspruch nicht ausgeschlossen. Vielmehr muss die Pflegeperson dann substantiiert vortragen und beweisen, dass sie Pflegeleistungen erbracht hat, die nach Art und Umfang bei einer Einordnung in Pflegegrad 2 erforderlich wären.

(2) Einschränkung für alle Pflegepersonen?

Als Folge stellt sich die Frage, ob die Einschränkung für alle Pflegepersonen gelten soll, also auch für solche, die gegenüber dem Erblasser keine Beistandspflichten treffen. Schließlich sind diese nicht zu solidarischen Hilfeleistungen an den Erblasser verpflichtet, sodass der strenge Maßstab, der dem Zweck dienen soll, das Honorieren von Beistandsleistungen auszuschließen, unbillig erscheinen könnte. Die Einschränkung könnte daher so gestaltet werden, dass sie nur für Ehegatten und Kinder gilt. Alle übrigen Pflegepersonen würden dann schon

869 Vgl. KassKomm/*Koch*, 91. EL September 2016, SGB XI § 45a Rn. 2.

870 Zweites Gesetz zur Stärkung der pflegerischen Versorgung und zur Änderung weiterer Vorschriften (Zweites Pflegestärkungsgesetz – PSG II), BGBl. 2015 Teil I Nr. 54 S. 2424.

871 BT-Drs. 18/5926, S. 140.

unterhalb der Grenze des Pflegegrades 2 den Vermächtnisanspruch geltend machen können.

Die Einschränkung für alle Pflegepersonen erscheint im Ergebnis aber angemessen. Auch wenn keine gesetzliche Beistandspflicht besteht, entspricht es der Natur solidarischer Leistungen, diese bis zu einem gewissen Ausmaß einer gesetzlichen Regelung und einem vermögensrechtlichen Ausgleich zu entziehen. Alle Pflegepersonen erbringen die Leistung aus Solidarität, unabhängig davon, ob dies als gesetzliche Pflicht normiert ist oder nicht. Naturgemäß wird für solche Leistungen keine Gegenleistung oder kein Austausch erwartet. Sie werden vielmehr aufgrund natürlicher Verbundenheit erbracht und der Grund nicht weiter hinterfragt[872]. Eine andere Bewertung ist erst dann gerechtfertigt, wenn die Leistung ein gewisses Maß und einen bestimmten Umfang überschreitet.

Dies entspricht auch dem Sinn und Zweck des Pflegevermächtnisses, insbesondere der Absicherung der sozialen Sicherung durch Entlastung der Pflegeversicherung. Erst ab Pflegegrad 2 werden Leistungen aus der Pflegeversicherung gewährt, sodass dann ein Einsparungseffekt erzielt werden kann. Die Honorierung einer Leistung, die unterhalb dieser Schwelle liegt, dient also nicht diesem Zweck. Das Erblasservermögen dennoch mit einem Vermächtnisanspruch für solche Leistungen zu belasten, erscheint insoweit ungerechtfertigt.

Auch die Systematik spricht für diese Lösung. Bezüglich der Höhe des Anspruchs soll auf die Sätze des § 37 SGB XI verwiesen werden. Diese sehen aber erst Geldbeträge ab Pflegegrad 2 vor. Außerdem wäre es mit praktischen Problemen verbunden, wie die Höhe des Anspruchs zu bemessen wäre, wenn nur geringe Pflegeleistungen oder Beistandsleistungen erbracht wurden.

Dies berücksichtigt auch die Interessen des Erblassers in zumutbarer Weise. Aus verfassungsrechtlicher Sicht ist es zum Schutz der Testierfreiheit erforderlich, dass das Vermächtnis ausgeschlossen werden kann. Damit der Erblasser darüber entscheiden kann, ob er das Pflegevermächtnis ausschließen will, muss er die Möglichkeit haben zu erkennen, ob ein solcher Anspruch besteht. Handelt es sich bei den Leistungen um Hilfen im Alltag von einem Dritten, die unterhalb der Grenze des SGB XI liegen, so wird ein Erblasser möglicherweise nicht davon ausgehen, dass aufgrund dieser Hilfe ein Vermächtnisanspruch bestehen könnte. Da es für diese Fälle keine eindeutigen Kriterien gibt, welche Hilfeleistung eine Pflegeleistung iSd Pflegevermächtnisses ist, muss dies im Einzelfall überprüft werden. Dies ist streitanfällig und erfordert im Fall einer gerichtlichen Auseinandersetzung eine umfassende Gesamtwürdigung durch den Richter. Wenn dies

872 *Schürmann*, in: FS Brudermüller, S. 703, 705.

schon für den Richter im Nachhinein, also nach dem Erbfall, schwierig zu beurteilen ist, so ist eine solche Beurteilung dem Erblasser erst recht nicht zumutbar. Es könnten dann nämlich Fälle auftreten, in denen nach umfassenden Würdigungen der Tatsachen ein Gericht ein Pflegevermächtnisanspruch für gegeben hält, der Erblasser und seine Familie davon aber zu keinem Zeitpunkt ausgegangen sind. Daher hat der Erblasser den Vermächtnisanspruch nicht ausgeschlossen, bei Kenntnis der Rechtslage hätte er aber möglicherweise abweichend testiert. Zum Schutz der Testierfreiheit des Erblassers muss daher hinreichend deutlich festzustellen sein, bei welcher erbrachten Leistung ein Vermächtnisanspruch bestehen kann. Ansonsten wären ausufernde Folgen zu befürchten, weil bei der Pflege eines Pflegebedürftigen neben einer Hauptpflegeperson häufig noch weitere Helfer beteiligt sind.

5. Pflege während längerer Zeit

a) Pflege

In Bezug auf das Tatbestandsmerkmal „Pflege“ kann grundsätzlich auf die Erläuterungen zu § 2057a I 2 BGB verwiesen werden. Der Begriff stimmt mit dem Begriff der „Pflege“ in den bisherigen Vermächtnisvorschlägen überein. Das bedeutet insbesondere, dass mit „Pflege“ nicht nur eine Pflege iSd SGB XI gemeint sein soll, der Erblasser also nicht formal als pflegebedürftig iSd SGB XI festgestellt sein muss. Umfasst werden sollen auch diejenigen Pflegefälle, in denen keine Leistungen aus der Pflegeversicherung gewährt werden; also Fälle, bei denen der Pflegebedürftige etwa nicht in der Pflegeversicherung ist oder kein Antrag gestellt wurde.

b) während längerer Zeit

Die Voraussetzung „längere Zeit“ wird von den Vorschlägen des Deutschen Notarvereins und *Otte* übernommen. Wie bei der Ausgleichsregelung des § 2057a I 2 BGB und den deutschen Vorschlägen soll die Dauer der Pflege auch bei dem vorgeschlagenen Pflegevermächtnis nicht objektiv fest bestimmt sein. Die Beurteilung muss von der Intensität der Pflegeleistung abhängig sein[873]. Daher ist eine genaue Benennung der Mindestpflegezeit, wie in dem österreichischen Pflegevermächtnis, nicht erforderlich.

Eine weitere zeitliche Eingrenzung dahingehend, dass nur Pflegeleistungen in den letzten drei Jahren vor dem Tod des Erblassers, durch das Vermächtnis

873 MüKoBGB/*Ann* § 2057a Rn. 23.

honoriert werden sollen, enthält der Vorschlag nicht. Die entsprechende Regelung aus dem österreichischen Vermächtnis sollte nicht übernommen werden. Grund dafür sind die Kritikpunkte, die bereits im Rahmen der Erläuterungen zu § 677 ABGB erwähnt wurden[874]. Eine Eingrenzung auf die letzten Lebensjahre würde Pflegepersonen benachteiligen, die den Erblasser nicht in diesem Zeitraum gepflegt haben, sondern davor.

Hiergegen bestehen Bedenken unter dem Aspekt der Verjährung. Liegt die Pflege schon einige Jahre zurück, wären etwaige schuldrechtliche Ansprüche diesbezüglich verjährt. Aufgrund dessen könnte man erwägen, den Vermächtnisanspruch zeitlich einzugrenzen. Dies ist im Ergebnis aber abzulehnen. Der Vergleich mit schuldrechtlichen Ansprüchen überzeugt nicht, weil ein solcher Anspruch zum Zeitpunkt der Pflegeleistung nicht entstanden ist. Die Pflegeperson kann daher zeitnah zu den Pflegeleistungen keinen Ausgleich verlangen.

Für dieses Ergebnis sprechen auch Sinn und Zweck der Verjährung, Rechtsfrieden und Rechtssicherheit zu schaffen[875]. Der Schuldner soll Rechtssicherheit darüber erlangen, ob der Gläubiger einen Anspruch geltend macht. Die Rechtssicherheit ist bei einem Vermächtnisanspruch allerdings nicht gefährdet. Auch wenn die erbrachten Pflegeleistungen einige Zeit zurückliegen, entsteht der Vermächtnisanspruch erst mit dem Tod des Erblassers. Vorher hatte die Pflegeperson keine Möglichkeit, den Anspruch geltend zu machen.

Außerdem könnte eine zeitliche Eingrenzung die Anreizwirkung des Pflegevermächtnisses beeinträchtigen. Denn eine Pflegeperson weiß bei Übernahme der Pflege noch nicht, wie lange die Pflege insgesamt andauern wird. Sie müsste also stets damit rechnen, dass sie wegen einer lang andauernden Pflege ihren Vermächtnisanspruch verliert.

In Betracht kommt, den Vermächtnisanspruch dahingehend einzugrenzen, dass er nur für eine bestimmte Maximaldauer an Pflegezeit geltend gemacht werden kann. Bei einer Begrenzung auf beispielsweise fünf Jahre, könnte eine Pflegeperson nur einen Anspruch für den begrenzten Pflegezeitraum geltend machen, auch wenn sie den Erblasser länger gepflegt hat. Dies ist aber abzulehnen. Es ist nämlich kein Grund ersichtlich, warum Pflegepersonen, die über einen sehr langen Zeitraum Pflege geleistet haben, benachteiligt werden sollen.

---

874 Dazu S. 160.

875 MüKoBGB/*Grothe* Vor § 194 Rn. 7; BeckOK/*Henrich* BGB § 194 Rn. 1.

6. *Höchstpersönlichkeit der Pflegeleistung?*

Zu überlegen wäre, ob die Pflegeleistung von der Pflegeperson höchstpersönlich erbracht worden sein muss. Hintergrund ist die Tatsache, dass es viele Fälle gibt, in denen eine Pflegehilfe von dem Pflegebedürftigen oder seiner Familie selbst organisiert wird.

Für einen Ausgleichsanspruch nach § 2057a I 2 BGB muss der Abkömmling die Pflege nicht höchstpersönlich erbringen, sondern darf sich auch von ihm bezahlter Hilfskräfte bedient haben[876]. Dies sollte so für den Vermächtnisanspruch übernommen werden.

Außerdem ist zu bedenken, dass von der Pflegeperson Leistungen erbracht werden, die ihr grundsätzlich nicht zumutbar sind. Dies gilt insbesondere, weil viele Pflegepersonen in Bezug auf den Bereich „Pflege“ Laien sind und nicht die pflegerischen Fähigkeiten einer professionellen Pflegekraft besitzen. Würde eine Pflegeperson sich keine Hilfe holen und ständig mit der Pflegesituation überfordert sein, würde dies weder ihrem eigenen Interesse noch dem Interesse und Wohl des pflegebedürftigen Erblassers gerecht werden.

Schließlich spricht auch der Sinn und Zweck des Pflegevermächtnisses, die öffentlichen Kassen zu entlasten, für eine Honorierung nicht höchstpersönlich erbrachter Pflege. Organisiert die Familie selbstständig eine Pflegehilfe, so wird aus der Pflegeversicherung lediglich das Pflegegeld nach § 37 SGB XI gewährt. Der Einsparungseffekt tritt also in gleichem Maße ein, wie wenn ein Angehöriger den Pflegebedürftigen selbst pflegen würde.

Folglich sollte es nicht erforderlich sein, dass die Pflegeperson die Leistung höchstpersönlich erbringt. Damit ihr aber die Leistung einer Pflegehilfe zugerechnet werden kann, muss die Hilfskraft von der Pflegeperson bezahlt worden sein.

7. *Berechnung der Anspruchshöhe*

Zur Berechnung der Höhe des Vermächtnisanspruchs wird ein Verweis auf die Kostenbeträge des § 37 SGB XI vorgeschlagen[877]. Diesbezüglich wird die Formulierung aus dem Vermächtnisvorschlag von *Otte* übernommen.

Das österreichische Vermächtnis sowie die aktuelle Regelung des § 2057a III BGB sehen eine Bemessung nach Billigkeitsaspekten vor. Diese Kriterien sind ungenau und können zu Rechtsunsicherheit

---

876 Staudinger/*Löhnig* BGB § 2057a Rn. 19; Palandt/*Weidlich* BGB § 2057a Rn. 7.

877 Dafür auch *Windel,* ErbR 2010, 241, 245.

führen[878]. Das Pflegevermächtnis sollte genauere Bemessungsgrundlagen beinhalten. Dem wird ein Verweis auf die pauschalierten Beträge des SGB XI gerecht. Da bezüglich der anspruchsbegründenden Leistung bereits auf die Einordnungen gemäß § 15 III 4 Nr. 2-5 SGB XI zurückgegriffen wird, liegt es nahe, zur Berechnung auch die Kosten-Sätze nach SGB XI heranzuziehen.

a) § 36 SGB XI oder § 37 SGB XI?

Es erscheint sach- und systemgerecht, auf die Kostensätze des § 37 SGB XI zurückzugreifen. Der Wert der Leistung würde dem einer ungebildeten Pflegekraft entsprechen, wie es das Sozialrecht so vorsieht.

Für einen Verweis auf § 36 SGB XI könnte zwar sprechen, dass die Kostensätze des § 37 SGB XI zu niedrig liegen und daher kein angemessenes Entgelt für die Pflegeleistung darstellen[879]. Man könnte sogar so weit gehen und sagen, dass die familiäre Pflege weitaus wertvoller und umfangreicher als die von Pflegediensten sei und eher über die Sätze des § 36 III SGB XI hinausgehe[880].

Ein Verweis auf die Kostensätze des § 36 III SGB XI begegnet jedoch erheblichen Bedenken. Denn dies würde zu einer Systemwidrigkeit führen, da die gleiche Leistung dann im Zivilrecht anders bewertet werden würde als im Sozialrecht. Die Systemwidrigkeit könnte man noch damit rechtfertigen, dass die freiwillig erbrachte häusliche Pflege gerade für den Pflegebedürftigen als wertvoller empfunden wird als die Pflege durch fremde Berufspflegekräfte. Außerdem geht es bei Leistungen aus der Pflegeversicherung um staatliche Leistungen, während das Pflegevermächtnis eine privatrechtliche Honorierung darstellt[881].

Die Systemwidrigkeit scheint aber dann nicht mehr zu rechtfertigen zu sein, wenn man bedenkt, dass mit dem Pflegevermächtnis durch Einsatz von Privatvermögen eine Ersparnis für die öffentlichen Kassen erzielt wird[882]. Der Gesetzgeber würde gerade eine Leistung aus dem Privatvermögen honorieren, für die sonst der Staat aufkommen müsste. Dabei dann noch höhere Bemessungssätze festzuschreiben, ist unter diesem Aspekt nicht vertretbar.

---

878 So auch: *Ludyga*, ZErb 2009, 289, 291; *Paetel*, S. 225; MüKoBGB/*Ann* § 2057a Rn. 35; *Kollmeyer*, NJW 2017, 1849, 1851; *Schneider*, ZEV 2018, 380, 382, 383; *Teschner*, ZErb 2017, 89.

879 *Köbl*, in: FS Frank, S. 169.

880 Vgl. *Paetel*, S. 249; Erbrechtsausschuss des Deutschen Anwaltsvereins, Stellungnahme zum Entwurf des Gesetzes zur Änderung des Erb- und Verjährungsrechtes, S. 6.

881 So zu § 2057b E-BGB Begründung des RegE, BT-Drs. 16/8954 S. 18.

882 So auch *Windel*, ZEV 2008, 305, 307; *Köbl*, in: FS Frank, S. 168.

Weiterhin wäre die Belastung für das Erblasservermögen nicht mehr hinnehmbar, da es quasi doppelt belastet würde. Zu bedenken ist nämlich, dass es sich hier um Leistungen aus einer Sozialversicherung handelt und eben nicht um eine Sozialleistung. Um einen Anspruch aus der Pflegeversicherung zu erlangen, hat der Pflegebedürftige zuvor Beiträge geleistet. Verzichtet der pflegebedürftige Erblasser auf eine Pflegekraft, die nach § 36 SGB XI von der Pflegeversicherung zu bezahlen wäre und entscheidet er sich dagegen für eine Konstellation nach § 37 SGB XI, so bekommt er wertmäßig weniger gewährt als er verlangen könnte. Müssten dann noch zusätzlich die Beträge nach § 36 III SGB XI aus seinem Vermögen aufgrund eines entsprechenden Vermächtnisses aufgebracht werden, wäre dies eine sehr erhebliche Belastung. Da im Endeffekt auf Privatvermögen zurückgegriffen werden muss, um eine Ersparnis bei den Leistungen der Pflegeversicherung zu erreichen, sollte die Bemessungsgrundlage nicht zu hoch angesetzt werden, keinesfalls höher als das, was als Leistung gewährt worden wäre. Folglich ist ein Verweis auf die Kostensätze des § 36 III SGB XI nicht vertretbar.

Im Übrigen könnte ein Verweis auf § 36 III SGB XI dem Ziel des Vermächtnisses, die häusliche Pflege zu stärken, widersprechen[883]. Denn wie soeben dargelegt, würde ein solcher eine erhebliche Belastung für das Vermögen des Erblassers darstellen. Würde der Erblasser dagegen die Pflege durch berufliche Pflegekräfte nach § 36 SGB XI in Anspruch nehmen, so bekäme er den entsprechend höheren Betrag von der Pflegeversicherung gewährt und würde sein Vermögen gegebenenfalls von dem Vermächtnisanspruch entlasten. Wirtschaftlich wäre es dann für die Erben bzw. das Erblasservermögen günstiger, wenn der Erblasser Pflegesachleistung nach § 36 SGB XI in Anspruch nimmt als sich von Angehörigen pflegen zu lassen[884].

Damit bleibt nur ein Verweis auf § 37 SGB XI übrig. Das Problem, dass die Sätze für zu niedrig gehalten werden, kann dadurch gelöst werden, dass sich die Bemessung nur *in der Regel* nach denen des § 37 SGB XI bemessen. So bleibt der Rechtsprechung im Einzelfall genügend Raum, hiervon abzuweichen, sofern die Pflegeleistung anders zu bewerten ist[885].

---

883 So auch Begründung RegE, BT-Drs. 16/8954 S. 18; *Ludyga,* ZErb 2009, 289, 291; *Otte,* ZEV 2008, 260.

884 So auch *Ludyga,* ZErb 2009, 289, 291; *Otte,* ZEV 2008, 260.

885 So auch *Köbl,* in: FS Frank, S. 170.

8. *Keine Berücksichtigung des Pflegegeldes*

Bei der Einführung eines gesetzlichen Pflegevermächtnisses käme der Gesetzgeber nicht umhin, das Verhältnis zum Pflegegeld nach § 37 SGB XI zu klären. Die bisherigen Vermächtnisvorschläge schweigen zu diesem Thema. Es erscheint vorzugswürdig, ein weitergeleitetes Pflegegeld nicht auf den Vermächtnisanspruch anzurechnen. Daher sollte in die Norm aufgenommen werden, dass Leistungen aus der Pflegeversicherung bei der Bemessung unberücksichtigt bleiben. Für diese Lösung sprechen folgende Erwägungen:

Nach dem gesetzgeberischen Willen kann das Pflegegeld nach § 37 SGB XI an die Pflegeperson weitergeleitet werden. Davon ist normalerweise sogar auszugehen[886]. Würde man das weitergeleitete Pflegegeld auf das Vermächtnis anrechnen, würde dieses regelmäßig leerlaufen[887]. Für die Pflegepersonen in dieser Normalkonstellation könnte das Pflegevermächtnis damit also nicht sein Ziel erreichen.

Die Nichtanrechnung kann zur Folge haben, dass die Pflegeperson quasi doppelt honoriert wird, wenn ihr das Pflegegeld weitergeleitet wurde und sie den Vermächtnisanspruch erhält. Aber auch dieser Aspekt steht einer Nichtanrechnung nicht entgegen. Dafür spricht zunächst, dass mit dem Pflegevermächtnis eine zusätzliche Möglichkeit geschaffen werden soll, Pflegeleistungen zu honorieren. Dies setzt voraus, dass eine Pflegeperson zum Pflegegeld, das sie bisher erhalten kann, auch zusätzliche Vorteile erhält. Im Übrigen stellt das Pflegegeld kein angemessenes Entgelt für die Pflegeleistungen dar. Aus diesem Grund besteht weiterer Honorierungsbedarf, dem ein zusätzlicher Vermächtnisanspruch gerecht wird.

Schließlich sprechen auch praktische Erwägungen dafür, ein weitergeleitetes Pflegegeld beim Vermächtnisanspruch nicht zu berücksichtigen. Denn so muss nicht festgestellt werden, ob und welcher Höhe die Pflegeperson das Pflegegeld erhalten hat. Diese Frage erscheint unter tatsächlichen Aspekten problematisch und streitanfällig in Fällen, in denen das Pflegegeld nicht unter entsprechender Zweckbezeichnung weitergeleitet wurde. Vielmehr dürften zahlreiche Fälle existieren, in denen das Pflegegeld teilweise bei der Pflegeperson angekommen ist, aber eine genaue Trennung der Vermögensmassen von Pflegeperson und Erblasser nicht möglich ist. Denkbare Fälle sind hier beispielsweise, dass die Pflegeperson mit dem Pflegegeld einkaufen geht und dabei auch Dinge für den

---

886 Vgl. *Köbl*, in: FS Frank, S. 169, 170.

887 So auch *Köbl*, in: FS Frank, S. 169.

persönlichen Bedarf kauft oder etwa gemeinsames Essen, das mit dem Pflegegeld bezahlt wird. Die genaue Ermittlung des Betrages, welcher der Pflegeperson zu Gute kam, dürfte dann mit Schwierigkeiten verbunden sein.

9. *Ausschluss von doppelter Honorierung*

a) Abs. 5

> *(5) Der Anspruch besteht nicht, soweit dem Berechtigten für die Leistungen ein Entgelt gewährt worden ist oder aus anderem Rechtsgrund zusteht. Leistungen, die dem Erblasser aufgrund der Pflegebedürftigkeit, von der Pflegeversicherung oder nach § 23 des Elften Buches Sozialgesetzbuch von einer anderen Versicherung gewährt wurden, bleiben unberücksichtigt.*

Durch Abs. 5 soll sichergestellt werden, dass beruflichen Pflegekräften kein Vermächtnisanspruch zusteht. Auch die doppelte Honorierung der gleichen Leistung für alle anderen Pflegepersonen soll vermieden werden. Dabei wurde sich an den entsprechenden Formulierungen der bisherigen Vermächtnisvorschläge orientiert.

Durch die Verwendung des Wortes „soweit“ in Satz 1 soll eine Anrechnung möglich sein. Dies bedeutet, dass in Fällen, in denen das Entgelt wertmäßig geringer ist als der Pflegevermächtnisanspruch, der Anspruch nicht gänzlich ausgeschlossen ist, sondern eine Anrechnung erfolgt. Auf den Pflegevermächtnisanspruch wird dann angerechnet, was die Pflegeperson aus den genannten Gründen erhalten hat.

Satz 3 regelt, dass Leistungen der Pflegeversicherung oder privater Versicherungsunternehmen, insbesondere das Pflegegeld, auf den Vermächtnisanspruch nicht angerechnet werden, und zwar auch dann nicht, wenn das Pflegegeld weitergeleitet wurde.

b) Abs. 6

> *(6) Auf den Vermächtnisanspruch wird angerechnet, was dem Berechtigten durch Verfügung von Todes wegen mit Rücksicht auf erbrachte oder erwartete Pflegeleistungen zugewandt worden ist.*

Der neue Gestaltungsvorschlag wird in Absatz 6 um den Ausschluss bei Berücksichtigung in einer Verfügung von Todes wegen ergänzt. Damit soll klargestellt werden, dass der Vermächtnisanspruch für eine Pflegeperson ausgeschlossen ist, wenn der Erblasser sie zur Abgeltung der Pflegeleistung als Erben einsetzt oder ihr ein Vermächtnis zuwendet. Ob der Erblasser mit einer letztwilligen Verfügung die erbrachten Pflegeleistungen honorieren wollte, ist durch Auslegung zu ermitteln.

10. Regelung als gesetzliches Vermächtnis

(7) Auf den Anspruch sind die für Vermächtnisse geltenden Vorschriften, mit Ausnahme von § 2307, entsprechend anzuwenden. § 2150 gilt entsprechend.

Abs. 7 macht deutlich, dass es sich um ein gesetzliches Vermächtnis handelt.

a) Entsprechende Geltung des § 2150 BGB

Durch die entsprechende Geltung des § 2150 BGB soll klargestellt werden, dass es sich um ein (gesetzliches) Vorausvermächtnis handelt. Das hat zur Folge, dass das Pflegevermächtnis grundsätzlich auch neben einem Erbteil gebühren kann. Dies ist im österreichischen Pflegevermächtnis ebenfalls ausdrücklich bestimmt und soll für den neuen Gestaltungsvorschlag übernommen werden.

aa) Klarstellende Regelung

Bei einer neu zu gestaltenden Norm bietet es sich an, eine diesbezügliche Regelung ausdrücklich zu treffen, um Zweifeln bei der Auslegung vorzubeugen.

bb) Geltung als Vorausvermächtnis

Es erscheint vorzugswürdig, dass es sich bei dem Pflegevermächtnis um ein Vorausvermächtnis handeln soll. Das hat zur Folge, dass es einem gesetzlichen Erben auch neben seinem gesetzlichen Erbteil gebührt. Ebenso folgt daraus, dass bei gewillkürter Erbfolge grundsätzlich auch ein durch letztwillige Verfügung eingesetzter Erbe das Pflegevermächtnis verlangen kann. In beiden Fällen sprechen die besseren Argumente dafür, dass das Pflegevermächtnis als Vorausvermächtnis ausgestaltet werden soll.

Die Möglichkeit des Vorausvermächtnisses ist in § 2150 BGB vom Gesetzgeber vorgesehen. Daher handelt es sich auch um eine Gestaltung, die im Erbrecht so vorgesehen ist.

Im Fall der gesetzlichen Erbfolge spricht ein systematischer Vergleich zum gesetzlichen Vermächtnis des Voraus nach § 1932 BGB für die Rechtsnatur als Vorausvermächtnis. Denn der Voraus gebührt dem Ehegatten bei gesetzlicher Erbfolge neben seinem gesetzlichen Erbteil[888].

Weiterhin sprechen Sinn und Zweck des Pflegevermächtnisses für die Rechtsnatur als Vorausvermächtnis. Es wurde bereits dargelegt, dass der gesetzliche Erbteil grundsätzlich nicht geleistete Pflegeleistungen abgilt. Folge ist, dass auch

---

888 MüKoBGB/*Leipold* § 1932 Rn. 16; Staudinger/*Werner* BGB § 1932 Rn. 22; BeckOGK/*Tegelkamp* BGB § 1932 Rn. 38.

bei gesetzlicher Erbfolge ein zusätzlicher Honorierungsbedarf besteht. Anderenfalls würde es für einen pflegenden Abkömmling zu einer nachteilhaften Regelung im Vergleich zur geltenden Rechtsage kommen. Der Ausgleichsanspruch nach § 2057a I 2 BGB für im Ergebnis dazu, dass der Abkömmling mehr als seinen gesetzlichen Erbteil erhält.

Dies soll auch im Fall der gewillkürten Erbfolge gelten, weil grundsätzlich kein Grund für eine Differenzierung ersichtlich ist. Es ist zwar denkbar, dass die Pflegeperson, die gleichzeitig als gewillkürter Erbe eingesetzt wird, im Ergebnis „zu viel" bekommen könnte. Dieses Risiko wird jedoch von Abs. 6 gelöst, weil der Vermächtnisanspruch ausgeschlossen ist, wenn die Pflegeperson mit Rücksicht auf die Pflegeleistungen in der letztwilligen Verfügung bedacht wurde. Dies muss in solchen Fällen geprüft werden. Sofern eine solche Motivation des Erblassers nicht festgestellt werden kann, erscheint eine zusätzliche Honorierung durch das Pflegevermächtnis nicht unsachgerecht, sondern entspricht dem Erblasserwillen. Er hat aus freiem Willen die letztwillige Verfügung getroffen und sich dabei auch dafür entschieden, das Pflegevermächtnis nicht auszuschließen. Schließlich könnte es ansonsten zu Nachteilen für die Abkömmlinge kommen, wenn diese durch letztwillige Verfügung auf ihre gesetzlichen Erbteile eingesetzt wurden.

b) Ausschluss des § 2307 BGB

Der Ausschluss von § 2307 BGB bezweckt, dass das Pflegevermächtnis grundsätzlich auch neben dem Pflichtteil beansprucht werden kann[889].

Im Hinblick auf den Pflichtteil besteht Klärungsbedarf, weil nach § 2307 I 1 BGB der Pflichtteil nur verlangt werden kann, wenn der Pflichtteilsberechtigte, der mit einem Vermächtnis bedacht wurde, dieses ausschlägt. Die Möglichkeit, Pflichtteil und Vermächtnis zu erhalten, besteht grundsätzlich nicht[890]. Es stellt sich die Frage, ob das auch für gesetzliche Vermächtnisse gilt und ob dieses Ergebnis im Hinblick auf das gesetzliche Pflegevermächtnis sachgerecht ist.

aa) Entsprechende Anwendbarkeit von § 2307 BGB

Ob § 2307 BGB bei gesetzlichen Vermächtnissen entsprechende Anwendung findet, wird in der Literatur nicht thematisiert[891]. Allerdings besteht das gesetzliche Vermächtnis des § 1932 BGB nur im Fall der gesetzlichen Erbfolge. Wegen

889 Eine solche Ausgestaltung wird angedeutet in: *Köbl*, in FS Frank S. 174.
890 So auch Staudinger/*Otte* § 2307 Rn. 1.
891 Zustimmend für ein gesetzliches Pflegevermächtnis nur *Köbl*, in FS Frank, S. 173.

dieser Einschränkung im Anwendungsbereich stellt sich die Frage des Verhältnisses zum Pflichtteilsrecht nicht. Die Frage, ob im Fall des § 1969 BGB daneben der Pflichtteilsanspruch verlangt werden kann, wird weder in Rechtsprechung noch in der Literatur diskutiert.

Das vorgeschlagene Pflegevermächtnis enthält einen Verweis auf die Vermächtnisnormen, wonach die Vorschriften über Vermächtnisse entsprechende Anwendung finden. Dieser Verweis beinhaltet grundsätzlich auch § 2307 BGB. Dennoch erscheint fraglich, ob diese Regelung vom Wortlaut her auf gesetzliche Vermächtnisse zutrifft. In § 2307 BGB geht es um zugewendete Vermächtnisse. Gesetzliche Vermächtnisse sind aber nicht zugewendet, sondern bestehen kraft Gesetzes. Weil mit der Frage der Anwendbarkeit des § 2307 BGB wichtige Folgen einhergehen, bietet es sich an, dies in der neu zu gestaltenden Vermächtnisnorm ausdrücklich zu regeln.

bb) Sachgerechte Lösung

Es stellt sich die Frage, ob die Folge des § 2307 BGB im Fall des Pflegevermächtnisses sachgerecht ist. Die österreichische Regelung bestimmt in § 678 II ABGB, dass das Vermächtnis neben dem Pflichtteil gebührt. Denkbar sind grundsätzlich zwei Möglichkeiten, wie mit dieser Frage umzugehen ist:

Die erste Möglichkeit ist, dass § 2307 BGB wegen des Verweises anwendbar ist. Folge wäre, dass die pflichtteilsberechtigte Pflegeperson im Fall der Enterbung zwischen Pflegevermächtnis und Pflichtteil wählen müsste. Sie könnte grundsätzlich, außer im Fall des § 2307 I 2 BGB, nicht beides verlangen.

Die zweite Möglichkeit ist, dass § 2307 BGB im Fall des Pflegevermächtnisses für nicht anwendbar erklärt wird. Dies hätte zur Folge, dass die Pflegeperson im Falle der Enterbung das Pflegevermächtnis zusätzlich zu ihrem Pflichtteil beanspruchen könnte. Dieser Lösungsweg wurde im österreichischen Pflegevermächtnis umgesetzt und erscheint auch für den neuen Gestaltungsvorschlag vorzugswürdig.

Grund dafür ist zunächst, dass Sinn und Zweck des Pflichtteils nicht die Honorierung von Pflegeleistungen ist. Der Pflichtteil kann von einem Pflichtteilsberechtigten auch verlangt werden, wenn er den Erblasser nicht gepflegt hat. Es besteht also grundsätzlich zusätzlicher Honorierungsbedarf. Anderenfalls könnte es dazu kommen, dass das Pflegevermächtnis in einigen Fällen leer liefe und die Pflegeperson gegenüber anderen Pflichtteilsberechtigten keine zusätzliche Anerkennung für die erbrachten Pflegeleistungen erhielte, weil sie zwischen Vermächtnis und Pflichtteil entscheiden muss.

Weiterhin spricht dafür, dass das Pflegevermächtnis auch neben dem gesetzlichen Erbteil gebühren kann. Es ist kein Grund dafür ersichtlich, warum die Pflegeperson im Fall der Enterbung schlechter stehen sollte als ein Erbe, obwohl der gleiche Bedarf an Honorierung besteht. Auch mit der Testierfreiheit des Erblassers ist eine solche Differenzierung nicht zu begründen, da der Eingriff in die Testierfreiheit durch das Pflegevermächtnis verfassungsrechtlich gerechtfertigt ist.

Außerdem spricht die bisherige Regelung in § 2316 BGB für eine zusätzliche Honorierung neben dem Pflichtteil. Nach geltendem Recht wird die erbrachte Pflegeleistung eines Abkömmlings zu seinen Gunsten bei der Bemessung des Pflichtteils gegenüber den anderen Abkömmlingen berücksichtigt. Für pflichtteilsberechtigte Abkömmlinge würde es daher zu Nachteilen gegenüber der bestehenden Rechtslage kommen, wenn § 2307 BGB anwendbar wäre. Das ist mit dem Sinn und Zweck, die Position der Pflegeperson zu stärken, nicht vereinbar.

Gegen die Gewährung des Pflegevermächtnisses neben dem Pflichtteil könnte allenfalls der Sinn und Zweck des § 2307 BGB sprechen, die Mindestteilhabe eines Pflichtteilsberechtigten am Nachlass zu gewährleisten[892]. Dieser Schutzzweck ist nämlich dann erreicht, wenn der Pflichtteilsberechtigte einen Anspruch gegen den Nachlass in Höhe seines Pflichtteils hat. Darüber hinausgehende Ansprüche widersprechen diesem Schutzzweck. Auch soll es nicht zu einer übermäßigen Belastung des Nachlasses kommen. Dieses Gegenargument verfängt indes nicht. Sinn und Zweck des Pflegevermächtnisses ist nicht die Mindestteilhabe am Nachlass, sondern die Honorierung erbrachter Pflegeleistungen, welche in der Regel für das Erblasservermögen vorteilhaft sind. Zudem kann es wegen § 2318 BGB nicht zu einer übermäßigen Belastung des Nachlasses kommen. Denn danach muss der Vermächtnisnehmer die Pflichtteilslast verhältnismäßig tragen. § 2318 BGB ist auch im Fall von gesetzlichen Vermächtnissen anwendbar, weil die Regelungen zu Vermächtnissen entsprechend gelten[893]. Ist die Pflichtteilslast zu groß, so kann der Erbe das Pflegevermächtnis verhältnismäßig kürzen.

11. Abdingbarkeit des gesetzlichen Vermächtnisses

(8) Der Erblasser kann durch letztwillige Verfügung eine abweichende Anordnung treffen.

---

892 Vgl. BeckOGK/*Obergfell* § 2307 Rn. 2; Staudinger/*Otte* § 2307 Rn. 1.

893 MüKoBGB/*Lange* § 2318 Rn. 5; BeckOGK/*Reisnecker* BGB § 2318 Rn. 13; Erman/*Röthel* § 2318 Rn. 2; Palandt/*Weidlich* BGB § 2318 Rn. 1. Dagegen Staudinger/*Otte* § 2318 Rn. 8.

Abs. 8 trägt er der Testierfreiheit des Erblassers Rechnung und sorgt für einen angemessenen Ausgleich bei der Grundrechtsabwägung. Problematisch erscheint hier, wie mit Auslegungsschwierigkeiten umzugehen ist.

a) Ausdrücklicher Ausschluss

Dem Erblasser wird die Möglichkeit eingeräumt, das Pflegevermächtnis ausdrücklich auszuschließen. So kann er den Vermächtnisanspruch allgemein ausschließen, z.B. *„Ein Anspruch auf das Pflegevermächtnis wird ausgeschlossen"*. Zum anderen kann er den Ausschluss konkret auf eine Person beziehen, z.B. *„P soll, obwohl er mich gepflegt hat, kein Vermächtnisanspruch zustehen"*.

b) Konkludenter Ausschluss?

Es stellt sich die Frage, unter welchen Umständen der Vermächtnisanspruch als konkludent ausgeschlossen betrachtet werden kann und welche Auslegungsmaßstäbe hierfür gelten.

Zunächst ist an die Konstellation zu denken, dass der Erblasser die Pflegeperson enterbt hat. Dies kann er ausdrücklich so verfügt haben, z.B. *„P ist enterbt"*. Möglich ist aber auch, dass er eine oder mehrere dritte Personen als Erben einsetzt, nicht aber die Pflegeperson P, z.B. *„Meine Frau soll alles erben, sonst niemand"*. Diese Verfügungen könnten möglicherweise dahingehend ausgelegt werden, dass damit auch das Pflegevermächtnis ausgeschlossen sein sollte.

Grundsätzlich ist ein konkludenter Ausschluss möglich, weil es auf den Willen des Erblassers ankommt. Der wahre Wille des Erblassers muss zur Auslegung der Verfügung ermittelt werden, §§ 2084, 133 BGB. Bei der Auslegung ist aber zu berücksichtigen, dass durch das Pflegevermächtnis vor allem die Pflegeperson davor geschützt werden soll, nach erbrachter Pflegeleistung keine materielle Anerkennung zu erhalten. Dies gilt auch, wenn die Pflegeperson enterbt oder eine dritte Person als Alleinerbe eingesetzt wird. Insbesondere wenn die Pflegeperson ohne die abweichende Verfügung ein gesetzlicher Erbe wäre, ist diese im Falle der Enterbung noch schützenswerter als im Fall der gesetzlichen Erbfolge. Im Fall der gesetzlichen Erbfolge würde einem pflegenden gesetzlichen Erben der Vermächtnisanspruch aber zustehen.

Weiterhin spricht die Gesetzessystematik dafür, dass eine Enterbung im Zweifel nicht als konkludenter Ausschluss des Vermächtnisanspruchs auszulegen ist. Das gesetzliche Vermächtnis nach § 1969 BGB steht Familienangehörigen des Erblassers auch zu, wenn sie enterbt wurden. Dies folgt daraus, dass Familienangehörigen das gesetzliche Vermächtnis gegen den Erben zusteht. Da zu den Familienangehörigen regelmäßig auch die gesetzlichen Erben zählen, ist der

Anwendungsfall des § 1969 BGB, dass ein Dritter Erbe ist und die gesetzlichen Erben enterbt wurden.

Das gesetzliche Vermächtnis nach § 1932 BGB ist zwar ausgeschlossen, wenn der Ehegatte durch letztwillige Verfügung enterbt wurde. Der Wortlaut des § 1932 BGB bestimmt aber ausdrücklich, dass der Vermächtnisanspruch nur bei gesetzlicher Erbfolge besteht, bzw. der Ehegatte gesetzlicher Erbe ist.

Jedoch kommt es stets auf die Umstände des Einzelfalls an. Neben dem Wortlaut müssen auch die Nebenumstände berücksichtigt und die Verhältnisse außerhalb der Testamentsurkunde in wirtschaftlicher, sozialer und familiärer Hinsicht beachtet werden[894]. Im Fall der ausdrücklichen Enterbung der Pflegeperson ist denkbar, dass die Umstände dafür sprechen, dass der Erblasser auch das Vermächtnis ausschließen wollte. Dies könnte der Fall sein, wenn das persönliche Verhältnis zwischen Pflegeperson und Erblasser zerrüttet war oder die Pflegeperson die Pflegeleistungen schlecht erbracht hat. Da eine ausdrückliche Enterbung einen deutlichen Hinweis auf mögliche Störungen im Verhältnis zwischen Erblasser und Pflegeperson nahelegt, müssen die Nebenumstände in diesem Fall genau betrachtet werden. Anders ist dies jedoch, wenn die Pflegeperson nichts erbt, weil andere Personen als Erben eingesetzt werden. Hier sprechen die Umstände nicht zwangsläufig dafür, dass der Erblasser nicht wollte, dass die Pflegeperson kein Vermächtnis erhält.

12. Systematische Einordnung

Es wird hier der Vorschlag gemacht, das gesetzliche Pflegevermächtnis als § 1969a BGB einzufügen. Systematisch betrachtet bietet sich dies an, da es sich damit im Abschnitt zu den Nachlassverbindlichkeiten befinden würde. Dadurch wird klargestellt, dass es sich bei dem Pflegevermächtnis um eine Nachlassverbindlichkeit handelt, § 1967 II BGB. Vermächtnisse iSd § 1967 II BGB umfassen auch gesetzliche Vermächtnisse[895]. Außerdem steht es dann im Gesetz nachfolgend an ein anderes gesetzliches Vermächtnis, nämlich den Dreißigsten in § 1969 BGB.

Denkbar wäre auch, das Pflegevermächtnis in § 2191a BGB zu regeln, wie es der Vorschlag des Notarvereins vorsieht. Damit stünde es im Abschnitt

894 BGH NJW 2019, 2317, 2318; NJW-RR 2009, 1455, 1457; OLG Hamm, Beschluss v. 01.04.2020 – 15 W 479/19; OLG München ZEV 2016, 323; MüKoBGB/*Busche* § 133 Rn. 24.

895 MüKoBGB/*Küpper* § 1967 Rn. 10; BeckOK/*Lohmann* BGB § 1967 Rn. 18; Burandt/Rojahn/*Joachim* BGB § 1967 Rn. 29; Staudinger/*Dutta* BGB § 1967 Rn. 31.

„Vermächtnis". Die Regelung in § 1969a BGB erscheint aber vorzugswürdig, weil es sich um ein gesetzliches Vermächtnis und nicht um ein vom Erblasser angeordnetes Vermächtnis handelt.

Einen weiteren Bezug zu bestehenden Regelungen gibt es nicht, da es nicht auf verwandtschaftliche Verhältnisse ankommt. Das Vermächtnis als § 2057b BGB einzuführen passt nicht, da dies die Regeln zur Erbauseinandersetzung sind.

§ 2057a I 2 BGB ist als Folge zu streichen. Damit entsteht auch keine Regelungslücke, da auch Abkömmlinge die Vermächtnisvoraussetzungen erfüllen können und somit einen Ausgleich für ihre Leistung erhalten. Die Regelung wäre insoweit überflüssig. Für ein pflegendes Kind kann die Möglichkeit bestehen, dass es durch den Vermächtnisanspruch weniger bekäme als durch den Ausgleich nach § 2057a I 2 BGB. Da ein Vermächtnisanspruch als Nachlassverbindlichkeit gemäß § 1967 II BGB vor der Auseinandersetzung befriedigt werden würde, müsste ein Anspruch nach § 2057a I 2 BGB aber ohnehin immer ausgeschlossen sein. Denn macht ein Abkömmling den Vermächtnisanspruch geltend, so steht ihm wegen dieser gleichen Leistung ein Anspruch aus anderem Rechtgrund iSd § 2057a II 1 BGB zu.

IV. Ergebnis

Die Einführung eines gesetzlichen Pflegevermächtnisses ist rechtlich, insbesondere verfassungsrechtlich möglich. Im Hinblick auf das Ziel, dass die häusliche Pflege durch Angehörige gestärkt werden soll, erscheint dies auch sehr sinnvoll. Dadurch kann gewährleistet werden, dass alle Pflegepersonen, unabhängig von ihrem Verwandtschaftsverhältnis zum Erblasser, für ihre erbrachten Leistungen eine Entlohnung bekommen. Zur Verdeutlichung dient folgender Beispielsfall:

Der verwitwete E lebt allein in seinem Haushalt und hat zwei Kinder, die jeweils einen Ehepartner und eigene Kinder haben und weit entfernt wohnen. Der Nachbar N fing im Jahr 2018 an, für E einzukaufen. Aus diesen Gefälligkeiten wurde mehr, als der N anfing, im Januar 2019 dem E auch regelmäßig im Haushalt zu helfen. Aufgrund des fortgeschrittenen Alters bedurfte E ab Juli 2019 weiteren Hilfen im Alltag, sodass zu diesem Zeitpunkt eine Pflegebedürftigkeit festgestellt wurde. Im Juli 2019 wurde E in Pflegegrad 2 eingruppiert. N übernahm die erforderlichen Pflegeleistungen. Auch als sich der Zustand des E verschlechterte und im August 2020 eine Einordnung in Pflegegrad 3 erfolgte, pflegte N den E weiterhin. Im Januar 2021 starb E schließlich. Eine Verfügung von Todes wegen hat E nicht getroffen, sodass die gesetzliche Erbfolge gilt. Zum Zeitpunkt des Erbfalls beträgt das Pflegegeld in Pflegegrad 2 316 € und in Pflegegrad 3 545 €.

N steht hier ein Vermächtnisanspruch in Höhe von 7.378 € zu. Diesen Anspruch kann er gegen die beiden Kinder des E richten, die die gesetzlichen Erben sind, §§ 1922. 1924 BGB. Der Betrag setzt sich wie folgt zusammen:

Für den Zeitraum Januar 2019 bis Juni 2019 besteht kein Anspruch des N, da dies Unterstützungshandlungen sind, die für den Vermächtnisanspruch nicht ausreichen.

In dem Zeitraum Juli 2019 bis Juli 2020 war E in Pflegegrad 2 eingruppiert. Das bedeutet, dass N für 13 Monate einen Betrag von 316 € verlangen kann. Im Ergebnis sind das 4.108 €.

Von August 2020 bis zu seinem Tod im Januar 2021 war E in Pflegegrad 3 eingeordnet. Für die letzten sechs Monate der Pflege steht N daher ein monatlicher Betrag iHv 545 € zu; das sind 3.270 €.

Schlussbetrachtung

1. Die informelle häusliche Pflege stellt das Fundament des deutschen Pflegesicherungssystems dar. Um dem wachsenden Pflegebedarf gerecht zu werden, gilt es die häusliche Pflege zu stärken. Dazu sollten Anreize für potenzielle Pflegepersonen geschaffen werden.
2. Nach geltender Rechtslage werden unentgeltliche, häusliche Pflegeleistungen nicht honoriert. Die Stärkung der häuslichen Pflege ist aber sinnvoll, um dauerhaft die sozialen Sicherungssysteme zu entlasten. Im Fall der informellen Pflege wird aus der Pflegeversicherung das Pflegegeld nach § 37 I SGB XI geleistet, das der Höhe nach weit unter den alternativen Beträgen für Pflegesachleistungen (§ 36 SGB XI) oder der stationären Pflege (§ 43 SGB XI) liegt. Übernehmen Angehörige unentgeltlich die Pflege, so kann dadurch ein Einsparungseffekt für die Pflegeversicherung erzielt werden. Für eine Stärkung der häuslichen Pflege sprechen weiterhin die gesetzgeberische Wertentscheidung in § 3 SGB XI sowie die Tatsache, dass die Pflege im eigenen Umfeld in der Regel den Interessen aller Beteiligten entspricht. Schließlich würde eine Honorierung eine anerkennende Symbolwirkung entfalten, die der besonderen Bedeutung für die Gesellschaft gerecht wird. Das Erbrecht stellt für eine entsprechende Honorierungsnorm das passende Rechtsgebiet dar.
3. Der Pflegebedürftige kann grundsätzlich mit der Pflegeperson einen entgeltlichen Erbvertrag schließen, um die an ihn erbrachte Pflege zu honorieren. Doch ist bei dieser Gestaltungsmöglichkeit Vorsicht geboten: Die gesetzlichen Regelungen können den Beteiligten nicht in allen Störfällen hinreichenden Schutz bieten. Probleme bestehen, wenn Schlechtleistung bei der Pflege auftritt. Für den Vertragserben liegt ein großes Risiko in der Möglichkeit, dass der Erblasser aufgrund seiner lebzeitigen Verfügungsfreiheit die Erbmasse aufzehrt.
4. Die Schlechtleistungsproblematik kann dadurch gelöst werden, dass die Parteien ein Rücktrittsrecht nach § 2293 BGB vereinbaren. Im Gegenzug sollte die Anfechtungsmöglichkeit des Erblassers nach § 2078 II BGB wegen Motivirrtums ausgeschlossen werden. Ein ausreichender Schutz des Vertragserben vor verschwenderischen Veräußerungen kann nur bei Immobilien gewährleistet werden, nicht bei beweglichen Sachen. Bezüglich einer Immobilie ist die Vereinbarung einer Verfügungsunterlassungsvereinbarung und einer Sicherungsschenkung zu empfehlen. Der daraus resultierende bedingte Übereignungsanspruch sollte durch eine Vormerkung dinglich gesichert werden.

5. Einer juristischen Lösung entziehen sich Probleme, die die persönliche Beziehung zwischen den Beteiligten betreffen. Wegen der Bindungswirkung des Erbvertrages stellen persönliche Differenzen daher ein großes Risiko dar. In vielen Fällen dürfte ein entgeltlicher Erbvertrag aber den familiären Umständen und Interessen der Beteiligten nicht gerecht werden.
6. Bei einer bedingten Erbeinsetzung handelt es sich um eine weitere Möglichkeit, Pflegeleistungen durch Verfügung von Todes wegen abzugelten. Das Risiko hierbei ist, dass viele tatsächliche Gestaltungen von der Rechtsprechung wegen Unbestimmtheit für unwirksam erklärt werden. Im Ergebnis erhielte die Pflegeperson dann keine Honorierung. Vorzugswürdig ist die Anordnung eines Vermächtnisses. Dies ist im Hinblick auf die rechtliche Zulässigkeit unbedenklich und kann die familiären Verhältnisse des Erblassers besser berücksichtigen.
7. § 2057a I 2 BGB enthält eine erbrechtliche Ausgleichsregelung für erbrachte Pflegeleistungen. Die Norm weist aber erhebliche Regelungsdefizite auf; insbesondere ist der Kreis der Ausgleichsbeteiligten zu eng. Einen Anreiz zur Übernahme der häuslichen Pflege kann § 2057a I 2 BGB grundsätzlich nicht bieten, vor allem nicht für Personen, die keine Abkömmlinge des Erblassers sind.
8. Es ist nicht zu empfehlen, den Anwendungsbereich und den Kreis der Ausgleichsbeteiligten in § 2057a BGB zu erweitern. Durch § 2057a I 2 BGB kann keine umfassendere Honorierung von Pflegeleistungen erreicht werden.
9. In Österreich wurde ein gesetzliches Pflegevermächtnis in § 677 ABGB eingeführt. Dieses soll unentgeltlich erbrachte Pflege erbrechtlich abgelten und damit einen Anreiz für potentielle Pflegepersonen darstellen. Ein Vergleich des österreichischen Pflegevermächtnisses mit der deutschen Ausgleichsregelung in § 2057a I 2 BGB zeigt, dass der weitere Anwendungsbereich und der größere Kreis der Anspruchsberechtigten ein klarer Vorteil der österreichischen Vermächtnislösung sind.
10. Die Einführung eines gesetzlichen Pflegevermächtnisses ist ein sinnvolles Mittel, um Pflegeleistungen erbrechtlich zu honorieren. Verfassungsrechtliche Bedenken bestehen nicht. Bei einem Vermächtnis zu Gunsten von Verwandten würde der Gesetzgeber ausgestaltend tätig. Bei einem Vermächtnis zu Gunsten von sonstigen Personen läge zwar ein Eingriff in die gemäß *Art.* 14 I GG geschützte Testierfreiheit des Erblassers vor; dieser Eingriff wäre jedoch aufgrund von Belangen des Sozialstaatsprinzips nach *Art.* 20 I GG gerechtfertigt. Um die Testierfreiheit des Erblassers angemessen zu schützen, wäre klarzustellen, dass er das Vermächtnis durch Verfügung von Todes wegen ausschließen kann.

11. Es sollen alle Pflegepersonen anspruchsberechtigt sein, unabhängig von ihrem Verwandtschaftsverhältnis zum Erblasser. Für den Ehegatten und die Kinder des Erblassers existieren gesetzliche Beistandspflichten (§ 1353 I 2 BGB für den Ehegatten und § 1618a BGB für Kinder), aus denen unter anderem die Pflicht zur Pflege des Ehegatten oder Elternteils resultieren kann. Es konnte gezeigt werden, dass es für den Umfang der geschuldeten Pflegepflicht keine allgemein, feststellbaren Grenzen gibt. Entscheidend ist, was dem Ehegatten oder Kind im Einzelfall zumutbar ist. In der Regel ist die Beistandspflicht des Ehegatten umfassender als die von Kindern. Weiterhin wurde festgestellt, dass Leistungen, die im Rahmen einer familienrechtlichen Beistandspflicht geschuldet sind, unentgeltlich zu erbringen sind. Damit dieser Grundsatz durch das Vermächtnis nicht umgangen wird, wird vorgeschlagen, die Hürde für die anspruchsbegründende Pflegeleistung so hoch anzusetzen, dass nur Leistungen berücksichtigt werden, die üblicherweise über das nach §§ 1353 I 2, 1618a BGB geschuldete Maß hinausgehen. Diese Grenze wurde bei einem Pflegebedarf festgelegt, der Pflegegrad 2 entspricht.
12. Für die Höhe des Vermächtnisanspruchs wird ein Verweis auf die Beträge nach § 37 I SGB XI vorgeschlagen. Eine konkrete Bewertungsgröße kann Unsicherheiten bei der Ermittlung der Anspruchshöhe verhindern, wie sie bei § 2057a I 2, III BGB bestehen. Die Heranziehung der Beträge des § 37 I SGB XI ist systemgerecht, da diese für nicht professionelle Pflegekräfte gelten. Außerdem kann dadurch eine übermäßige Belastung des Erblasservermögens verhindert werden. Eine Höhenbegrenzung des Anspruchs soll das Pflegevermächtnis nicht vorsehen.
13. Das Pflegevermächtnis soll als gesetzliches Vorausvermächtnis ausgestaltet werden. Es soll einem Erben neben seinem Erbteil zustehen, sowohl bei gesetzlicher als auch bei gewillkürter Erbfolge. Außerdem soll es einem Pflichtteilsberechtigten zusätzlich zum Pflichtteil gebühren. Nur so kann gewährleistet werden, dass die Pflegeleistungen angemessen honoriert werden. Wegen der Rechtsnatur als Vermächtnis handelt es sich um eine Nachlassverbindlichkeit iSd § 1967 BGB. Daher bietet sich eine systematische Stellung in § 1969a BGB an.

Der Gestaltungsvorschlag lautet:

§ 1969a Gesetzliches Pflegevermächtnis

(1) Wer den Erblasser während längerer Zeit gepflegt hat, hat Anspruch auf einen der Pflegeleistung entsprechenden Geldbetrag.

(2) Eine anspruchsbegründende Leistung liegt vor, wenn bei dem Erblasser ein Pflegebedarf bestand, der mindestens dem Grad der Pflegebedürftigkeit nach § 15 III 4 Nr. 2 des Elften Buches Sozialgesetzbuch (Pflegegrad 2) entspricht.
(3) Die Höhe des Geldbetrages bemisst sich in der Regel nach den zur Zeit des Erbfalls in § 37 Abs. 1 des Elften Buches Sozialgesetzbuch vorgesehenen Beträgen.
(4) Dem Anspruch steht es nicht entgegen, wenn die Leistungen in Erfüllung einer familienrechtlichen Pflicht erbracht worden sind.
(5) Der Anspruch besteht nicht, soweit dem Berechtigten für die Leistungen ein Entgelt gewährt worden ist oder aus anderem Rechtsgrund zusteht. Leistungen, die dem Erblasser aufgrund der Pflegebedürftigkeit, von der Pflegeversicherung oder nach § 23 des Elften Buches Sozialgesetzbuch von einer anderen Versicherung gewährt wurden, bleiben unberücksichtigt.
(6) Auf den Vermächtnisanspruch wird angerechnet, was dem Berechtigten durch Verfügung von Todes wegen mit Rücksicht auf erbrachte oder erwartete Pflegeleistungen zugewandt worden ist.
(7) Auf den Anspruch sind die für Vermächtnisse geltenden Vorschriften, mit Ausnahme von § 2307, entsprechend anzuwenden. § 2150 gilt entsprechend.
(8) Der Erblasser kann durch letztwillige Verfügung eine abweichende Anordnung treffen.

Literaturverzeichnis

Barth, Peter/Pesendorfer, Ulrich, Erbrechtsreform 2015, Konsolidierte Gesetzestexte - Hervorhebung der Änderungen - Materialien und Anmerkungen, Wien 2015 (zit.: *Barth/Pesendorfer*).

Barth, Peter/Dokalik, Dietmar/Potyka, Matthias, Das Allgemeine bürgerliche Gesetzbuch: samt den wichtigsten Nebengesetzen: mit der wichtigsten OGH-Judikatur im Überblick sowie weiterführenden Anmerkungen und Verweisungen, Taschenkommentar, 26. Auflage, Wien 2018 (zit.: *Barth/Dokalik/Potyka*).

Basty, Gregor, Bindungswirkung bei Erbvertrag und gemeinschaftlichem Testament, MittBayNot 2000, 73.

Becker, Ulrich/Roth, Markus, Recht der Älteren, Berlin 2013.

Beck-online Großkommentar zum Zivilrecht, München 2021 (zit.: BeckOGK/*Bearbeiter*).

Brox, Hans/Walker, Wolf-Dietrich, Erbrecht, 28. Auflage, München 2018 (zit.: *Brox/Walker).*

Brudermüller, Gerd, Solidarität und Subsidiarität im Verwandtenunterhalt - Überlegungen aus rechtsethischer Sicht -, FamRZ 1996, 129.

Bundesministerium für Arbeit, Soziales und Konsumentenschutz, Österreichischer Pflegevorsorgebericht 2019, Wien 2020.

Burandt, Wolfgang/Rojahn,Dieter, Beck´sche Kurzkommentare, Band 65: Erbrecht, 3. Auflage, München 2019 (zit.: Burandt/Rojahn/*Bearbeiter*).

Dauner-Lieb, Barbara/Grziwotz, Herbert, Nomos Kommentar, Pflichtteilsrecht, Bürgerliches Recht/Prozessrecht/Wirtschaftsrecht, 2. Auflage, Baden-Baden 2017 (zit.: NK-Pflichtteilsrecht/*Bearbeiter*).

Deixler-Hübner, Astrid, Familienrechtliche Aspekte des Erbrechts, in: Erbrecht NEU, Wien 2015, S. 29 (zit.: *Deixler-Hübner,* in: Erbrecht NEU).

Deixler-Hübner, Astrid/Schauer, Martin, Erbrecht NEU: rechtspolitische Grundlagen, Erbrecht und Familie, letztwillige Verfügungen, Pflichtteilsrecht, -anrechnung, Unternehmensübertragung, Steuerrecht und Bankenpraxis, Wien 2015.

Deutsches Notarinstitut, DNotI-Report, Informationsdienst des Deutschen Notarinstituts (zit.: DNotI-Report).

Doering-Striening, Gudrun, Häusliche Pflege von Eltern - was bringt sie „fürsorgenden" Kindern ein?, FamFR 2012, 531.

Eberl-Borges, Christina/Schüttlöfel, Michael, Sozialstaat oder Verwandtensolidarität, Neuere Entwicklungen des Sozialhilferegresses bei der Unterhaltspflicht erwachsener Kinder und beim Behindertentestament, FamRZ 2006, 589.

Ebenroth, Carsten Thomas/Boujong, Karlheinz/Joost, Detlev/Strohn, Lutz, Handelsgesetzbuch, Band 2: §§ 343-475h, Transportrecht, Bank- und Börsenrecht, 4. Auflage, München 2020 (zit.: EBJS/*Bearbeiter*).

Eccher, Bernhard, Die österreichische Erbrechtsreform: Alle Neuerungen auf einen Blick und praxisrelevante Kommentare, Wien 2017 (zit.: *Eccher*).

Epping, Volker, Grundrechte, 8. Auflage, Berlin 2019 (zit.: *Epping*).

Epping, Volker/Hillgruber, Christian, Beck´scher Online-Kommentar zum Grundgesetz, 45. Edition, Stand: 01.12.2019 (zit.: BeckOK/*Bearbeiter* GG).

Erman Kommentar zum BGB, 16. Auflage, Köln 2020 (zit.: Erman/*Bearbeiter*).

Ferrari, Susanne, Familienerbrecht und Testierfreiheit in Österreich, in: Familienerbrecht und Testierfreiheit im europäischen Vergleich, Beiträge zum europäischen Familienrecht Band 7, Bielefeld 2001, S. 173 (zit.: *Ferrari,* in: Familienerbrecht und Testierfreiheit im europäischen Vergleich).

Fischer-Czermak, Constanze, Abgeltung von Pflegeleistungen naher Angehöriger, in: Festschrift für Eccher, Wien 2017, S. 349 (zit.: *Fischer-Czermak,* in: FS Eccher).

Fischer-Czermak, Constanze, Abgeltung von Pflegeleistungen, in: ÖJK/Müller Autonomes Altern, Band 46, Wien 2016, S. 191 (zit.: *Fischer-Czermak,* in: Autonomes Altern).

Fischer-Czermak, Constanze, Ehegattenerbrecht, Rechte des Lebensgefährten und Abgeltung von Pflegeleistungen, in: Rabl/Zöchling-Jud, Das neue Erbrecht: Erbrechts-Änderungsgesetz 2015, Wien 2015, S. 27 (zit.: *Fischer-Czermak,* in: Rabl/Zöchling-Jud, Das neue Erbrecht).

Frank, Rainer/Helms, Tobias, Erbrecht, 7. Auflage, München 2018 (zit.: *Frank/Helms*).

Frey, Michael, Häusliche Pflege und Selbsthilfevorbehalt: Entwicklung, verfassungsrechtliche Fragen und rechtspolitische Folgerungen, Frankfurt 2009 (zit.: *Frey*).

Ganner, Michael, Grundzüge des Alten- und Behindertenrechts, Wien 2012 (zit.: *Ganner*).

Ganner, Michael, Die Abgeltung von Pflegeleistungen im Erbrecht, in: FS für Eccher, Wien 2017, S. 389 (zit.: *Ganner,* in: FS Eccher).

Götz, Isabell/Schwenzer, Ingeborg/Seelmann, Kurt/Taupitz, Jochen, Familie-Recht-Ethik, Festschrift für Gerd Brudermüller zum 65. Geburtstag, München 2014.

Greifeneder, Martin/Liebhart, Gunther, Pflegegeld, Grundsätze, Einstufung und Verfahren, Absicherung pflegender Angehöriger, Pflegeverträge, Handbuch, 4. Auflage, Wien 2017 (zit.: *Greifeneder/Liebhart*).

Grillberger, Konrad/Pfeil, Walter J., Österreichisches Sozialrecht, 9. Auflage, Wien 2012 (zit.: *Grillberger/Pfleil).*

Hau, Wolfgang/Poseck, Roman, Beck´scher Online-Kommentar zum BGB, 56. Edition, Stand: 01.11.2020 (zit.: BeckOK/*Bearbeiter* BGB).

Harryers, Christoph, Pflegeverträge und deren Ausgestaltung in der notariellen Praxis, RNotZ 2013, 1.

Helms, Tobias, Großelternschaft im Familienrecht und alternde Bevölkerung als Gestaltungsaufgabe für das Erbrecht, in: Recht der Älteren, Berlin 2013, S. 195 (zit.: *Helms,* in: Recht der Älteren).

Helms, Tobias, Erbrechtliches Drittbestimmungsverbot und kautelarjuristische Praxis, ZEV 2007, 1.

Helms, Tobias/Zeppernick, Jens Martin, Lebendiges Familienrecht, Festschrift für Rainer Frank zum 70. Geburtstag am 14. Juli 2008, Frankfurt/Berlin 2008.

Henrich, Dieter/Schwab, Dieter, Familienerbrecht und Testierfreiheit im europäischen Vergleich, Beiträge zum europäischen Familienrecht Band 7, Bielefeld 2001.

Herrler, Sebastian, Münchener Vertragshandbuch, Band 6, Bürgerliches Recht II, 8. Auflage, München 2020 (zit.: MVHdB VI BürgerlR II/*Bearbeiter*).

Hielscher, Volker/Kirchen-Peters, Sabine/Nock, Lukas, Pflege in den eigenen vier Wänden: Zeit, Aufwand und Kosten, Studie im Auftrag der Heinz Böckler Stiftung, Düsseldorf 2017.

Hofer, Sybille, Perspektiven des Familienrechts: Festschrift für Dieter Schwab zum 70. Geburtstag am 15. August 2005, Bielefeld 2005.

Hohmann, Klaus, Rechtsfolgen von Störungen im Rahmen eines entgeltlichen Erbvertrags und Sicherung der Rechte der Vertragsparteien, Würzburg 1993 (zit.: *Hohmann*).

Hommerich, Christoph/Hommerich, Nicole, Erbrechtliche Vorsorge in Deutschland, durchgeführt im Auftrag der Deutschen Vereinigung für Erbrecht und Vermögensnachfolge, Bergisch Gladbach 2006 (zit.: *Hommerich/Hommerich*).

Horn, Claus-Henrik/Kroiß, Ludwig/Schmid, Bernhard, Testamentsauslegung - Strategien bei unklaren letztwilligen Verfügungen -, 2. Auflage, München 2019 (zit.: Horn/Kroiß/*Bearbeiter*).

Horn, Claus-Henrik/Kroiß, Ludwig, Anmerkung zu OLG München, Beschluss v. 22.05.2013 - 31 Wx 55/13, NJW 2013, 2978.

Jarass, Hans D./Pieroth, Bodo, Grundgesetz für die Bundesrepublik Deutschland, Kommentar, 16. Auflage, München 2020 (zit.: Jarass/Pieroth/*Bearbeiter*).

Kaiser, Dagmar/Schnitzler, Klaus/Friederici, Peter/Schilling, Roger, Nomos Kommentar zum Bürgerlichen Gesetzbuch, Band 4: Familienrecht, §§ 1297-1921, 3. Auflage, Baden-Baden 2014 (zit.: NK-BGB Familienrecht/*Bearbeiter*).

Kanzleiter, Rainer, Bedürfen Rechtsgeschäfte „im Zusammenhang" mit Ehe- und Erbverträgen der notariellen Beurkundung?, NJW 1997, 217.

Kanzleiter, Rainer, Anmerkung zu BGH, Beschluss vom 05.10.2010 - IV ZR 30/10, ZEV 2011, 256.

Kaulbach, Ann-Marie Cathérine, Gestaltungsfreiheit im Erbrecht: Pflichtteilsrecht und Testiervertrag auf dem Prüfstand, Frankfurt 2012 (zit.: *Kaulbach*).

Kaulbach, Ann-Marie, Pflegen heißt erben, Erbrechtsreform in Österreich als Vorbild für Deutschland?, ZfRV 2016, 135.

Keim, Christopher, „Wer sich um mich kümmert, soll mein Erbe werden" - Belohnende letztwillige Verfügungen und § 2065 BGB -, ZEV 2014, 72.

Keim, Christopher, Das Gebot der höchstpersönlichen Erbenbestimmung bei der Testamentsgestaltung, FamRZ 2003, 137.

Keim, Die Reform des Erb- und Verjährungsrechts und ihre Auswirkungen auf die Gestaltungspraxis, ZEV 2008, 161.

Kiener, Melanie, Abgeltung von Pflegeleistungen naher Angehöriger - Das Pflegevermächtnis, ÖZPR 2015, 186.

Kirchhof, Ferdinand, Die Entwicklung des Sozialverfassungsrechts, NZS 2015, 1.

Knieper, Rolf, Die Verbindung des Erbvertrages mit anderen Verträgen, DNotZ 1968, 331.

Köbl, Ursula, Die Neuordnung des erbrechtlichen „Pflegeausgleichs" (§ 2057a BGB - § 2057b E-BGB), in Festschrift Frank, Frankfurt/Berlin 2008, S. 159 (zit.: *Köbl,* in: FS Frank).

Körner, Anne/Leitherer, Stephan/Mutschler, Bernd/Rolfs, Christian, Kasseler Kommentar Sozialversicherungsrecht, 11. Sozialgesetzbuch (SGB) Elftes Buch (XI) Soziale Pflegeversicherung, 111. Ergänzungslieferung September 2020, München 2020 (zit.: KassKomm/*Bearbeiter*).

Körner, Anne/Leitherer, Stephan/Mutschler, Bernd, Kasseler Kommentar Sozialversicherungsrecht, 11. Sozialgesetzbuch (SGB) Elftes Buch (XI) Soziale Pflegeversicherung, 91. Ergänzungslieferung, München 2016 (zit.: KassKomm/*Bearbeiter,* 91. EL September 2016).

Kollmeyer, Daniel, Ausgleich von Pflegeleistungen unter Abkömmlingen, NJW 2017, 1849.

Kornexl, Thomas, Anmerkung zu BGH, Beschluss vom 5. 10. 2010 - IV ZR 30/10, MittBayNot 2011, 320.

Krebber, Sebastian, Die Sicherung erbrechtlicher Erwerbsaussichten im Lichte erbrechtlicher Prinzipien, in; AcP 204 (2004), 149.

Kreienberg, Eva, Auswirkungen des neuen Pflegestärkungsgesetzes (PSG II) im Erbrecht, ErbR 2019, 322.

Kreienberg, Eva, Wart- und Pflegeverpflichtungen in Übergabeverträgen, Analyse bisheriger Bewertungsansätze und Entwicklung eines neuen differenzierten Bewertungsmodells, Zürich 2014 (zit.: *Kreienberg*).

Kroiß, Ludwig/Ann, Christoph/Mayer, Jörg, Nomos-Kommentar, Bürgerliches Gesetzbuch, Buch 5: Erbrecht, §§ 1922-2385, 5. Auflage, Baden-Baden 2018 (zit.: NK-BGB Erbrecht/*Bearbeiter*).

Kroppenberg, Inge, Ist unser Erbrecht noch zeitgemäß? - Überlegungen zum zivilrechtlichen Gutachten des 68. Deutschen Juristentags in Berlin, NJW 2010, 2609.

Kues, Bernd, Die Pflegevergütung naher Angehöriger, ZEV 2000, 434.

Lange, Heinrich/Kuchinke, Kurt, Erbrecht, Ein Lehrbuch, 5. Auflage, München 2001 (zit.: *Lange/Kuchinke*).

Leipold, Dieter, Erbrecht, Grundzüge mit Fällen und Kontrollfragen, 22. Auflage, Tübingen 2020 (zit.: *Leipold*).

Leipold, Dieter Wandlungen in den Grundlagen des Erbrechts?, AcP 180 (1980), 160.

Lemcke, Thomas, Ansprüche des Vertragserben wegen beeinträchtigender Schenkungen, München 1997 (zit.: *Lemcke*).

Ludyga, Hannes, Die Berücksichtigung von Pflegeleistungen gemäß § 2057a BGB nach der Erbrechtsreform, ZErb 2009, 289.

Ludyga, Hannes, Pflicht zur Pflege, FPR 2012, 54.

Lüke, Wolfgang, Vertragliche Störungen beim „entgeltlichen" Erbvertrag, Heidelberg 1990 (zit.: *Lüke).*

Lüscher, Kurt, Widersprüchliche Mannigfaltigkeit: Ehe, Familie und Verwandtschaft im aktuellen gesellschaftlichen und erbrechtlichen Kontext heute, ZEV 2004, 2.

Maier, Christian, Eine empirische Analyse der Anreize zur informellen Pflege: Impulse für Deutschland aus einem europäischen Vergleich, Frankfurt 2015 (zit.: *Maier*).

Maunz, Theodor/Dürig, Günter, Grundgesetz Kommentar, 92. Ergänzungslieferung August 2020, München 2020 (zit.: Maunz/Dürig/*Bearbeiter*).

Maurer-Stroh, Magdalena/Roglmeier, Julia, Andere Länder, andere Sitten – überraschende Unterschiede zwischen dem deutschen und österreichischen Erb- und Pflichtteilsrecht, ZErb 2017, 10.

Mayer, Jörg, Der entgeltliche Erbvertrag - Wer erben will, soll auch gelten - Zugleich Anmerkungen zum Beschl. des BGH v. 05. 10. 2010 - IV ZR 30/10, DNotZ 2012, 89.

Mayer, Jörg, Das zwecklose Zweckvermächtnis - Möglichkeiten und Grenzen der Drittbestimmung bei Vermächtnissen, MittBayNot 1999, 447.

Merten, Detlef/Papier, Hans-Jürgen, Handbuch der Grundrechte in Deutschland und Europa, Band VII/1, Grundrechte in Österreich, 2. Auflage, Heidelberg 2014 (zit.: Merten/Papier/*Bearbeiter,* Handbuch der Grundrechte VII/1 Österreich).

Metternich, Gabriele, Verfügungsverhalten von Erblassern, Frankfurt 2010 (zit.: *Metternich*).

Meyer, Martha, Pflegende Angehörige in Deutschland: ein Überblick über den derzeitigen Stand und zukünftige Entwicklungen, Münster 2006 (zit.: *Meyer*).

Meyer, Thomas, Erbrechtsreform als Reaktion auf die gesellschaftlichen Veränderungen, FPR 2008, 537.

Muckel, Stefan/Ogorek, Markus/Rixen, Stephan, Sozialrecht, 5. Auflage, München 2019 (zit.: *Muckel/Ogorek/Rixen*).

Müller, Andreas Th., Zum Testieren, Vererben und Erben als Grund- und Menschenrecht - und deren Implikationen für die österreichische Rechtsordnung, in Festschrift Eccher, Wien 2017, S. 723 (zit.: *Müller,* in: FS Eccher).

Müller, Rudolf, für die Österreichische Juristenkommission, Autonomes Altern, Rechtliche und Ethische Fragen, Kritik und Fortschritt im Rechtsstaat Band 46, Wien 2016.

Münchener Kommentar, Bürgerliches Gesetzbuch, Band 1, Allgemeiner Teil, §§ 1-240, 8. Auflage, München 2018 (zit.: MüKoBGB/*Bearbeiter*).

Münchener Kommentar, Bürgerliches Gesetzbuch, Band 2, Schuldrecht Allgemeiner Teil I, §§ 241-310, 8. Auflage, München 2019 (zit.: MüKoBGB/*Bearbeiter*).

Münchener Kommentar, Bürgerliches Gesetzbuch, Band 3, Schuldrecht Allgemeiner Teil II, §§ 311-432, 8. Auflage, München 2019 (zit.: MüKoBGB/*Bearbeiter*).

Münchener Kommentar, Bürgerliches Gesetzbuch, Band 4, Schuldrecht Besonderer Teil I, §§ 433-534, 8. Auflage, München 2019 (zit.: MüKoBGB/*Bearbeiter*).

Münchener Kommentar, Bürgerliches Gesetzbuch, Band 6, Schuldrecht Besonderer Teil IV, §§ 705-853, 8. Auflage, München 2020 (zit.: MüKoBGB/*Bearbeiter*).

Münchener Kommentar, Bürgerliches Gesetzbuch, Band 9, Familienrecht I, §§ 1297-1588, 8. Auflage, München 2019 (zit.: MüKoBGB/*Bearbeiter*).

Münchener Kommentar, Bürgerliches Gesetzbuch, Band 10, Familienrecht II, §§ 1589-1921, 8. Auflage, München 2020 (zit.: MüKoBGB/*Bearbeiter*).

Münchener Kommentar, Bürgerliches Gesetzbuch, Band 11, Erbrecht, §§ 1922-2385, 8. Auflage, München 2020 (zit.: MüKoBGB/*Bearbeiter*).

Münchener Kommentar, Zivilprozessordnung, Band 2, §§ 355-945b, 6. Auflage 2020 (zit.: MüKoZPO/*Bearbeiter*).

Muscheler, Karlheinz, Die geplanten Änderungen im Erbrecht, Verjährungsrecht und Nachlassverfahrensrecht, ZEV 2008, 105.

Nieder, Heinrich/Kössinger, Reinhard/Kössinger, Winfried, Handbuch der Testamentsgestaltung, Grundlagen und Gestaltungsmittel für Verfügungen von Todes wegen und vorbereitende Erbfolgemaßnahmen, 6. Auflage, München 2020 (zit.: Nieder/Kössinger/*Bearbeiter*).

Nowossadeck, Sonja/Engstler, Heribert/Klaus, Daniela, Pflege und Unterstützung durch Angehörige, DZA-Report Altersdaten, Heft 1/2016 (zit.: *Nowossadeck/Engstler/Klaus,* Pflege und Unterstützung).

Odersky, Felix, Reformüberlegungen im Erbrecht, MittBayNot 2008, 2.

Otte, Gerhard, Bessere Honorierung von Pflegeleistungen - Plädoyer für eine Vermächtnislösung, ZEV 2008, 260.

Otte, Anmerkung zu OLG München, Beschluss v. 22.05.2013 - 31 Wx 55/13, ZEV 2013, 619.

Paetel, Anne, Die erbrechtliche Ausgleichung von Pflegeleistungen und anderen Sonderleistungen: eine Auseinandersetzung mit § 2057a BGB und dem geplanten § 2057b BGB, Hamburg 2008 (zit.: *Paetel*).

Palandt, Otto von, Bürgerliches Gesetzbuch, 79. Auflage, München 2020 (zit.: Palandt/*Bearbeiter*).

Pfeil, Walter J., Die Neuregelung der Pflegevorsorge in Österreich und Deutschland, Beginn einer Neuorientierung der sozialen Sicherheit in Zentraleuropa, Soziale Sicherheit 1994, 661 (zit.: *Pfeil,* SozSi 1994, 661).

Rabl, Christian/Zöchling-Jud, Brigitta, Das neue Erbrecht: Erbrechts-Änderungsgesetz 2015, Wien 2015.

Rachuy, Martin, Sicherung von Ansprüchen auf Eigentumsverschaffung an Grundstücken unter besonderer Berücksichtigung solcher aus

Übergabeverträgen und sonstigen erbrechtlich motivierten Rechtsgeschäften unter Lebenden, MittRhNotK 1993, 81.

Reimann, Wolfgang, Die Reform des Erb- und Verjährungsrechtes, FamRZ 2009, 1633.

Röthel, Anne, Ist unser Erbrecht noch zeitgemäß? Gutachten A zum 68. Deutschen Juristentag, München 2010 (zit.: *Röthel*).

Rolfs, Christian/Giesen, Richard/Kreikebohm, Ralf/Udsching, Peter, Beck'scher Online-Kommentar zum Sozialrecht, 59. Edition, Stand: 01.12.2020 (zit.: BeckOK/*Bearbeiter* SGB XI).

Roth, Wolfgang, Die bedingte Erbeinsetzung – zulässig oder sittenwidrig, NJW-Spezial 2019, 167.

Roth, Wolfgang, Möglichkeiten zur Lösung des Erblassers vom Erbvertrag, NJW-Spezial 2019, 231.

Rothe, Daniela, Erbvertrag und Synallagma, Berlin 2008 (zit.: *Rothe*).

Rothgang, Heinz/Staber, Jeanine, Pflege durch Angehörige – aktueller Stand und Reformdiskussion, FPR 2012, 48.

Sachs, Michael, Grundgesetz Kommentar, 8. Auflage, München 2018 (zit.: Sachs/*Bearbeiter*).

Scherer, Stefan, Münchener Anwaltshandbuch Erbrecht, 5. Auflage, München 2018 (zit.: MAH Erbrecht/*Bearbeiter*).

Schiemann, Gottfried, Erbrechtliche Folgen familiärer Leistungen, in: Festschrift Schwab, Bielefeld 2005, S. 549 (zit.: *Schiemann,* in: FS Schwab).

Schindler, Andreas, Irrtum über die rechtliche Bindung und die Beeinträchtigungsabsicht nach § 2287 BGB, ZEV 2005, 334.

Schneekloth, Ulrich/Wahl, Hans Werner, Möglichkeiten und Grenzen selbständiger Lebensführung in privaten Haushalten (MuG III), Repräsentativbefunde und Vertiefungsstudien zu häuslichen Pflegearrangements, Demenz und professionellen Versorgungsangeboten, Integrierter Abschlussbericht im Auftrag des Bundesministeriums für Familie, Senioren, Frauen und Jugend, München 2005 (zit.: *Schneekloth/Wahl,* MUG III).

Schneider, Thomas, Berücksichtigung von Pflegeleistungen eines Abkömmlings im Erbfall, ZEV 2018, 380.

Schürmann, Heinrich, Aszendentenunterhalt im Spannungsfeld zwischen Familienrecht und Sozialstaat, in FS Brudermüller, München 2014, S. 703 (zit.: *Schürmann,* in: FS Brudermüller).

Schwimann, Michael/Neumayr, Matthias, ABGB-Taschenkommentar, 4. Auflage, Wien 2017 (zit.: Schwimann/Neumayr/*Bearbeiter*).

Sodan, Helge, Handbuch des Krankenversicherungsrechts, 3. Auflage, München 2018 (zit.: Sodan/*Bearbeiter,* HdB des Krankenversicherungsrechts).

Soergel, Hans Theodor, Bürgerliches Gesetzbuch, Band 5/2: Schuldrecht 3/2, §§320-327, 13. Auflage, Stuttgart 2005 (zit.: Soergel/*Bearbeiter*).

Soergel, Hans Theodor, Bürgerliches Gesetzbuch, Band 21: Erbrecht 1, §§ 1922-2063, 13. Auflage, Stuttgart 2002 (zit.: Soergel/*Bearbeiter*).

Soergel, Hans Theodor, Bürgerliches Gesetzbuch, Band 22: Erbrecht 2, §§ 2064-2273, 13. Auflage, Stuttgart 2002/2003 (zit.: Soergel/*Bearbeiter*).

Soergel, Hans Theodor, Bürgerliches Gesetzbuch, Band 23: Erbrecht 3, §§ 2274-2385, 13. Auflage, Stuttgart 2002 (zit.: Soergel/*Bearbeiter*).

Spanke, Tobias Steffen, Den Vertragserben beeinträchtigende Schenkungen in der Beratungspraxis, ZEV 2006, 485.

Statistisches Bundesamt, Pflegestatistik 2015, Deutschlandergebnisse (zit.: Statistisches Bundesamt, Pflegestatistik 2015).

Statistisches Bundesamt, Pflegestatistik 2019, Deutschlandergebnisse (zit.: Statistisches Bundesamt, Pflegestatistik 2019).

Staudinger, Julius von, J. von Staudingers Kommentar zum Bürgerlichen Gesetzbuch, Buch 1: Allgemeiner Teil, §§ 134-138; ProstG (Gesetzliches Verbot, Verfügungsverbot, Sittenwidrigkeit), Neubearbeitung 2017, Berlin 2017 (zit.: Staudinger/*Bearbeiter*).

Staudinger, Julius von, J. von Staudingers Kommentar zum Bürgerlichen Gesetzbuch, Buch 1: Allgemeiner Teil, §§ 139-163 (Allgemeiner Teil 4b), Neubearbeitung 2020, Berlin 2020 (zit.: Staudinger/*Bearbeiter*).

Staudinger, Julius von, J. von Staudingers Kommentar zum Bürgerlichen Gesetzbuch, Buch 2: Recht der Schuldverhältnisse, §§ 255-304 (Leistungsstörungsrecht 1), Neubearbeitung 2019, Berlin 2019 (zit.: Staudinger/*Bearbeiter*).

Staudinger, Julius von, J. von Staudingers Kommentar zum Bürgerlichen Gesetzbuch, Buch 2: Recht der Schuldverhältnisse, §§ 328-345 (Vertrag zugunsten Dritter, Draufgabe, Vertragsstrafe), Neubearbeitung 2020, Berlin 2020 (zit.: Staudinger/*Bearbeiter*).

Staudinger, Julius von, J. von Staudingers Kommentar zum Bürgerlichen Gesetzbuch, Buch 2: Recht der Schuldverhältnisse, §§ 516-534 (Schenkungsrecht), Neubearbeitung 2013, Berlin 2013 (zit.: Staudinger/*Bearbeiter*).

Staudinger, Julius von, J. von Staudingers Kommentar zum Bürgerlichen Gesetzbuch, Buch 2: Recht der Schuldverhältnisse, §§ 823 E-I, 824, 825 (Unerlaubte Handlungen 1 – Teilband 2), Neubearbeitung 2017, Berlin 2017 (zit.: Staudinger/*Bearbeiter*).

Staudinger, Julius von, J. von Staudingers Kommentar zum Bürgerlichen Gesetzbuch, Buch 4: Familienrecht, §§ 1353-1362 (Wirkungen der Ehe im Allgemeinen), Neubearbeitung 2018, Berlin 2018 (zit.: Staudinger/*Bearbeiter*).

Staudinger, Julius von, J. von Staudingers Kommentar zum Bürgerlichen Gesetzbuch, Buch 4: Familienrecht, §§ 1616-1625 (Rechtsverhältnis Eltern/Kind), Neubearbeitung 2020, Berlin 2020 (zit.: Staudinger/*Bearbeiter*).

Staudinger, Julius von, J. von Staudingers Kommentar zum Bürgerlichen Gesetzbuch, Buch 5: Erbrecht, Einleitung zum Erbrecht, §§ 1922-1966 (Erbfolge), Neubearbeitung 2017, Berlin 2017 (zit.: Staudinger/*Bearbeiter*).

Staudinger, Julius von, J. von Staudingers Kommentar zum Bürgerlichen Gesetzbuch, Buch 5: Erbrecht, §§ 1967-2063 (Rechtsstellung des Erben), Neubearbeitung 2020, Berlin 2020 (zit.: Staudinger/*Bearbeiter*).

Staudinger, Julius von, J. von Staudingers Kommentar zum Bürgerlichen Gesetzbuch, Buch 5: Erbrecht, §§ 2064-2196 (Testament 1), Neubearbeitung 2019, Berlin 2019 (zit.: Staudinger/*Bearbeiter*).

Staudinger, Julius von, J. von Staudingers Kommentar zum Bürgerlichen Gesetzbuch, Buch 5: Erbrecht, §§ 2265-2302 (Gemeinschaftliches Testament, Erbvertrag), Neubearbeitung 2019, Berlin 2019 (zit.: Staudinger/*Bearbeiter*).

Stellungnahme der Bundesrechtsanwaltskammer zum Referentenentwurf eines Gesetzes zur Änderung des Erb- und Verjährungsrecht, BRAK-Stellungnahme-Nr. 35/2007, September 2007.

Stellungnahme des Deutschen Anwaltvereins durch den Erbrechtsausschuss zum Entwurf eines Gesetzes zur Änderung des Erb- und Verjährungsrechtes, Stellungnahme Nr. 40/07, Berlin 2007.

Stellungnahme des Deutschen Notarvereins, notar 2007, 151.

Stern, Klaus, Das Staatsrecht der Bundesrepublik Deutschland, Band IV/1, Die einzelnen Grundrechte, 1. Halbband: Der Schutz und die freiheitliche Entfaltung des Individuums, München 2006 (zit.: *Stern*, Staatsrecht).

Stöckl, Eva, Die Reform der österreichischen Pflegesicherung: europäische Pflegesicherungssysteme im Vergleich, Wien 2011 (zit.: *Stöckl*).

Stürzebecher, Thomas, Rücktritt vom entgeltlichen Erbvertrag, Pfaffenweiler 1987 (zit.: *Stürzebecher*).

Stürzebecher, Thomas, Zur Anwendbarkeit der §§ 320 ff. BGB auf den entgeltlichen Erbvertrag, NJW 1988, 2717.

Süß, Rembert/Haas, Ulrich, Erbrecht in Europa, Baden-Baden 2004 (zit.: Süß/Haas/*Bearbeiter*, Erbrecht in Europa).

Teschner, Armin, § 2057a BGB – Pflegeleistungen im Lichte der Rechtsprechung (Teil 1), überarbeitete Fassung eines Vortrags des Verfassers vor dem 19. Deutschen Erbrecht-Symposium am 15.10.2016 in Heidelberg, ZErb 2017, 61.

Teschner, Armin, § 2057a BGB – Pflegeleistungen im Lichte der Rechtsprechung (Teil 2), überarbeitete Fassung eines Vortrags des Verfassers vor dem 19. Deutschen Erbrecht-Symposium am 15.10.2016 in Heidelberg, ZErb 2017, 89.

Trappe, Sebastian, Ausgleich von Pflegeleistungen im Erbfall, ErbR 2017, 206.

Udsching, Peter/Schütze, Bernd, SGB XI Soziale Pflegeversicherung, Kommentar, 5. Auflage, München 2018 (zit.: Udsching/*Bearbeiter*).

Urban, Marko, Die Qualitätssicherung in der häuslichen Pflege in Deutschland und Österreich, Baden-Baden 2016 (zit.: *Urban*).

van de Loo, Oswald, Bessere Berücksichtigung von Pflegeleistungen beim Erbausgleich, FPR 2008, 551.

Volkmann, Uwe, Solidarität - Programm und Prinzip der Verfassung, Tübingen 1998 (zit.: *Volkmann*).

Vollmar, Martina, Der entgeltliche Erbvertrag, Behandlung von Leistungsstörungen, ZErb 2003, 274.

Vollmar, Martina, Der entgeltliche Erbvertrag, Konstruktion und Rechtsfolgen, Hamburg 2002 (zit.: *Vollmar*).

von Mielecki, Katrin, Grenzen des Vorrangs der ambulanten vor der stationären Pflege in der sozialen Pflegeversicherung, Berlin 2017, (zit.: *von Mielecki*).

Waltermann, Raimund, Sozialrecht, 13. Auflage, Heidelberg 2018 (zit.: *Waltermann*).

Wellenhofer, Marina, Familiäre Solidarität und Pflege, in FS Brudermüller, München 2014, S. 923 (zit.: *Wellenhofer,* in: FS Brudermüller).

Wellenhofer, Marina, Anmerkung zu OLG München, Beschluss v. 22.05.2013 - 31 Wx 55/13, JuS 2014, 554.

Welser, Rudolf, Verhandlungen des siebzehnten Österreichischen Juristentages Wien 2009, Teil: Band II/1, Zivilrecht: die Reform des österreichischen Erbrechts, Wien 2009 (zit.: *Welser,* Verhandlungen zum 17. ÖJT).

Werwitzki, Manfred, Die erbrechtliche Berücksichtigung von Pflegeleistungen und sonstiger besonderer Zuwendungen eines Familienangehörigen an den Erblasser, Baden-Baden 2009 (zit.: *Werwitzki*).

Weyland, Ute, Pflegeverpflichtung in Übergabeverträgen, MittRhNotK 1997, 55.

Wilsch, Harald, Grundbucheinsichtsrechte von Vertragserben und Pflichtteilsberechtigten, ZEV 2014, 589.

Windel, Peter A., Wie ist die häusliche Pflege aus dem Nachlass zu honorieren?, ZEV 2008, 305.

Windel, Peter A., Häusliche Pflege als Herausforderung an das Zivilrecht, ErbR 2010, 241.

Studien zum deutschen und internationalen Familien- und Erbrecht

Band 21 Katharina Frank: Eheverträge als effektives Gestaltungsinstrument. Die Grenzen der Privatautonomie im englischen und deutschen Sachrecht sowie im europäischen Zivilverfahrens- und Kollisionsrecht. 2015.

Band 22 Renata von Pückler: Der Ausgleich konkurrierender Ehegattenunterhaltsansprüche. 2015.

Band 23 Sandra Schröder: Wer hat das Recht zur rechtlichen Vaterschaft? Vorschlag zur Neugestaltung der rechtlichen Stellung des biologischen Vaters im Abstammungsrecht bei Bestehen einer sozial-familiären Beziehung zwischen Kind und rechtlichem Vater. Unter Berücksichtigung interdisziplinärer und historischer Aspekte. 2015.

Band 24 Kerstin Aust. Das Kuckuckskind und seine drei Eltern. Eine kritische Würdigung der bestehenden Rechtslage mit Vorschlägen für interessengerechte Regelungen unter rechtsvergleichenden Aspekten aus dem EMRK-Raum. 2015.

Band 25 Marc Alexander Voigt: Abstammungsrecht 2.0. Ein rechtsvergleichender Reformvorschlag vor dem Hintergrund der Methoden der künstlichen Befruchtung. 2015.

Band 26 Carola Berneiser: Die verfahrensrechtliche Neuregelung der Erörterung der Kindeswohlgefährdung in § 157 FamFG. Möglichkeiten und Grenzen der Umsetzung in der familiengerichtlichen Praxis. 2015.

Band 27 Hüsniye Saygin: Geschlechtergerechtigkeit unter dem Deckmantel der Leitbildneutralität. Trennungs- und Scheidungsfolgen im Spiegel der Ehe- und Familienförderung. 2016.

Band 28 Dragana Damljanovic: Das Wechselmodell. Geltendes Recht und Reformbedarf. 2016.

Band 29 Bianca Reichert: Die erbrechtliche Ausgleichung von Unterhaltsleistungen an behinderte Abkömmlinge. 2017.

Band 30 Meike Löwer: Familienpsychologische Sachverständigengutachten in Sorge-, Umgangs- und Kindeswohlgefährdungsverfahren. Zur effektiven Einbeziehung von psychologischen Sachverständigen in kindschaftsrechtlichen Verfahren zum Wohle des Kindes. 2017.

Band 31 Johanna Antonia Hirth: Internationale Relocation. Eine rechtsvergleichende Untersuchung über den grenzüberschreitenden Wohnortwechsel eines Elternteils mit dem Kind gegen den Willen des anderen Elternteils. 2018.

Band 32 Britta Hartmann: Von der Mutterschaft zur Elternschaft. Zum Reformbedarf des geltenden Abstammungsrechts. 2020.

Band 33 Charlotte Baecker: Die Honorierung von Pflegeleistungen durch das Erbrecht. 2022.

www.peterlang.com

www.ingramcontent.com/pod-product-compliance
Ingram Content Group UK Ltd.
Pitfield, Milton Keynes, MK11 3LW, UK
UKHW021849290926
8980IPUK00005B/724

9 783631 876398